混合式教学立体反馈模式

构建与实践

李晓敏 著

中国文联出版社

图书在版编目（CIP）数据

混合式教学立体反馈模式构建与实践 ／ 李晓敏著
. -- 北京 ：中国文联出版社，2024.5
ISBN 978-7-5190-5503-5

Ⅰ. ①混… Ⅱ. ①李… Ⅲ. ①高等学校－教学模式－
研究 Ⅳ. ①G642

中国国家版本馆CIP数据核字(2024)第106686号

著　　者　李晓敏
责任编辑　周欣
责任校对　秀点校对
装帧设计　研杰星空

出版发行　中国文联出版社有限公司
社　　址　北京市朝阳区农展馆南里10号　　　邮编　100125
电　　话　010-85923025（发行部）　　　010-85923091（总编室）
经　　销　全国新华书店等
印　　刷　明玺印务（廊坊）有限公司

开　　本　710毫米×1000毫米　　1/16
印　　张　16
字　　数　268千字
版　　次　2024年5月第1版第1次印刷
定　　价　78.00元

前　言

　　混合式教学立体反馈模式构建与实践是一项旨在提升教育质量和学习成效的重要工作。本书紧密围绕教学反馈的定义、重要性、类型、特点及其在混合教学中的应用进行深入探讨，旨在为教育工作者提供一套全面而立体的反馈模式，以应对当今教育领域的复杂挑战。

　　在教育过程中，教学反馈是不可或缺的一环，对于提升学习效率、增强学习动机以及改进教师教学方法具有重要作用。教学反馈不仅能够及时地指出学生的错误和不足，还能够确认和强化学生的正确理解和技能。有效的教学反馈能够促进学生的深度学习，帮助学生建立起对学科内容的深入理解和长期记忆。此外，教学反馈还是教师不断改进教学实践、提升教学质量的关键。通过反馈，教师可以更好地理解学生的学习需求和困难，从而调整教学策略和方法，实现更有效的教学。

　　混合式教学立体反馈模式是在混合式教学环境下，通过结合即时反馈与延迟反馈、正面与负面反馈以及形式性与非形式性反馈等多种反馈类型，构建的一种全面且立体的教学反馈策略。这种模式强调在不同的教学环节和情境下，采用不同类型和方式的反馈，以满足不同学生的个性化学习需求，提高教学反馈的效果和效率。例如，即时反馈能够帮助学生立即纠正错误，而延迟反馈则有助于学生对学习内容进行更深入的思考和消化。正面反馈能够增强学生的学习动机和信心，而负面反馈则能够提醒学生注意错误和不足。形式性反馈和非形式性反馈则分别提供了结构化和非结构化的反馈方式，以适应不同的教学和学习场景。

　　在混合教学模式中，教学反馈的角色尤为重要。混合教学模式结合了传统的面对面教学和现代的在线教学，为教师提供了更多元化的教学工具和方法，同时也为学生提供了更灵活和多样化的学习方式。在这种教学环境下，教学反馈不仅能够帮助学生在不同的学习阶段和环节中获得必要的指导和支持，还能够促进学生的自主学习和深度学习。通过利用多媒体和互联网技术，教师可以实现更及时、更个性化、更互动性的教学反馈，从而提升教学效果和学习成效。

书中详细介绍了混合教学模式的定义、核心要素和特征，指出了它在提升教学质量和学习效果方面的多重优势。混合教学模式的核心要素包括在线学习和面对面学习的有机结合、学习内容和学习活动的个性化设计、教学资源和工具的多样化运用等。混合教学的特征则包括灵活性和适应性、学习方式的多样性、教学资源的丰富性等。混合教学的优势在于它能够满足不同学生的个性化学习需求，提供更灵活和多样化的学习方式，增强学习的互动性和参与度，提高学习效率和效果。混合教学的模型则提供了不同的混合教学策略和方法，以适应不同教育环境和学习需求。

在混合式教学环境下，教学反馈的策略设计和实施尤为关键。书中详细探讨了及时性反馈的策略设计、个性化反馈的实施、互动式反馈机制等关键议题。及时性反馈的策略设计强调在学生学习的关键时刻提供及时且有针对性的反馈，以帮助学生及时纠正错误和提升学习成效。个性化反馈的实施强调根据每个学生的学习特点和需求，提供定制化的反馈和指导。互动式反馈机制则强调通过教师与学生、学生与学生之间的互动，实现更有效的教学反馈和学习支持。

书中还详细介绍了多个混合式教学立体反馈模式的构建案例，包括研学旅行课程和商务礼仪课程等。这些案例不仅展示了混合式教学立体反馈模式在不同教学环境和学科领域中的应用效果，还提供了丰富的实践经验和策略，为教育工作者在实际教学中构建和实施教学反馈提供了宝贵的参考。

在混合式教学立体反馈模式的构建中，理论依据是不可或缺的。书中探讨了建构主义学习理论、认知负荷理论、情感反馈理论、格式塔心理学等重要理论，并指出它们在指导教学反馈策略设计和实施中的作用。建构主义学习理论强调学习是一个主动构建知识的过程，认知负荷理论关注如何有效地管理学习过程中的认知负荷，情感反馈理论探讨情感因素在教学反馈中的作用，格式塔心理学则强调整体性和上下文因素在学习中的重要性。这些理论为混合式教学立体反馈模式的构建提供了坚实的理论基础和指导原则。

国内学生反馈素养的现状也是本书关注的重点。书中对学生反馈接收能力、自我评估与反思的习惯、文化因素对反馈接收的影响、批判性思维与分析能力等议题进行了深入探讨。这些探讨不仅揭示了国内学生在反馈素养方面的现状和挑战，还为教育工作者在提升学生反馈素养方面提供了有益的启示和建议。

混合式教学立体反馈模式的构建不仅需要理论支持和策略设计，还需要在实践中不断验证和优化。书中通过混合式教学立体反馈模式效果验证的案例，展示了这种模式在提升学生参与度、测试知识掌握程度、分析实地活动表现、分析学生自我反思报告等方面的实际效果。这些效果验证案例不仅证明了混合式教学立体反馈模式的有效性，还为教育工作者在实施这种模式时提供了宝贵的经验和参考。

本书的目标是为教育工作者提供一种全新的视角和方法，以构建和实施有效的教学反馈策略，从而提高教育的整体质量和效果。通过深入探讨教学反馈的定义、重要性、类型、特点及其在混合教学中的应用，本书旨在为教育工作者提供一套全面而立体的反馈模式，以应对当今教育领域的复杂挑战。同时，本书鼓励读者积极实践书中的理论和策略，以达到更好的教学效果。通过混合式教学立体反馈模式的构建与实践，我们可以期待一个更高效、更公正、更有活力的教育环境，为学生提供更优质的学习体验，为教育事业的发展贡献力量。

目　录

第一章　教学反馈研究概况

在本书中，本章作为整体论述的起始，为读者呈现了教学反馈领域的全貌。本章不仅深入阐释了教学反馈的定义和重要性，而且细致分类讨论了反馈的各种类型和特点，以及反馈实施中需要考虑的影响因素。在这一章中，我们将探索如何通过精准的反馈提升学习效率，增强学生的学习动机，并促进教师教学方法的持续改进。同时，读者将理解到反馈在教育实践中的多样性和复杂性，包括即时与延迟反馈、正面与负面反馈、形式性与非形式性反馈，以及内容与过程反馈等不同维度。此外，本章还特别强调学生接受态度、反馈具体性和及时性以及教师沟通技巧等关键因素对反馈效果的影响。通过对这些要素的全面剖析，本章为构建高效、多维度的混合式教学立体反馈模式提供了理论基础和实践指南，为后续章节的深入讨论奠定了坚实的基础。

第一节　教学反馈的定义与重要性

（一）教学反馈的定义

教学反馈作为教学过程中不可或缺的一部分，体现了教育活动的交互性和动态性。它是教师和学生之间的一种双向信息交换，不仅包括教师对学生的评价和指导，也包括学生对教学内容、方法的反馈和建议。教学反馈的主要目的是为了提高学生的学习效果，使教育教学活动更加有效率。

教学反馈的实质是一个信息的反馈过程。在这个过程中，教师通过各种方式，如口头评价、书面评论、非语言交流等，将对学生学习成果的认识反馈给学生。

这些信息包括对学生学习成果的评价，对学生学习策略的建议，以及对学生今后学习方向的指导。同时，学生也会根据自己的学习情况，对教学内容、教学方法等方面给予反馈，以期待教学过程更加贴合其学习需要。

在教学反馈中，信息的准确性和及时性至关重要。有效的教学反馈应当是及时的，能够在学生完成学习任务后不久提供，以便学生能够在接下来的学习中立即应用。此外，反馈信息应具体、明确，能够针对学生的具体表现给出具体的建议，从而有效地指导学生的学习。这样，学生才能明白自己在哪些方面做得好，在哪些方面需要改进。

教学反馈的形式多种多样，可以是正式的也可以是非正式的。正式反馈如考试成绩、作业批改等，通常较为系统，可以给学生一个全面的评价。非正式反馈如课堂讨论、即时口头评价等，则更加灵活，能够迅速响应学生的需求，为学生提供即时的指导。无论哪种形式，教学反馈都应当鼓励学生积极参与，形成良好的师生互动，这样不仅可以提高学生的学习兴趣，还能促进学生批判性思维能力的发展。

在实施教学反馈时，教师需要注意的是，反馈应当是建设性的，旨在激发学生的学习动机和兴趣，而不是单纯的批评。教师应当根据学生的具体情况，采用不同的反馈策略。例如，对于基础较差的学生，教师可能需要提供更多的鼓励和支持，而对于基础较好的学生，教师则可以给予更多挑战性的任务，以促进其深入学习。同时，教师还应鼓励学生自我反馈，通过自我评价和反思，学生可以更好地了解自己的学习状况，从而更有针对性地改进学习策略。

教学反馈是教师和学生间的一种重要的信息交流方式，它对于提高教学质量和学生学习成效都有着不可忽视的作用。通过有效的教学反馈，教师可以建立起积极的教学互动，促进学生的全面发展。教师在进行教学反馈时，应考虑反馈的及时性、准确性、具体性和建设性，不断调整教学策略，以满足学生的个性化学习需求，共同推动教育教学活动向更高质量方向发展。

（二）提升学习效率

反馈作为一种重要的教育工具，起着不可或缺的作用。有效的反馈不仅能够帮助学生了解自己在学习过程中的位置，还能够明确学习目标，并提供改进的途径，从而促进学习效率的提高。这个过程涉及学生的自我认知、教师的引导和教育系统的支持，它们共同构成了一个复杂但极其重要的机制。

理解反馈的本质和作用至关重要。在教育领域，反馈通常被定义为在学习过程中向学生提供信息的行为。这些信息可以是关于学生的表现（他们当前的学习状态），也可以是关于学习目标的。有效的反馈不仅告诉学生他们在哪里出错，更重要的是，它提供了如何改进的指导，从而促进学生对知识的深入理解和技能的提升。

首先，反馈应当是及时的。当学生在学习过程中遇到困难时，及时的反馈能够立即纠正他们的错误，防止错误观念的固化。其次，反馈应当是具体和明确的。它应该明确指出学生哪些具体部分需要改进，而不是给出模糊或笼统的评语。最后，反馈应当是建设性的，它不仅指出问题，还应提供解决问题的策略或方法。

有效反馈的一个核心组成部分是目标导向。学习通常是目标驱动的过程，学生需要清晰的目标来指导他们的学习。反馈应当帮助学生明确这些目标，让他们知道自己应该努力达到什么样的标准。此外，目标导向的反馈还能帮助学生维持动力，特别是在面对学习挑战时。

反馈的效果也受到接受者态度的影响。学生对反馈的接受和利用程度，在很大程度上取决于他们的心态和动机。积极的心态和对学习的内在动机能够促进学生更好地接受和利用反馈，而消极的心态或仅仅为了应对考试的外在动机可能会削弱反馈的效果。此外，有效的反馈不应该仅仅是单向的。理想的情况下，学生应该参与到反馈过程中来，通过自我评估、提问和反思来加深对反馈内容的理解和应用。这种双向的、互动的反馈过程能够更加深入地促进学习和理解。

在实际应用中，教师可以采用多种策略来提供有效的反馈。例如，他们可以使用澄清性问题来引导学生思考，使用示范或模型来展示优秀的学习成果，或者提供逐步的指导来帮助学生改进。同时，教师也需要注意反馈的频率和量，避免信息过载，确保学生能够消化和应用反馈内容。

在更广泛的教育系统层面，构建一个支持有效反馈的文化也是至关重要的。这可能包括提供培训和资源来帮助教师更好地理解和实施反馈策略，建立机制来鼓励和奖励优秀的反馈实践，以及创建平台让学生和教师分享反馈经验和最佳实践。

有效的反馈是提升学习效率的关键。它帮助学生了解自己在学习过程中的位置，明确目标，并提供改进的途径。为了实现这一点，反馈需要是及时的、具体的、建设性的，并且是目标导向的。同时，反馈的接受和利用也受到学生态度的影响，需要学生的积极参与。教师和教育系统都应该致力于提供和支持有效的反馈，以促进学生学习的更高效率和积累更丰富的学习经验。通过不断的努力和改进，我们可以期待构建一个更加支持学习和发展的教育环境。

（三）增强动机

1.设定可实现目标

在创设教育环境时，教师需要认识到每个学生都是独一无二的，他们各自有着不同的学习需求、兴趣和潜能。因此，实施个性化学习计划变得至关重要。在这个计划中，教师将为学生设定既有挑战性又可实现的短期和长期目标。

短期目标通常是指那些可以在几周内实现的目标，是迈向长期目标的重要一步。这些目标应具体、可测量，并且与学生的兴趣和能力水平相匹配。例如，对于一名数学学生来说，一个短期目标可能是掌握特定的代数技能或完成一定数量的数学题目。而对于语言学习者，则可能是学会一定数量的新词汇或熟练运用特定的语法结构。

长期目标则是学生在学期末或学年末期望达到的成就。这些目标应当是学生通过不断努力，积累短期成果最终能够实现的。它们可能是提高综合成绩、参加并获奖于学术竞赛，或是完成一个复杂的项目或研究。

为了帮助学生实现这些目标，教师需要提供清晰的途径和策略。这包括制订详细的学习计划，提供必要的学习材料，安排定期的评估以监控进度，并给予及时的反馈和鼓励。此外，教师还应鼓励学生自我反思，帮助他们认识到每一个小的进步都是向着最终目标迈进的一部分。

在实践中，可以通过多种方式来设定和实现这些目标。例如，可以使用智能教育软件来跟踪学生的进度和表现，通过游戏化的学习激发他们的兴趣，或是组织小组合作项目来培养团队精神和解决问题的能力。同时，家长的参与也非常重要，教师可以通过家庭作业和家长会等方式，让家长了解学生的学习情况，以便家长也能在家中为孩子提供支持。

最终，通过为学生设定可实现的短期和长期目标，并提供达到这些目标的途径和策略，我们不仅能帮助学生看到学习的进步和成果，更能激发他们的学习兴趣，培养他们的自信心和责任感。这样，学生就可以在学习的旅程中不断前进，最终实现个人成长和学术成功。

2. 认可进步和努力

认可进步和努力是教育中至关重要的一环。当教师或家长对学生的小进步和努力给予正面的反馈时，这不仅仅是对他们当前成就的认可，更是对他们潜能的肯定和对未来成功的期待。这种肯定能够激发学生的内在动力，促使他们继续前进，哪怕是面对困难和挑战。

在教学过程中，教师可以通过多种方式来认可学生的进步和努力。例如，当学生在数学问题上取得一点进步时，教师可以指出他们的改进点并给予表扬。这种表扬不需要夸张，但需要具体和真诚，比如指出学生如何正确地解决了之前难倒他们的问题，或者他们在逻辑推理上的进步。这样的认可会让学生感到自己的努力是被看见和赏识的。

正面的反馈也可以是激励性的语言，鼓励学生继续努力。教师可以说："我看到你在这个问题上花了很多时间，你的努力真的很让人钦佩。"或者"你这次的进步很大，继续保持，你会做得更好"，这样的话语不仅增强了学生的自信心，也构建了一种积极向上的学习氛围。

除了语言上的表扬和鼓励，教师还可以通过其他方式来认可学生的努力。比如，通过布置不同难度的任务来让学生在挑战中成长，或者在班级中设立"进步之星"这样的激励机制，让每个学生都有机会被认可。教师还可以与家长合作，让家长了解孩子在学校的表现，共同为孩子的进步喝彩。然而，认可进步和努力并不意味着忽视错误或放低标准。相反，它是在坚持高标准的同时，给予学生克服困难的勇气和信心。当学生犯错误时，教师应该指出错误，并引导学生理解错误、学习错误，然后鼓励他们不要气馁，继续尝试。这种方法可以帮助学生建立起一种成长心态，即认为能力是可以通过努力来提升的。

认可进步和努力是教育中极为重要的部分。它不仅有助于学生建立自信和积极的学习态度，还促进了他们的持续成长和发展。教师和家长应当意识到，每一个小小的进步都值得被认可，每一份努力都应当被赞赏。通过持续的正面反馈，我们可以激励学生不断前行，最终达到他们的学习目标。

3. 提供具体和及时的反馈

在教育的过程中，提供具体和及时的反馈是一种极为重要的教学策略，它直接关系到学生学习效果的提升。当教师在课堂上或课后能够给予学生明确的指导和回应时，学生往往能更清晰地理解自己的优势和需要改进的地方，从而更有针对性地调整学习策略，提高学习效率。

具体和及时的反馈首先体现在"具体"二字上。这意味着反馈不应是笼统或者模糊的，应是精确到学生的某一具体行为或作业的。例如，如果一个学生在作文中使用了生动的比喻，教师不仅要指出这一点，还要解释为什么这种比喻使用得当，以及它是如何增强文章效果的。通过这样具体的例证，学生能够清楚地知道自己做对了什么，也能够在未来的学习中继续应用和扩展成功的经验。

其次，反馈必须是及时的。及时的反馈意味着在学生完成任务后不久就给予回应，这样学生就能在还记得具体细节的情况下理解反馈的内容。如果反馈迟迟不来，学生可能已经忘记了任务的具体内容，或者已经转移到了其他学习任务上，这样就大大减少了反馈的效果。在最理想的情况下，及时反馈能够发生在学习活动即将结束时，或者在学生进行下一个类似任务之前，以便他们能立即应用反馈中的建议。

反馈的内容通常应包含正面反馈和建设性反馈。正面反馈旨在肯定学生的努力和成果，让他们明白自己的努力是被看见和赞赏的。这种肯定可以极大地提升学生的自信心和学习动力。而建设性反馈则更侧重于指导学生如何改进，它不仅指出了学生的不足之处，更重要的是提供了改进的方法或方向。例如，如果一个学生在解数学题时犯了一个错误，教师不仅要指出其错误，更要指导学生如何避免类似的错误，可能是通过提供解题策略，也可能是通过建议学生复习相关的知识点。

在提供反馈时，教师还应该考虑到学生的感受和接受能力。反馈应当是鼓励性的，即使是指出学生的错误和不足，也要以一种正面和支持的方式进行。这要求教师在语言选择和表达方式上都要小心谨慎。同时，教师也需要根据学生的个性和学习水平来调整反馈的内容和方式，以确保每个学生都能从反馈中获益。

具体及时的反馈是教学过程中不可或缺的一部分。它帮助学生清晰地认识到自己的长处和短处，提供了改进的方向和方法，同时还能提升学生的学习动力和自信心。教师应当努力掌握这一技能，使其成为促进学生学习进步的强有力工具。

4. 创建正面的学习氛围

在教育的广阔天地里，有一项至关重要的任务，那就是营造一个积极向上的学习氛围。在这样的环境中，每个学生都能感到安全，被鼓励探索未知、尝试新事物，甚至在失败中找寻成长的萌芽。一个正面的学习氛围并非偶然形成的，它是教师有意识、有目的的设计和培养的结果。

想象一下，当学生走进这样的课堂，他们被包容和理解环绕。在这里，错误不再是恐惧的源泉，而是进步和成长的催化剂。教师在这样的环境中扮演着至关重要的角色，他们不仅传授知识，更是学生情感和心理支持的坚实后盾。教师通过各种方法，如积极的语言激励、允许学生自由表达意见和感受、在课堂上设置挑战而有趣的活动等，让学生感受到学习的快乐和挑战的乐趣。在这样的课堂上，每次错误都被视为一个学习和进步的机会。学生们不再害怕犯错，因为他们知道这正是通往成功的必经之路。他们学会了自我反思，理解错误背后的原因，并从中吸取教训。这种对错误的健康态度，激励他们不断尝试、不断超越自己。

更为重要的是，教师通过自己的言行示范，传达一个信息：犯错是人之常情，重要的是我们如何应对错误，如何从错误中学习和成长。他们鼓励学生提问，即使是看似愚蠢的问题，也是探索知识的宝贵开始。通过这样的互动，学生们逐渐建立起自信，他们知道自己的声音被尊重、自己的努力被认可。此外，教师也创造机会让学生们彼此教学。在同伴之间分享知识和经验，不仅能增进同伴之间的相互理解，还能增强学习的深度和广度。学生们在这个过程中学会尊重他人，学会合作，学会欣赏不同的观点和方法。

一个正面的学习氛围是每位教师和学生共同努力的结果。它让课堂成为一个充满好奇、探索和创新的地方，让每个学生都能在其中找到自己的位置，释放自己的潜能。在这样的环境中，错误被重新定义，成为学习的一部分，成为通往成功的阶梯。每个人都在不断学习、不断进步，共同创造一个充满可能性的未来。

（四）教师教学改进

1. 持续职业发展

持续职业发展对于教师来说是一项至关重要的任务，它要求教师不断地学习和适应，以满足教育界不断变化的需求。教师职业的本质要求教师能够掌握最新的教学方法和策略，这不仅仅是为了他们自身的职业成长，更是为了能够更好地培养学生，激发学生的兴趣和潜能。

持续职业发展意味着教师需要不断地更新自己的知识库。这包括了解新的教育理论、教学法、课程变革以及与教育技术相关的最新发展。这样的学习不仅可以通过阅读教育期刊、书籍来实现，还可以通过参加专业发展课程和研讨会等更为系统的方式来进行。这些课程和研讨会往往由教育领域的专家主导，能够提供深入的见解和实用的策略，帮助教师在实际教学中应用新的方法。

此外，同行交流也是教师持续职业发展的一个重要组成部分。通过与其他教师分享经验、讨论问题和协作开发教学资源，教师们可以从彼此那里学习到宝贵的教学策略和技巧。这种交流不仅限于校内，也可以通过网络平台、教师论坛和教育会议等途径，在更广阔的范围内进行。教师可以通过这种方式了解其他学校或地区的成功案例和创新做法，从而为自己的教学活动提供灵感和动力。同时，持续的自我反思也是教师持续职业发展不可或缺的一部分。教师需要定期评估自己的教学效果，反思教学中的成功和不足，并根据学生的反馈和成绩进行调整。这种反思不应是孤立的，而应结合同事的观察和学校的整体教学目标进行。通过这种方式，教师不仅能够提升自己的教学技能，更能够促进整个教师团队的共同成长和提高。

持续职业发展对于教师来说是一个既富于挑战又充满机遇的过程。它要求教师投入大量的时间和精力，不断地学习和成长。与此同时，它也为教师提供了实现自我价值、满足专业志向和提高教学质量的机会。通过持续的学习和成长，教师不仅能够提高自己的专业水平，更能够为学生的成长和发展做出更大的贡献。因此，无论是对于个人还是对于整个教育界，持续职业发展都是一项不可或缺的任务。

2. 反思教学实践

在教育领域，教师的自我反思是一项重要的持续发展活动，这种活动能够促进教师的专业成长和教学质量的提升。教学实践的反思通常包含对课程内容、教学方法和学生反馈等多个方面的深入思考和分析。当教师定期沉浸于这一过程时，他们能够更加深入地理解教学的复杂性和多样性，并能更有效地识别和应对各种教学挑战。

反思课程内容是教学反思的重要组成部分。教师不断审视所教授的课程是否与学术标准和学生的需求保持一致，是否包含了最新的研究和理论。这种审视不仅涉及课程的广度和深度，还包括其相关性和实际应用价值。通过这样的反思，教师可以调整课程内容，确保其既充实又切实可行，既能激发学生的学习兴趣，又能提高他们的学术和实际能力。

教学方法的反思使教师能够审视和评估自己的教学策略和技巧。这包括对教学风格、学生参与方法、评估技术等方面的深入思考。教师通过反思自己的教学实践，可以更好地了解哪些方法在促进学生学习方面最为有效，哪些方法需要调整或改进。此外，这也涉及对如何更好地满足不同学习风格和需求的学生的考虑，包括采用更多元化和包容性的教学策略。

学生反馈是教学反思中不可或缺的部分。通过收集和分析学生的意见和建议，教师能够获得宝贵的第一手信息，了解学生对课程内容、教学方法和教学效果的真实感受。这不仅帮助教师了解哪些方面做得好，哪些方面需要改进，还能促进师生之间的沟通和理解，建立更加积极和支持性的学习环境。

教师的教学实践反思是一个动态的、持续的过程，它要求教师持续地审视和评估自己的教学活动。通过这种反思，教师不仅能够不断提高自己的教学质量和专业能力，还能够为学生创造更加丰富、有效和鼓舞人心的学习体验。这种不断的自我更新和改进，最终将促进整个教育系统的发展和提升。

3. 鼓励学生反馈

在教育过程中，教师与学生之间的交流是一个双向的、动态的、持续发展的过程。教师在课堂上的讲授和引导虽是核心内容，但是学生的反馈也同样重要。鼓励学生反馈不仅是教育的一部分，也是提升教育质量的重要手段。积极鼓励学生对教学内容、教学方法、课堂氛围等方面进行反馈，能够帮助教师了解学生的真实感受和具体需求，从而调整和优化教学策略。

当学生感到他们的声音被听见和重视时，他们更愿意参与到课堂讨论中来，这不仅增强了学生的参与感和归属感，还能激发学生的学习兴趣和主动探究的欲望。在这种环境下，学生更愿意分享他们的想法、疑问和见解，这样的课堂氛围对于培养学生的批判性思维和解决问题的能力极为有利。

教师应该建立一个开放、包容的反馈机制，让学生知道他们的意见是被尊重和受欢迎的。可以通过课后问卷调查、小组讨论、一对一交流等多种形式收集学生的反馈。对于学生提出的意见，教师应该认真听取并给予积极的回应，这不仅能够帮助教师及时了解和改进教学中的不足，也是对学生负责任和尊重的体现。

同时，教师应该教会学生如何给出建设性和具体的反馈。这不仅仅是为了教育过程的需要，也是为了帮助学生将来在社会中有效沟通和表达自己。学会了如何恰当地提出意见和建议，学生在未来的学习和工作中都将受益。

积极鼓励学生反馈是提升教学质量、增强教学效果的重要环节。通过建立有效的反馈机制，教师和学生可以共同参与教学的每一个环节，共同促进教育的发展和进步。在这个过程中，学生不仅学会了知识，更学会了如何思考、如何表达，这些能力将伴随他们一生。

4. 同行评审和合作

同行评审和合作在教育领域是极其重要的实践，它涉及教师之间的相互学习、支持和成长。这种做法不仅促进了教师个人的发展，还有助于整个教育机构的进步。参与同行评审意味着教师们会定期地相互观摩课堂，提供和接受建设性的反馈。这个过程可以是正式的，也可以是非正式的，但核心目的都是为了提升教学质量和学习效果。

通过观察同事的课堂，教师们可以学习到新的教学策略、技巧和管理方法。

有时候，一个小小的创新或改变就能大大地提高学生的参与度和学习兴趣。而这些灵感往往来自观察和讨论同行的教学方法。另外，接受来自同行的反馈也是非常宝贵的。同行评审提供了一个不同的视角，有时候能指出我们未曾注意到的问题或潜在的改进空间。同行的建议通常更加直接和实用，因为他们了解教学的具体情况和挑战。

合作则是同行评审的延伸。教师们可以在课程设计、教材开发或研究项目中合作。通过共同工作，教师们可以分享资源、讨论教学理念、交流解决问题的策略。这种合作关系不仅能提高工作效率，还能激发新的教学灵感和创意。在合作过程中，教师们也会建立起一种团队精神和归属感，这对于提高教师的职业满意度和保持教育质量是非常重要的。此外，参与同行评审和合作还有助于建立一个持续学习和发展的职业文化。在这样的文化中，教师们不断寻求改进，愿意尝试新方法，勇于接受挑战。这种文化能够吸引和保留有才华的教师，同时也鼓励他们不断地提升自己的专业技能和知识水平。

然而，要实现有效的同行评审和合作，需要一定的条件和支持。首先，学校和教育机构需要提供必要的时间和资源。这可能包括为教师提供共同规划时间、支持教师参加工作坊或研讨会，以及提供必要的技术和物质资源。其次，需要建立一种支持和信任的环境。同行评审和合作应该是建立在相互尊重和专业信任的基础上，而不是竞争和评判。最后，需要有明确的结构和指导。虽然同行评审和合作应该保留一定的灵活性，但同时也需要有明确的目标、流程和评价标准，以确保活动的有效性和目标的达成。

同行评审和合作是提升教学质量、促进教师专业发展的重要途径。通过这些活动，教师们不仅可以获得宝贵的反馈和学习新的教学策略，还能建立起支持和合作的职业关系。为了实现这些好处，需要教育机构的支持、合适的文化环境以及明确的组织结构。

第二节　教学反馈的类型与特点

（一）即时反馈与延迟反馈

1. 即时反馈特点

即时性、相关性强，可以立即纠正错误，增强学习的即时满足感。即时反馈在教育和学习环境中的应用日益广泛，这主要归功于其核心特点，即能够提供迅速、相关且具体的回应，以助于学习者及时理解和纠正错误，从而加强学习效果。其核心价值在于促进学习者立即反思和修正，这种方法强调了学习过程中错误的纠正和即时解决，以避免错误观念的长期内化。

在即时反馈的作用下，学习者在完成任务或学习活动后不必等待长时间的评估周期，他们可以立即了解自己的表现如何以及如何改进。这不仅有助于保持学习者的积极性和参与度，还可以加强他们的学习动机。由于反馈的即时性，学习者可以迅速识别并理解自己的弱点或错误，这样他们就有机会立即更正，而不是在错误已经根深蒂固后才发现。此外，即时反馈通常是针对具体问题或任务的，这种针对性和相关性强的信息可以帮助学习者更有效地集中注意力，理解和掌握关键概念或技能。

此外，即时反馈的相关性体现在它通常与学习者当前的学习活动或表现直接相关，这使得反馈更具有针对性和实用性。学习者能够看到自己的进步和成长，这种见证是非常鼓舞人心的。它不仅提升了学习的效率，还增强了学习的即时满足感，使学习者在学习过程中感受到更多的成就感和自我效能感。

即时反馈的实施对教育和学习环境产生了深远影响。它通过为学习者提供即时、相关且具体的信息，帮助他们理解和纠正错误，增强了学习的即时满足感和动机。随着技术的不断发展，即时反馈的方式和方法也在不断创新，为教育者和学习者提供了更多支持和可能性。通过有效利用即时反馈，我们可以期待在提高学习质量和效率方面取得更大的进步。

2. 即时反馈适用场景

在学习新语言时，能够立即听到自己的发音并得到正确的指导至关重要。这种即时反馈可以帮助学习者迅速调整他们的舌位和发音方式，从而更加有效地模仿目标语言的音调和节奏。例如，当一个学习者试图掌握法语中的鼻音或是英语中的连读时，即时反馈可以帮助他们立刻意识到发音的不准确之处，并进行改正。

同样，在体育运动技能学习中，即时反馈也是不可或缺的。无论是在学习网球的正手击球、篮球的投篮技巧，还是足球的盘带技术时，运动员们都需要即时的反馈来调整他们的动作。教练员或是视频回放系统可以即刻指出他们动作的不足，如手腕的角度、脚步的移动等。这样的反馈让运动员能够快速理解并纠正自己的动作，进而提高运动技能的精确度和效率。在上述场景中，即时反馈之所以极为重要，是因为它能够在错误习惯形成之前及时进行纠正。这种方法不仅节省了时间，而且大大提高了学习效率。通过即时反馈，学习者可以连续不断地进行尝试和调整，这种迭代过程加快了技能掌握的速度。此外，即时反馈还有助于增强学习者的动机和参与度。当学习者看到自己的进步和改进时，他们会更有动力继续练习和学习。

然而，值得注意的是，虽然即时反馈在很多场景下都非常有用，但它也需要正确地被实施。反馈应当是具体和建设性的，指出错误的同时提供改进的方法。此外，过度依赖即时反馈可能会导致学习者缺乏自我评估和自我纠正的能力，因此在实施即时反馈时也需要注意培养学习者的独立思考能力。

即时反馈在语言学习的发音练习以及体育运动技能的学习中发挥着至关重要的作用。它通过提供即时、具体的反馈帮助学习者迅速改正错误，加快学习进度，同时也增强了学习者的参与感和动机。然而，为了最大化即时反馈的效果，我们还需要注意它的实施方式，确保反馈既有助于技能的提升，又能培养学习者的自主学习能力。通过恰当地应用即时反馈，我们可以在多种学习领域中取得更快、更有效的进步。

3. 延迟反馈特点

延迟反馈是一种在教育和心理学中常见的反馈机制，它不同于即时反馈，延迟反馈并不是立即提供，而是在一段时间后给出。这种机制的核心特点是提供了额外的时间供接收者思考和消化信息，从而进行自我修正和深化理解。这种延迟可以是几分钟、几小时甚至几天，具体取决于学习任务和目标的性质。

首先，延迟反馈通过延长思考和处理信息的时间，鼓励了更深层次的认知加工。在这段等待反馈的时间里，个体可能会重新审视和分析所学内容，进行更深入的思考和内化。这种深度加工有助于将信息从短期记忆转移到长期记忆，从而促进长期记忆的形成。例如，在学习一个新概念后，如果立即得到反馈，学生可能只是简单地记住正确或错误的答案，而如果反馈延迟提供，学生则有机会自己去探索和解决问题，这个过程可以加深他们对概念的理解和记忆。

其次，延迟反馈为自我修正提供了空间。在没有立即获得反馈的情况下，个体有可能意识到自己的错误或不足，并在正式反馈到来之前自行调整和修正。这种自我引导的修正过程是自我调节学习的重要部分，它不仅提高了学习效果，还有助于培养个体的自主学习能力和批判性思维技能。

然而，延迟反馈的效果并非总是正面的，它的效用很大程度上取决于任务的性质、个体的学习需求和背景以及延迟的时长。对于一些需要立即纠正的错误或是初学者来说，过长的延迟可能会导致错误记忆的巩固，或是减少学习的动机。因此，在应用延迟反馈时，教师和培训者需要根据具体情况灵活调整延迟的时长和方式。

延迟反馈是一种强有力的工具，它通过提供额外的思考和自我修正的时间，促进了深层学习和长期记忆的形成。然而，为了最大化其效果，应根据学习任务的性质和学习者的需求来适当地调整延迟的时长和使用策略。通过精心设计和执行，延迟反馈可以成为促进有效学习和持久记忆的重要策略。

4. 延迟反馈适用场景

延迟反馈是一种在教育、培训、工作和个人发展等领域广泛应用的策略，特别是在那些要求深度思考、创新解决方案和长期记忆整合的场景中。这种策略并不是立即告知学习者或工作者其表现的正确与否，而是在一段时间后提供评价和反馈，使个体有更多的时间去深入思考，整合信息，从而形成更深层次的理解和学习。

延迟反馈的适用场景广泛而多样。在复杂问题解决的领域中，例如高级数学问题、科学研究、工程设计和技术创新等，个体往往需要长时间的思考和试验来达到问题的解决。在这些情况下，立即的反馈可能会打断思考的过程，阻碍创新思维的形成。延迟反馈允许个体在一个较长的时间跨度内自主探索和实验，不断调整和优化他们的思路和方法，从而在面对复杂问题时能够形成更加成熟和深入的解决方案。此外，延迟反馈在深度学习场景中同样适用，尤其是在那些要求高度创造性和长期知识积累的领域，如文学创作、艺术设计、学术研究等。在这些领域中，创作和学习的过程往往是漫长和复杂的，涉及大量的信息整合和创新思维。立即反馈可能仅仅关注短期的正确与否，而忽略了思维深度和创造性的培养。通过延迟反馈，个体可以有更多的时间去深入挖掘主题，探索不同的思路和方法，从而在长期内形成更加深入和创新的见解。

在项目研究和团队合作的场景中，延迟反馈也显示出其独特的价值。在这些场景中，项目往往涉及多个阶段，每个阶段都需要团队成员进行深入的讨论、研究和协作。如果在每个阶段结束时立即给予反馈，可能会导致团队成员过分依赖外部评价，从而限制了他们探索新方法和思路的能力。相反，通过在项目的关键节点提供综合和深入的延迟反馈，可以鼓励团队成员在更长的时间内自主学习和创新，从而提高整个项目的质量和创新性。

延迟反馈是一个强有力的策略，适用于那些要求深度思考、创新解决方案和长期知识积累的场景。通过提供适当的延迟反馈，可以鼓励个体和团队深入思考，自主学习，不断创新，从而在复杂问题解决和深度学习的道路上取得更加显著的成果。

（二）正面反馈与负面反馈

1. 正面反馈特点

正面反馈是教学和育人过程中的一项重要技巧，它会对个体的心理和行为产生深远的影响。当我们谈论正面反馈时，我们通常指的是那些积极、建设性并且具有激励性的评价和信息，它们通常被用来确认和赞赏个体的努力和成就。这种反馈的目的在于提升个体的自信心和动机，进而激发他们继续前进和追求更高目标的愿望。

从心理学的角度来看，正面反馈能够有效地提升个体的内在动机。内在动机是指人们出于对活动本身的兴趣和满足而进行某项活动，而不是为了外界的奖励。当学生接受正面反馈时，他们感受到的不仅仅是成就和成功，更是一种对自我能力的认可和肯定。这种认可和肯定能够转化为一种强大的内在推动力，促使学生更加自信和专注于他们的学习和成长。

在实际应用中，正面反馈应当是具体和真诚的。这意味着，反馈提供者需要具体指出个体在哪些方面表现出色，以及为何他们的行为值得称赞。这种具体性反馈不仅能够帮助个体清晰地了解自己的优点，还能够帮助他们在未来的学习和生活中重现这些优点。同时，真诚是正面反馈中不可或缺的元素，它保证了反馈的真实性和有效性，让接受者感到被尊重和被重视。

进一步地，正面反馈还能够营造一个积极的学习环境。在这样的环境中，学生不再害怕犯错和尝试，因为他们知道，即便是失败和错误也会被视作学习和成长的一部分。这种文化鼓励学生勇于尝试新事物，持续探索，并且在学习和成长的过程中寻找和积累自己的长处。随着时间的推移，这样的文化能够形成一种积极的循环，不断地激励和促进个体的发展和进步。

正面反馈通过提升个体的自信心和内在动机，不仅能够增强他们继续努力的意愿，还能够促进一个积极、健康的学习和成长环境的形成。在教学和育人的过程中，有效地运用正面反馈，能够极大地促进个体的整体发展和提高他们的学习效率。

2. 正面反馈适用场景

正面反馈是一种重要的教育和管理工具，被广泛应用于多种场合，尤其是对初学者和学生在取得重要进步时的鼓励。当我们讨论正面反馈的适用场景时，要认识到其核心目的是激发个人的内在动机，增强其继续前行的决心，从而促进其更好地学习和发展。

在教育环境中，尤其是对初学者而言，正面反馈的价值不可小觑。对于那些刚刚开始学习新技能或知识的学生来说，学习过程可能是艰难和挫败的，这时老师一句鼓励的话语，如"你做得很好"或"我看到你在努力"，可以极大地提升学生的自信心和学习热情。这种鼓励帮助学生建立起正面的自我观念，认识到即使面对困难，只要持续努力，成功是可达到的。正面反馈在这里起到了缓解紧张、增强自信、鼓励尝试的作用，为初学者提供了继续学习的动力。

同样，当学生在学习过程中取得重要的进步时，正面反馈至关重要。这些进步可能是理解了一个难以掌握的概念，克服了一个学习上的障碍，或是在考试中取得了好成绩。这时，适时的正面反馈不仅是对学生努力的认可，更是一种鼓励，让他们知道他们的努力是有价值的，他们的进步被看见了。这种认可和鼓励可以显著提高学生的内在动机，激发他们继续努力学习和探索的欲望。特别是对于那些可能曾经在学习中遇到挫折的学生来说，这种正面反馈可以帮助他们重建信心，认识到自己的潜力和可能性。

正面反馈的作用并不限于教育环境，其在任何需要鼓励和激励的场合都有可能发挥作用。在工作场所，积极的反馈可以增强员工的工作满意度和忠诚度，提高工作效率和团队协作。在家庭和社交关系中，正面的交流和认可可以增强人与人之间的亲密关系，促进其更和谐地相处。不论是在教育、工作还是个人生活中，正面反馈都是一种强大的工具，能够促进积极的行为和态度，帮助个体和团队实现更大的潜力和更好的发展。

因此，当我们运用正面反馈时，应当意识到其深远的影响。我们需要在适当的时机，以恰当的方式，给予积极而真诚的反馈，这不仅能够激发个人的积极性，还能够在更广泛的范围内促进学习、增强自信和推动进步。通过有效地使用正面反馈，我们可以为个人和社会创造一个更为积极、高效、和谐的环境。

3. 负面反馈特点

负面反馈，通常被视为一种在教学和培训中不可或缺的元素，其核心在于指出个体在学习或工作中的不足，同时提供具体的改进方向。这种反馈方法的有效性源于其能够明确指出问题所在，帮助学生或员工理解自己在某一领域或任务上的具体缺陷，从而促进其在该领域的成长和进步。然而，负面反馈的使用需要极其谨慎，因为过度或不当的负面反馈可能会对个体的自信心和动力产生负面影响。

在实施负面反馈时，教育者或管理者应该首先确保其基于客观和具体的评估。这意味着反馈应直接针对个体的行为或表现，而非其个人特质。例如，指出学生在数学测试中的具体错误比批评学生"不擅长数学"要更加具体和有建设性。通过这种方式，负面反馈能够更加具体地指出问题所在，同时避免引起个体不必要的自我怀疑。

其次，负面反馈的表达方式也极为重要。有效的负面反馈应当是具体的、有针对性的，并伴随着改进建议。例如，如果一个学生在作文中存在语法错误，教师可以指出具体的错误并提供正确的语法结构，而不是笼统地批评学生的写作技巧。这样的反馈不仅指出了问题，也给了学生明确的改进方向。

此外，负面反馈的频率和强度同样需要控制。连续或过度的负面反馈可能会导致个体感到沮丧和压力过大，从而影响其学习和工作的积极性。因此，教育者和管理者应当在负面反馈与积极鼓励之间找到平衡。在指出学生的不足之后，及时给予正面肯定和鼓励对于保持学生的积极性和自信心至关重要。

负面反馈的最终目的应当是促进个体的成长和改进，而不是单纯的批评或指责。因此，教育者和管理者应当在提供负面反馈时，始终保持尊重和理解。通过这种方式，负面反馈不仅能够帮助个体识别并克服自己的不足，还能够促进一个积极、支持性的学习和工作环境的建立。

负面反馈是一个复杂但不可或缺的过程，它要求教育者和管理者在指出不足的同时，提供具体的改进方向，并在整个过程中保持对个体的尊重和支持。通过这样的方法，负面反馈可以成为推动个体成长和发展的重要工具，而非成为打击个体自信的手段。

4. 正面与负面反馈的平衡

在教育领域，教师给予学生的反馈起着至关重要的作用。正面和负面反馈都是这一过程中不可或缺的元素，它们共同塑造了学习环境，并对学生的学习态度和进步产生深远的影响。理想的教育环境不仅仅是关于知识的传授，更是关于激励和引导学生不断向前的过程。在这个过程中，教师如何平衡正面和负面反馈，就显得尤为重要。

正面反馈通常被视为一种积极的激励手段，它能够提升学生的自信心和学习动力。当学生在学习中取得成就时，正面反馈如赞扬和鼓励，可以强化他们的成功经验，从而激发他们继续努力的欲望。正面反馈还能帮助学生建立一种积极的学习氛围，让学生感受到他们的努力被看见和赞赏。这种氛围不仅激发了学生的学习兴趣，也增强了他们对自己能力的信心。

然而，过度依赖正面反馈也存在潜在的问题。如果教师只是无条件地提供正面反馈，学生可能会变得自满，缺乏自我反省的能力，无法准确地评估自己的学习进度和能力。在这种情况下，正面反馈反而可能导致学生对真实的挑战和困难缺乏准备。因此，正面反馈需要适度，它应该是对学生实际成就的真实反映，而不是无条件的赞美。另外，负面反馈，如批评和指出错误，虽然听起来可能令人不悦，但它在教育过程中同样扮演着关键角色。负面反馈可以帮助学生认识到自己的不足和错误，从而提供改进和学习的机会。它是一种重要的学习工具，可以引导学生反思，激发他们解决问题的动力和能力。当然，负面反馈的提供方式需要谨慎，应该是建设性的，目的在于指导和帮助学生，而不是打击他们的自信心。

平衡正面和负面反馈的关键在于教师的观察和洞察力。教师需要了解每个学生的学习风格、情绪状态以及他们对反馈的反应方式。这要求教师不仅仅是学科的专家，更是心理学和教育学的实践者。通过观察学生的反应，教师可以调整自己的反馈策略，确保既提供足够的鼓励和支持，也指出需要改进的地方。此外，创建一个开放、互动的学习环境也有助于平衡正面和负面反馈。在这样的环境中，学生被鼓励分享他们的想法和意见，同时也学会接受和理解来自同学和教师的不同观点。这种互动不仅促进了知识的交流，也帮助学生学会如何以建设性的方式接受和提供反馈。

平衡正面与负面反馈是创造积极学习环境的关键。这不仅涉及教师对学生学习进度的及时反馈，也包括对学生心理和情感需求的关注。通过这种平衡，教师不仅能够帮助学生在学业上取得进步，还能够培养他们的自我认知能力、批判性思维以及终身学习的态度。

（三）形式性反馈与非形式性反馈

1. 形式性反馈特点

形式性反馈作为一种评价工具，在教育、工作和个人发展等多个领域中起着至关重要的作用。它的特点可以从多个维度进行详细的阐述。首先，形式性反馈是高度结构化的，这意味着它通常遵循一个固定的格式或模板。这种结构化的特点确保了信息的清晰传达，使得接受反馈的人能够轻易理解评价的内容和背后的逻辑。例如，在学术领域，老师可能会使用特定的评分标准来评价学生的论文，这些标准可能涵盖了内容、组织结构、语言使用等方面。

其次，形式性反馈的正式性是其另一大特点。它通常在正式的环境中进行，如年度绩效评估会议或学术评审过程。这种正式环境不仅赋予了反馈以权威性，还强调了接受反馈的正式性和重要性。由于其正式性质，接受者往往会给予更多的关注和重视，从而更加认真地考虑反馈内容，并据此采取行动。

再次，形式性反馈通常有明确的评估标准。这些标准是提前定义好的，并且通常是公开透明的，接受反馈的个体可以清晰地知道他们将根据哪些标准被评价。这不仅有助于评价的进行者确保评价的公正性和一致性，也让接受者了解如何改进和提升。例如，企业中的员工绩效评估往往会基于既定的能力模型和绩效指标进行，员工因此能够明确地知道自己在哪些方面表现优异，哪些方面需要改进。

最后，形式性反馈有助于统一评价标准，尤其是在大型组织或跨文化环境中。由于它提供了一套共通的评价体系，不同的评价者可以依据相同的标准进行评价，这大大减少了主观性和偏差，提高了评价的可靠性和有效性。同时，这也有助于被评价者接受并理解反馈，因为他们明白这是一套普遍适用且被广泛认可的评价体系。

形式性反馈以其结构化、正式的特点，明确的评估标准，以及统一评价标准的优势，在多种场合下都发挥着关键作用。无论是在教育环境中提升学习效果，在工作场所中提高员工绩效，还是在个人发展中指导改进方向，形式性反馈都是一个不可或缺的工具。通过有效的形式性反馈，个体和组织可以实现更好的沟通，更高效的进步，以及更加明确的发展方向。

2. 形式性反馈适用场景

形式性反馈在工作环境中扮演着至关重要的角色，尤其是在正式考核的场景中。正式考核，无论是在企业、教育机构还是在政府部门，都是评估员工、学生或成员表现的一个重要环节。在这样的背景下，形式性反馈的应用确保了评价过程的公正性和一致性，这对于维持一个透明、公平的评估环境至关重要。

首先，考虑到正式考核的性质，形式性反馈通常以预设的标准和指标为基础。

这些标准和指标被仔细设计，以确保它们能够全面而客观地评估个人的表现。例如，在企业环境中，这可能涉及员工完成特定任务的效率、创新能力或团队合作能力。在教育领域，则可能是学生在特定学科的知识掌握和应用能力。通过这种方式，形式性反馈提供了一个清晰、明确的评估框架，确保每个人都按照相同的标准进行评估。

其次，形式性反馈的一致性对于维护组织内的信任和道德非常重要。当员工、学生或任何成员相信评估过程是公平的，他们更有可能接受反馈，并据此改进。这种信任的建立是基于一致性和透明性的。如果评估标准对所有人都是公开和明确的，人们就更容易理解和接受这些标准。相反，如果评估过程显得任意或不一致，它可能导致人们的不满和怀疑，从而损害组织的整体士气和效率。

最后，形式性反馈在提供发展和成长机会方面起到了重要作用。在正式考核中，反馈不仅仅是对过去表现的总结，它还提供了未来改进的指导。通过指出优点和需要改进的领域，形式性反馈帮助个人识别他们的强项和弱点，制订相应的发展计划。这对于个人的职业发展至关重要，也有助于组织培养更加高效和有能力的团队。

形式性反馈在正式考核中还扮演了促进沟通和理解的角色。它为管理者和员工之间、教师和学生之间或任何评估者和被评估者之间提供了一个结构化的沟通框架。这种沟通不仅仅是单向的，它也为被评估者提供了表达自己观点和感受的机会。通过这种互动，评估者和被评估者可以增强理解，减少误解，并提高整个评估过程的效果。

形式性反馈在正式考核中的应用是多方面的。它不仅确保了评估的公正性和一致性，还促进了个人和组织的成长、沟通和理解。在任何寻求高效、公正和透明评估过程的场景中，形式性反馈都是一个不可或缺的工具。

3. 非形式性反馈特点

非形式性反馈是一种在教育和学习过程中极为重要的互动方式，其核心价值在于其灵活性和个性化的特点。它不同于传统的正式反馈，如成绩单或标准化评价，非形式性反馈通常发生在日常的学习活动中，如教师与学生间的即席对话、同伴之间的讨论或者是通过电子媒介进行的互动。这种反馈方式不受固定格式或时间的限制，使得教师能够根据学生的具体情况进行即时的指导和支持。

非形式性反馈的灵活性体现在多个方面。首先，它可以是口头的，也可以是书面的，或者是通过肢体语言传达的。教师可以根据具体的教学场景和学生的需求选择最合适的沟通方式。例如，对于一些内向的学生，书面的反馈可能更加有效，因为它给予了学生更多的时间来思考和消化反馈内容。其次，非形式性反馈通常是即时的，这意味着学生可以在学习的当下就获得反馈，从而更快地调整自己的学习策略和行为。这种即时性是非常重要的，特别是在学生遇到困难或误解概念时，及时的指导可以有效防止错误的进一步扩大。

个性化是非形式性反馈的另一大特点。每个学生的学习方式、兴趣和能力都是不同的，有效的教学和反馈需要考虑到这些差异。非形式性反馈允许教师观察每个学生的独特情况，然后提供定制化的建议和支持。这种个性化的反馈不仅更能满足学生的具体需求，也更能激发学生的学习兴趣和参与感。例如，教师可能注意到某个学生在某个特定的主题上表现出浓厚的兴趣，于是提供额外的资源或任务来进一步激发和支持这种兴趣。同样，教师也可以根据学生的反馈来调整教学策略，确保教学内容既有挑战性也能被学生接受。

然而，要有效地实施非形式性反馈，教师需要具备高度的观察力和敏感性，以及能够快速准确地诊断学生问题的能力。这不仅要求教师了解每个学生的学习情况，还要求他们能够理解学生的非语言信息，如情绪、态度和参与度。此外，教师还需要具备良好的沟通技巧，以确保反馈信息能够以积极、建设性的方式传达给学生。这意味着反馈应当是具体的、有针对性的，并且充满鼓励和支持的，而不是泛泛而谈或者带有批评的。

非形式性反馈是教育过程中不可或缺的一部分。它通过其灵活和个性化的特点，使教师能够更有效地响应学生的需求，促进学生的积极参与和持续进步。要实施有效的非形式性反馈，教师需要具备高度的专业能力和敏感度，以及对学生个体差异的深入理解。通过不断的实践和反思，教师可以不断提高自己的反馈质量，从而为学生的学习和发展提供更加有力的支持。

4. 形式性与非形式性反馈的结合

在教育的广阔天地中，形式性与非形式性反馈是教师在课堂上引导学生、促进学生学习的两种关键手段。它们各自扮演着不同的角色，但彼此又紧密相连，共同构建了一座沟通的桥梁，搭建起教与学的通道。

形式性反馈通常是结构化的、计划性的，往往与具体的学习目标和评价标准相结合。它像一盏明确的指令灯，为学生指明方向，告诉他们在学习旅程中的具体位置，以及如何更好地到达目的地。例如，一次正式的考试、一篇评分的作文，或是一场模拟演讲都可以是形式性反馈的体现。它们具有明确的评价标准，学生可以通过这些标准了解自己的学习成果和不足，从而做出相应的调整。与此同时，非形式性反馈则更加灵活、即时，它通常发生在日常的教学活动中，如教师的口头表扬、肢体语言，或是课堂上的即时提问与回答。非形式性反馈往往与学生的情感和动机紧密相连，能即时地鼓励学生，提升他们的学习兴趣和自信心。它不仅仅关注学生的学术表现，更关注学生的整体发展，包括情感态度、学习策略等方面。

理想的教学环境应该是形式性与非形式性反馈相结合的。教师需要根据不同学生的个体差异、不同学习活动的特点，灵活地运用两种反馈方式。例如，在讲授新知识时，教师可能更多地使用形式性反馈来确保学生能够达到学习标准，而在学生合作探究活动中，则可能更多地运用非形式性反馈来调动学生的积极性，促进他们的互动和思考。此外，教师还应意识到，形式性与非形式性反馈之间并非水火不容，它们可以相互转化、相互补充。比如，在一次正式的评估后，教师可以通过非正式的谈话来进一步引导学生，帮助他们理解评估结果，鼓励他们制订改进计划。同样，在日常的非形式性反馈中，教师也可以引入一些形式性反馈的元素，比如提供具体的建议，帮助学生明确下一步的学习目标。

形式性与非形式性反馈的结合，是一种艺术，也是一种科学。它要求教师具备敏锐的观察能力、丰富的教学策略和深厚的专业知识。教师通过有效的结合使用这两种反馈方式，不仅能够帮助学生明确学习目标，提升学习效果，更能激发学生的学习热情，促进其全面发展。这样的教学不仅仅是知识的传递，更是智慧与人文的培育，是引领学生走向未来的桥梁。在这个过程中，每一次反馈都像是教师与学生心灵之间的对话，不断深化着这份独特的师生关系，共同绘制出一幅丰富多彩的教育画卷。

（四）内容反馈与过程反馈

1. 内容反馈特点

在进行内容反馈时，最重要的是集中关注具体的知识点或技能，并且要能够直接而明确地指出这些知识点或技能在实际应用中的正确或错误之处。这种反馈方式的核心在于对细节的深入探究，而不是仅仅停留在表面的评价或笼统的评论。例如，在教育环境中，当学生完成一个特定的任务或项目时，有效的反馈应该深入每一个具体的步骤和知识点，而不是仅仅说"做得好"或"需要改进"。具体来说，如果学生在解决数学问题时，使用了一个不正确的公式，教师的反馈应该是直接指出使用错误的公式，并解释为什么这个公式在这个特定情境下不适用，同时提供正确的公式和解决方法。这样的反馈不仅可以帮助学生理解他们的错误，更重要的是可以指导他们如何改正错误，并在未来的学习中避免类似的错误。

同样，在工作环境中，对员工的表现进行反馈时，也应该采用类似的方法。如果一个员工在演示销售策略时遗漏了关键信息，有效的反馈不应该只是简单地指出"你的演示需要改进"，而应该具体指出哪些关键信息被遗漏了，为什么这些信息对于销售策略至关重要，以及如何在未来的演示中包含这些信息。通过这样具体、针对性的反馈，员工能够明确了解到自己的不足之处，并在以后的工作中做出相应的改进。此外，这种反馈方式也鼓励个人或团队深入思考和分析自己的工作过程，从而更好地理解和掌握所需的知识和技能。它不仅仅是对过去行为的评价，更是一种促进未来学习和发展的手段。通过对具体知识点或技能的深入分析和讨论，接受反馈的个人或团队能够更加清晰地认识到自己的强项和需要改进的领域，从而在未来的实践中更加自信和有效。

专注于具体知识点或技能的反馈方式，通过直接指出正确或错误之处，为学习者提供了清晰的指导和改进的方向。这种反馈不仅促进了个人或团队对知识和技能的深入理解，也激发了他们对学习的兴趣和热情，最终实现个人和职业的持续发展。

2. 内容反馈适用场景

内容反馈是一种在教学和学习过程中不可或缺的工具，它主要关注于向学习者提供关于他们的回答或作品质量的具体信息，帮助他们理解哪些地方做得好，哪些地方需要改进。在数学问题的解答中，内容反馈可以具体指出学生在解题过程中的逻辑错误、计算错误或概念误解，从而使学生能够在未来的练习中避免类似错误。例如，如果学生在解二次方程时忘记了某个关键步骤，教师可以具体指出遗漏的步骤，并解释为什么这一步骤对于解题至关重要。这种针对性的指导帮助学生深入理解数学概念，加强解题技巧。

在历史学习方面，内容反馈同样扮演着重要角色。历史事实的记忆往往需要对时间线、重要人物和事件有清晰的理解。当学生在描述一段历史时，内容反馈可以帮助纠正他们的日期错误、人物误解或对事件的错误解读。通过提供详尽的反馈，教师可以引导学生不仅记住历史事实，而且理解这些事实背后的深层含义和相互联系。例如，如果学生在描述第一次世界大战的起因时忽略了某些关键国家的角色，教师可以通过具体的反馈指出这一点，并解释这些国家如何影响了战争的进程。这种深入的理解促进了学生对历史的全面认识，使学生能够在更广泛的社会文化背景中思考历史事件。

内容反馈在学术知识和技能学习中的应用是多方面的。它不仅帮助学生纠正错误，更重要的是引导他们深入理解学习材料，培养批判性思维和解决问题的能力。无论是在数学问题的解决还是历史事实的记忆中，内容反馈都为学习者提供了一个持续改进和深化理解的机会，是教育过程中不可或缺的一部分。通过有效的内容反馈，学生可以构建更坚实的知识基础，发展为终身学习者，能够在未来的学术探索和职业生涯中取得成功。

3. 过程反馈特点

引导学生关注学习策略和方法以优化他们的学习过程。这种反馈形式不仅是对学生完成任务的结果进行评价，更重要的是在学习的过程中提供实时的、具体的指导，帮助学生认识和修正他们在学习中遇到的问题，从而提高学习效率。

过程反馈的第一个显著特点是它的实时性。与传统的结果反馈不同，过程反馈关注的是学生学习的实时进展，它可能是在一次课程活动中、一次练习后或是一个学习项目的中间阶段给予的。这种实时性保证了学生可以立即获得反馈，及时调整他们的学习策略和方法，而不是在整个学习过程结束后才意识到问题。

过程反馈强调个性化和具体性。每个学生的学习方式、进度、遇到的难题都有所不同，有效的过程反馈需要针对个体的具体情况来设计。这意味着教师或反馈者需要深入了解每个学生的学习状况，提供针对性的建议和指导。例如，对于一些学生可能需要更多的指导去理解抽象概念，而另一些学生则可能需要建议来提高他们的时间管理技能。

过程反馈具有建设性和指导性。与简单地指出学生错误或评价学生表现不同，过程反馈更侧重于指导学生如何改进和提高。它不仅告诉学生哪里做得不好，还提供了改进的途径和策略，鼓励学生进行自我反思和自我调整。这种建设性的反馈可以提高学生的学习动力，帮助他们形成有效的学习习惯和策略。而且过程反馈促进了教与学的互动。在过程反馈中，教师和学生之间形成了一种持续的对话。学生在学习过程中的疑惑和问题可以得到及时的回应，教师也可以根据学生的反馈调整教学策略和内容。这种双向的、互动的过程不仅有助于学生更好地理解和掌握知识，也促进了教师教学方法的不断完善和发展。

过程反馈是一种高度实时的、个性化的、建设性的和互动性的学习支持方式。它通过关注学生的学习策略和方法，提供具体而针对性的指导，帮助学生优化他们的学习过程，提高学习效率和质量。在现代教育中，随着对学生个体差异和学习过程的重视程度不断提高，过程反馈无疑将发挥越来越重要的作用。

4. 内容与过程反馈的结合

在教学中，内容与过程反馈的结合是一种高效的教学策略，它能够显著提高学生的学习效果。这种结合不仅涉及教学内容的传授，更重要的是关注学生学习过程中的体验和进步。

当教师在进行教学时，首先需要明确学习目标。这些目标应该是具体、可衡量的，能够明确指导学生知道他们需要达到的学习水平。一旦目标设定，教师就可以根据这些目标来设计课程内容，确保教学活动和材料都是为了帮助学生达成这些目标。

其次，在教学过程中，内容反馈是至关重要的。这意味着教师需要不断地对学生的学习成果进行评估，看看他们是否理解了教学内容。这种反馈可以通过问答、作业、测试等多种形式进行。例如，教师可以在课堂上提问，以此来检测学生对于某个概念的理解程度。或者在学生完成作业后，提供具体的反馈，指出他们的优点和需要改进的地方。

然而，仅仅关注内容反馈是不够的。过程反馈同样重要，这涉及对学生学习过程的关注。这种反馈不仅仅关注学生是否达到了学习目标，还关注他们是如何达到这些目标的。在这个过程中，教师需要观察学生的学习态度、学习策略和学习习惯等，从而提供指导和支持。例如，如果一个学生在解决问题时表现出良好的批判性思维能力，教师应当鼓励这种行为，即使最终的答案可能不完全正确。

合理地结合内容反馈和过程反馈可以使教学更加全面和有效。通过内容反馈，教师可以确保学生掌握了必要的知识和技能。而过程反馈则帮助学生理解学习过程中的关键因素、如何更有效地学习，以及如何应对挑战和困难。这种双重反馈不仅可以帮助学生在学术上取得成功，还能促进他们成为自我调节的学习者。此外，教师还应考虑到每个学生的个别差异。不同的学生有不同的学习风格和需求，因此反馈也应当个性化。有些学生可能需要更多的鼓励和正面反馈，而其他学生则可能需要更具体的指导和建议。教师应当灵活地调整反馈策略，以适应不同学生的需求。

内容与过程反馈的结合是一个多维度的教学策略，它要求教师不仅要关注学生的学习成果，还要关注学习的过程和方法。通过这种综合的反馈方式，教师可以更有效地支持每个学生的学习，促进他们的整体发展。这种策略不仅提高了学生的学习效率，还帮助学生培养了终身学习的能力，为他们未来的教育和职业生涯打下坚实的基础。

第三节　教学反馈的影响因素

（一）学生的接受态度

1.个性和学习风格差异

个性和学习风格的差异在教育领域是一个重要的议题，因为它深刻地影响了学生如何接受、处理和利用教学反馈。学生的个性可以从内向到外向，从理性思考到情感驱动，这些性格的不同造就了他们独特的学习方式。例如，内向的学生可能更倾向于独立学习，深思熟虑后再进行反馈的整合，而外向的学生可能更偏好集体学习和即时的互动反馈。这种性格上的差异使得教育者需要采用不同的策略来适应各种学生。

学习风格是指个体获取和处理信息的特定方式。有的学生可能是视觉型学习者，喜欢通过图表、示意图来理解信息，听觉型学习者则更偏好通过听讲和讨论来学习，而动手操作型学习者则倾向于通过实际操作和实验来获取知识。这些不同的学习风格要求教师在教学过程中提供多样化的教学材料和方法，以满足不同学生的需求。

教学反馈是教育过程中的重要环节，它可以帮助学生了解自己的学习进度，理解知识点，和调整学习策略。然而，由于个性和学习风格的差异，学生对反馈的接受度和利用效率大相径庭。具体和直接的反馈可能对于那些喜欢明确指示和快速解决问题的学生更有效，他们可以立即知道哪里做错了，怎样改正。而对于那些喜欢自主探索和整体理解的学生，概括性的指导可能更有助于他们从错误中找到规律，自己构建知识体系。

教师在进行教学反馈时，不仅要考虑反馈的内容和方式，更要考虑学生的个性和学习风格。这可能意味着对不同的学生采取不同的反馈策略，或者在同一课堂中提供多种反馈方式，以确保所有学生都能从反馈中受益。同时，鼓励学生了解自己的学习风格，培养学生能够适应不同教学方法的灵活性，也是提高教学效果的重要途径。总之，个性和学习风格的差异对学习和教学都有深远的影响，通过理解和适应这些差异，可以使教育过程更加高效、有效。

2. 先前知识和经验

学生的认知框架，即他们已经建立的知识和经验体系，为他们提供了一个过滤和解释新信息的视角。具备相关背景知识的学生，当面对新的教学反馈时，能够迅速地将这些信息与他们已有的知识体系相连接。这种连接不仅促进了信息的深入理解，也加速了学习过程，因为学生能够通过类比和对比，快速地识别出反馈信息的核心要素，并理解其在新的学习情境下的应用方式。

反之，缺乏相关知识背景的学生可能会发现，理解和运用教学反馈变得更为艰难。没有充分的先前知识作为支撑，新的信息可能显得孤立无援，难以被消化吸收。在这种情况下，学生可能需要额外的时间和努力来构建起与反馈内容相关的知识框架，这可能涉及回顾旧知识、寻求额外的信息源，或与同伴和教师进行更深入的交流。因此，理解学生的先前知识和经验，对于教师在设计和提供反馈时至关重要。教师可以通过调整反馈的内容和方式，确保所有学生，无论其知识背景如何，都能获得并有效利用反馈信息。

此外，学生的个人经验，包括他们之前的学习习惯、解决问题的方法以及他们对特定学科的态度和情感，都会影响他们如何接受和处理教学反馈。积极的学习经验可以激发学生的好奇心和探究欲，使他们更加愿意接受并积极应用反馈信息。而负面的学习经验可能导致学生对反馈持有防御态度，从而影响反馈的效果。因此，了解学生的先前经验，特别是他们过去接受和应用反馈的经历，对于教师来说同样重要。这可以帮助教师识别和解决可能阻碍学习的因素，同时采取更为个性化的方法，以满足不同学生的需求。

学生的先前知识和经验是他们理解和应用教学反馈的基石。它们不仅影响学生如何接收和处理新信息，还决定了他们能够多快、多深入地理解和运用这些反馈。教师在设计和提供反馈时，应考虑到这些因素，以确保所有学生都能从教学反馈中获益，进而提升他们的学习效果。通过深入了解学生的背景和需求，教师可以更有效地支持学生的学习，使教学反馈成为促进学生发展的强大工具。

3. 动机和自我效能感

学生的内在动机和自我效能感是影响他们学习过程中反馈接受与应用的重要

因素。内在动机源于个体内部的兴趣和满足感，而非外界的奖励或压力。当学生因对学习内容的兴趣、好奇或者对成就的追求而投入学习时，他们展现出更高的内在动机。这种动机促使他们对学习任务保持好奇和探索精神，即使面对困难和挑战也能保持坚持和努力。他们倾向于将反馈视为自我提升的机会，认识到即使是负面反馈也是成长的垫脚石，因而更加愿意接受并且利用反馈来改进自己。

自我效能感则是个体对自己完成特定任务的能力的信念。当学生拥有高度的自我效能感时，他们相信自己具备完成任务所需的技能和能力，即使遇到难题也不轻易放弃。他们更可能将挑战视为可克服的障碍而不是不可逾越的壁垒，这种积极的心态使他们在面对反馈时，无论是正面的还是建设性的批评，都能保持开放和接纳的态度。他们理解到每一次的失败都是学习和成长的机会，因此更倾向于分析反馈内容，理解其背后的原因，并据此调整自己的学习策略和方法。

当内在动机和自我效能感两者在学生心中共同作用时，他们对反馈的接受度和利用效率将达到最高。他们不仅因为对学习的热爱而乐于接受挑战，还因为对自己能力的信心而不畏失败。在实际的学习场景中，这意味着这些学生能够在老师或同伴的反馈中看到成长的机会，主动寻求指导和建议，不断修正自己的理解和技能。即使反馈可能带来一时的挫败感，高内在动机和自我效能感的学生也能迅速调整心态，从错误中吸取教训，以更加坚定和积极的姿态面对未来的学习任务。

教育工作者在设计反馈和教学活动时，应考虑如何培养和激发学生的内在动机以及提升他们的自我效能感。通过创设有意义、有挑战性而又可达成的学习任务，以及提供即时、具体且建设性的反馈，可以帮助学生建立起对学习的积极态度和对自己能力的信心。同时，教师也可以通过模范示范、鼓励学生设立个人目标、反思学习过程等策略，进一步提升学生的内在动机和自我效能感，使他们在学习过程中更加自主、有效地利用反馈，促进个人的持续成长和发展。这样的学习环境不仅有助于学生在学术上取得成功，更重要的是，能够培养他们成为终身学习者，不断探索、挑战并超越自我。

4.情感状态和压力水平

学生的情感状态和压力水平在教育领域中扮演着极其重要的角色，尤其是在接收和处理反馈这一过程中。学生们的情绪和压力状态不仅会影响他们的学习效率，也会对他们如何理解和利用反馈产生重大影响。当学生处于高压力或情绪低落的状态时，他们处理信息的能力会受到影响，这可能导致他们难以接受或理解批评性的反馈。这种情况下，学生们可能会感到被压倒或无法集中注意力，从而无法充分利用反馈来改进自己的学习。

情绪状态和压力水平对学生的影响是多方面的。压力过高会影响大脑的认知功能，包括记忆力、注意力和决策能力。这意味着，在高压力状态下，学生可能无法有效地处理复杂的信息，比如批评性反馈。此外，情绪状态也对学生的学习态度和动力有着直接影响。情绪低落的学生可能缺乏接受和应用反馈的积极性，他们可能觉得自己无法达到预期的标准，从而感到沮丧或无助。

要改善学生在接收和处理反馈时的情绪状态和压力水平，教育工作者需要采取一系列策略。首先，创建一个支持性和鼓励性的学习环境至关重要。在这种环境下，学生会感到更安全，更愿意接受和处理反馈。其次，教师可以采用更为同理心的方式提供反馈，确保反馈既诚实又具有建设性，同时也考虑学生的情感需求。最后，教育者可以教授学生一些应对压力和情绪困扰的策略，比如时间管理技巧、放松技巧或情绪调节技巧，以帮助他们更好地管理自己的情绪和压力。

在处理情感状态和压力水平的问题时，教育工作者也需要认识到，每个学生的情况都是独特的。因此，他们需要对每位学生的个别需求进行关注和调整。这可能包括提供更个性化的反馈，或者在必要时，为学生提供额外的支持和资源，如心理咨询服务等。

学生的情感状态和压力水平对他们接收和处理反馈的能力有着重要的影响。为了帮助学生充分利用反馈并提高学习效果，教育工作者需要创造一个支持性的学习环境，采用同理心的反馈方式，并提供适当的个别化支持。通过这些策略，学生不仅能更好地处理和利用反馈，还能在整个学习过程中发展更强的情绪调节和压力管理能力。

5. 反馈的期望与认知差异

在教育领域，学生对反馈的预期与实际反馈之间的差异是一个复杂且引人入胜的话题。这种差异源于多种因素，包括学生的个人经验、文化背景、以往的学习历程，甚至是他们对教师的认知和信任程度。因此，学生可能对反馈的内容、形式和即时性有一定的预期。例如，一些学生可能期望得到具体、建设性的批评，帮助他们明确自己在哪些领域需要改进，而其他学生可能更希望得到鼓励和积极的肯定，以增强自信和动力。

然而，当实际反馈与这些预期不符时，学生的满意度和接受度可能会受到影响。如果反馈过于笼统或不具体，学生可能感到困惑和沮丧，因为他们无法从中得到有价值的信息来改进学习。相反，如果反馈过于直接或批判性，即使这是为了学生的长远发展，学生也可能感到被贬低或不被理解。这种情绪反应可能会阻碍学生从反馈中学习和成长。

理解并调整这些期望差异对于提高反馈的有效性至关重要。教师可以通过多种方式来减少这种差异，比如在课程开始时就明确反馈的标准和形式，这样学生就可以事先知道他们将会受到什么样的反馈。教师还可以通过调查问卷、个别访谈等方式了解学生的反馈偏好，并尽可能地调整自己的反馈方式以适应不同学生的需要。这不仅有助于提高学生对反馈的接受度，还能增强教学过程的互动性和个性化。此外，教育者还应该培养学生的自我反馈能力。通过教授学生如何自我评估和反思，他们可以更好地理解自己的学习进程和需要，在收到外部反馈时更加开放和适应。这种自我反馈的能力对学生的终身学习和个人发展都是极其重要的。

重要的是要认识到，有效的反馈不仅仅是传递信息的过程，它还涉及情感和关系的构建。建立一种支持和信任的氛围，让学生感到他们的努力被认可和尊重，这对于他们接受并从反馈中受益至关重要。通过理解和调整反馈期望的差异，我们不仅可以提高教育的效果，还可以帮助学生在学习过程中建立更强的自我意识和自我驱动能力。

（二）反馈的具体性和即时性

1.反馈的具体性

在教育和学习过程中，具体的反馈起着至关重要的作用。它不仅仅是指出学生的错误或者赞扬他们的优点，更是一种激励学生深入理解和改进自己学习方式的手段。当老师提供具体的反馈时，他们实际上是在与学生进行一种深层次的交流，这种交流帮助学生明白自己在哪些方面做得好，哪些方面还需要改进。

具体的反馈不仅仅局限于指出错误，它还包括提供解决方法和改进策略。例如，如果一个学生在数学测试中解答错误，仅仅告诉他"这个答案不正确"是不够的。相反，具体的反馈应该包括为什么这个答案是错误的，错误出在哪里，以及如何正确解答这个问题。这种方法不仅帮助学生理解他们的错误，而且还教会他们如何避免在将来犯同样的错误。

另外，当学生做得好时，具体的反馈同样重要。这不仅仅是对学生的鼓励，更是对他们正确方法的确认。例如，如果一个学生在作文中使用了一种特别有效的论证方法，具体的反馈可以是指出这种方法为什么有效，以及如何在其他情况下应用它。这种反馈不仅增强了学生对自己能力的认识，而且还激发了他们在其他学科或情境中应用这些技能的兴趣。

具体的反馈还有助于建立学生的自信心。当学生明白他们在哪些方面做得好，以及他们如何能够改进自己的不足时，他们更有可能在学习中保持积极和投入。这种自信心是学生学习进步的重要推动力。它不仅能帮助学生克服学习中的挑战，还能激励他们探索新的学习领域和技能。然而，提供具体的反馈并非易事。它要求教师不仅要有深厚的专业知识，还要有能够准确识别学生需求的敏感度和沟通技巧。教师需要花时间去了解每个学生的学习风格和需求，以便提供最有效的反馈。这种个性化的方法可能需要更多的时间和精力，但它在帮助学生取得实际进步方面的效果是无可替代的。

具体的反馈在教学过程中扮演着至关重要的角色。它不仅帮助学生理解了自己的优点和不足，还提供了改进的具体方法和策略。通过具体的反馈，学生可以建立起对自己学习能力的信心，同时也激励他们继续探索和学习。对于教师而言，虽然提供具体反馈是一项挑战，但它对于促进学生个人和学术成长具有不可估量的价值。

2. 反馈的即时性

反馈的即时性是教育和学习过程中一个至关重要的方面，它直接影响学习效果的提升和知识的应用。当学生在学习的过程中遇到困难或有所成就时，老师或同伴及时地提供反馈，这不仅能帮助学生确认自己的进步，还能及时纠正他们的错误，避免错误观念的固化。此外，即时反馈还能激发学生的学习动力，增强他们对学习材料的兴趣，因为他们能立即看到自己的努力是有回报的，这种即时的正面强化对于学习动力的提升是非常有效的。

在实际应用中，即时反馈的形式多种多样，可以是老师对学生作业的批改、口头评论，或是同伴之间的互评互助。随着科技的发展，数字化学习平台也开始提供实时反馈功能，例如通过智能算法即时评估学生的答题情况并提供解答建议。无论是哪种形式，重点都在于减少从学生完成任务到接受反馈的时间，使学习过程更加连贯和高效。

然而，即时反馈的实施并不是没有挑战的。例如，对于教师而言，要在短时间内对大量的学生作业或问题给出反馈，既需要消耗大量时间和精力，也要求教师具备快速准确评估的能力。此外，反馈的质量同样重要，不恰当或过于笼统的反馈可能会引起学生的挫败感或误导，因此如何在确保反馈质量的同时实现快速响应，是教育工作者需要面对的一个问题。面对这些挑战，教育者和学校可以采取多种措施来提高反馈的效率和效果。例如，采用分层教学法，将学生根据能力分组，对每组提供定制化的反馈；利用技术工具，如在线评分系统和学习管理系统，来自动化部分反馈过程，或是培训学生进行有效的同伴评价，不仅能减轻教师负担，还能促进学生之间的交流和合作。

即时反馈在教育和学习中发挥着不可或缺的作用，它关乎学习效果的优化和学习体验的改善。尽管实施起来面临诸多挑战，但通过创新方法和技术的应用，可以有效地提升反馈的质量和时效，从而为学生提供更加丰富和高效的学习支持。教育工作者、技术开发者和政策制定者需要共同合作，不断探索和实践，以充分发挥即时反馈在教育改进中的潜力。

3.反馈的针对性

针对性反馈是教育和培训领域里一项至关重要的技巧，它强调根据学生的个别需求和情况提供具体的指导和意见。在进行教学或培训时，教育者经常面对着学生能力、学习风格和接受能力的多样性。为了有效地促进学习，教师或培训师需要深入了解每个学生的特点，然后根据这些特点提供个性化的反馈。这种方法的优势在于，它不仅能够提升学生的学习效率，还能够增强学生的学习动力和自信心。

当反馈是针对个别学生的需求和情况量身定制时，它更容易被学生接受和理解。学生们感觉到教师对他们的关注和理解，从而更愿意接受反馈并据此改进。例如，如果一位学生在数学课上特别挣扎，教师可以提供针对性的练习和解题策略，帮助学生克服困难。同样，如果一位学生在写作方面表现出色，教师可以提供更高级的写作技巧和挑战，以推动学生的持续进步。

实施针对性反馈的一个关键要素是对学生进行持续的评估和观察。教师需要密切关注学生的进步、兴趣和挑战，并据此调整教学方法和反馈。这可能包括对学生的作业、测试成绩和课堂表现进行分析，以及与学生进行一对一的交流，了解他们的想法和感受。通过这种方式，教师可以获得关于每个学生的深入信息，从而提供更加精确和有用的反馈。此外，针对性反馈应该是积极和建设性的，它不仅指出学生的不足，也强调他们的优点和进步。当学生看到他们的努力被认可时，他们会更加积极地参与学习过程。同时，教师应该鼓励学生反思他们的学习，培养自我评估的能力。通过这种方式，学生不仅能从教师的反馈中受益，还能学会自我指导和自我提升。

针对性反馈是一种强有力的教学工具。它通过关注学生的个别需求和情况，提供具体而有针对性的建议，从而促进学生的学习和发展。通过持续的评估、积极的鼓励和强调学生自我反思，教师可以有效地实施针对性反馈，帮助每个学生达到他们的最大潜力。在这个过程中，教师和学生共同成长，共同创造一个充满挑战和机遇的学习环境。

4. 反馈的易理解性

在教育和学习的过程中，反馈的易理解性是至关重要的。这意味着，教师或指导者在提供反馈时，应当考虑到其内容的清晰度和简洁性，以确保学生能够轻松理解。通常，反馈如果包含过多的专业术语或复杂的表述，可能会导致学生感到困惑，从而难以吸收和应用这些反馈。因此，为了提高学生的学习效果和激发他们的学习兴趣，反馈的表述应当尽量简洁明了。

简洁的反馈能够帮助学生迅速把握关键点，这对于学习效率的提高至关重要。

例如，在数学教学中，如果教师能够用浅显易懂的语言解释复杂的数学概念，学生就更有可能理解并掌握这些概念。同样，在文学课程中，对文本分析简明扼要的反馈可以帮助学生更好地理解文学作品的主题和技巧。此外，简洁的反馈还有助于增强学生的信心，因为他们能够更快地理解和应对挑战，从而感受到进步和成就感。

然而，这并不意味着反馈应该完全避免专业术语或深入的内容。相反，重要的是要在提供充分详细的信息和确保易于理解之间找到平衡。在某些情况下，使用专业术语是必要的，尤其是在高级课程或专业领域的学习中。在这些情况下，教师可以先解释这些术语的含义，然后再使用它们，以确保学生能够跟上思路。

为了提高反馈的易理解性，教师可以采取几种策略。首先，他们可以使用具体的例子和比喻来解释抽象概念。这种方法可以帮助学生将新知识与他们已经熟悉的事物联系起来，从而更容易理解和记忆。其次，教师可以鼓励学生提问和参与讨论，这样他们就可以及时解决学生的疑惑，并根据学生的反馈调整他们的教学方法。最后，教师还可以通过多种方式提供反馈，比如口头解释、书面评论或视觉辅助材料等，以满足不同学生的学习风格。

确保反馈的易理解性是提高教学效果的关键。通过使用清晰、简洁的语言，结合具体的例子和互动的教学方法，教师可以帮助学生更有效地学习和成长。在这个过程中，教师需要不断地调整他们的反馈方法，以确保所有学生都能从中受益。通过这样的努力，教育者不仅能够传授知识，还能够激发学生的兴趣和潜能，为他们的未来打下坚实的基础。

（三）教师的沟通技巧

1. 语言表达的清晰度

在教育的世界里，教师扮演着信息传递者的角色，而语言则是他们传递知识和思想的桥梁。为了确保这座桥梁结实且可靠，教师在沟通时必须注重语言表达的清晰度。语言的清晰度是一种艺术，涉及多个层面，包括语言的选择、语法的正确性，以及表达的条理性。

语言的选择对于教育来说至关重要。一位教师在教学过程中选择的词汇需要既专业又贴近学生的生活实际，既能表达深奥的学术概念，又能简明扼要，易于学生理解。例如，在解释复杂的科学理论时，教师可以使用生动的比喻，将抽象的概念具体化，从而使学生易于理解和记忆。同时，避免使用过于艰涩或生僻的词汇，可以减少学生在理解过程中的障碍，让知识的传递更加高效。

语法的正确性也是保证语言清晰度的一个重要方面。正确的语法结构不仅能确保信息准确无误地传递，还能提升教师的专业形象，增强学生的信任感。一句语法错误的话可能会引起误解或混乱，尤其是在解释复杂的概念或进行精确的指导时。因此，教师应该注重语法学习和应用，通过不断的练习和学习，使自己的语言表达更加规范和准确。

表达的条理性是实现语言清晰度的又一关键。一位教师在讲解新概念或指导任务时，应该有条不紊，逻辑清晰。这需要教师在课前做好充分的准备，思考如何将复杂的信息结构化，如何将知识点逐步分解，以及如何通过示例或故事来加强说明。条理清晰的表达不仅能帮助学生更好地理解和记忆，还能激发他们的学习兴趣，培养他们的思维能力。

语言表达的清晰度是教师职业技能中的重要组成部分。它不仅影响教育的效果，还影响学生的学习体验和教师的专业形象。因此，每位教师都应该重视语言表达的清晰度，通过不断学习和实践，提高自己的语言表达能力，以更好地完成教育和启蒙的使命。

2. 非语言沟通的运用

非语言沟通是教育过程中不可或缺的一部分，它以不同于口头语言的方式传递信息和情感。教师在课堂上的非语言行为，包括肢体语言、面部表情、眼神交流等，都在无声地影响着教学的效果和学生的学习态度。肢体语言，如手势、姿势和空间利用，能够传达出教师的自信、热情和对学生的关注。一位站姿笔直、步伐稳健的教师可能给学生留下专注和权威的印象，从而提高学生的注意力和尊重。相反，如果教师终日低头、蜷缩或频繁摆弄物件，这些动作可能传递出不安、缺乏准备或对学生不尊重的信息。

面部表情作为情感的直接反映，对于建立师生间的情感联系至关重要。一位面带微笑、眼神温和的教师能够营造出一个温馨、舒适的学习环境，鼓励学生积极参与和表达。而面无表情或经常皱眉的教师可能会使学生感到紧张或害怕，从而抑制他们的积极性和创造力。此外，教师的眼神交流也是非语言沟通中的重要组成部分，它有助于建立教师与学生之间的联系，增强互动。适时的目光接触可以传达出教师的关注和鼓励，让学生感到被重视和理解。反之，避免眼神交流或视线飘忽不定则可能传递出疏远、不安或缺乏信任的信息。

在教学过程中，教师的非语言行为不仅会影响学生的学习动机和情感状态，还会影响他们对教学内容的理解和吸收。例如，教师通过适当的手势和表情来强调某一关键点或概念，可以帮助学生更好地集中注意力和理解教学内容。同时，教师的非语言行为也能够提供即时的反馈，帮助教师调整教学策略和节奏。当教师观察到学生通过面部表情或身体语言表现出困惑或不理解时，他们可以立即采取措施进行澄清或重复。

然而，非语言沟通也存在着文化差异和个体差异的问题。不同文化背景下，同一种非语言行为可能有着截然不同的含义。因此，教师在使用非语言和学生沟通时，需要对学生的文化背景有所了解和敏感，避免误解或冲突。同时，每个人对非语言行为的解读和反应也存在个体差异，教师需要观察和了解每个学生的特点，以更有效地与其进行非语言沟通。

非语言沟通在教学过程中扮演着重要角色，它能够丰富教师的表达，增强师生互动，调动学生的学习积极性。教师需要意识到自己的非语言行为，并通过观察和学习，不断提高自己非语言沟通的能力和敏感性，以更有效地支持和促进学生的学习。

3. 倾听能力的重要性

倾听能力在教师与学生间的有效沟通中占据着极为重要的位置。这不仅仅是因为它能够帮助教师把握学生的需求，更因为它关乎教育的核心——理解和反馈。在教育过程中，学生的反馈、问题和想法是构建知识体系和理解的基石。教师的倾听技巧能够确保这些宝贵的信息不被忽视，从而在学生的学习旅程中起到引导和激励的作用。

当教师拥有良好的倾听能力时，他们不仅仅是在听取学生的语言表达，更是在深入理解学生的情感和思想。这种深层次的理解使教师能够精准地捕捉到学生可能遇到的难题，以及他们的学习动机和兴趣所在。因此，教师可以据此调整教学策略，采用更适合该学生或该班级的方法，从而提高教学效果。

优秀的倾听能力还意味着教师能在学生表达时给予足够的关注和尊重。这种关注和尊重能够促进课堂上的开放和诚实交流，鼓励学生分享他们的想法和感受。在这样的课堂氛围中，学生更愿意参与和投入，这无疑会增强学习效果和学生的满意度。同时，这种互动还能增强学生的自信心，让他们明白自己的声音被听见和重视，这对于培养他们的自我表达能力和批判性思维能力都是至关重要的。

教师的倾听不应当仅限于课堂讲授时的互动。在日常的教育活动中，无论是在课间、活动中还是家长会上，教师都应当展现出对学生和家长话语的关注和理解。通过这种方式，教师不仅能够获得更多关于学生的信息，更能够在学校社区中建立起更加和谐、亲密的关系，为学生提供一个温暖和支持的学习环境。此外，教师的倾听技巧还与他们的终身学习和职业发展密切相关。通过倾听学生的反馈，教师可以不断地反思和改进自己的教学方法和策略，这是教师专业成长不可或缺的一部分。同时，教师还可以通过倾听来与其他教育工作者进行有效沟通，分享和学习彼此的经验和知识，从而在教育领域内形成一个相互支持和提升的环境。

倾听能力的重要性在教育领域中不容忽视。它不仅能够提高教学质量，增进教师与学生之间的理解和尊重，还能够促进教师的个人和职业成长。因此，培养和提升倾听技巧应当成为每一位教师职业发展中的重点，也应当被视为提高教育质量和效果的一个重要途径。

4. 情感的投入和调控

教师在进行教学沟通时，情感的投入和调控是一个不可或缺的要素。情感投入不仅仅是指教师对教学内容的热爱和对学生的关怀，更是指教师在教学过程中能够展现出的同理心、激情以及积极的态度。这种情感的投入能够极大地影响学生的接受度，当学生感受到教师的热情和关心时，他们更容易被激发出学习的兴趣和动力，从而更加积极地参与到学习中来。例如，当教师在讲解一个难以理解的概念时，通过表情、语调和肢体语言展现出耐心和鼓励，学生更可能感受到支持和鼓舞，进而增强理解和掌握新知识的信心。

然而，情感的投入并不意味着教师应该毫无节制地表达所有情绪。相反，情绪调控能力同样重要。教师需要具备在不同教学情境中调整自己情绪表达的能力，确保其情绪表达既真实又适度。这包括在面对挑战和压力时保持冷静，遇到学生问题和错误时展现出理解和支持，以及在适当的时候分享适度的个人情感经历以增强师生之间的联系。通过有效的情绪调控，教师可以避免过度的负面情绪影响学生，同时利用积极情绪激励学生，营造一个健康、积极、鼓励探索的学习氛围。

　　情感投入和调控在教师职业中扮演着至关重要的角色。一个情感投入且能够调控自己情绪的教师，能够建立起更强的师生关系，更有效地促进学生的学习和发展。这不仅仅是一种教学技巧，更是一种对教育事业的责任和热爱的体现。通过不断的实践和反思，教师可以逐渐提升自己在情感投入和调控方面的能力，为学生创造一个更加积极、健康的学习环境，引导他们走向成功的道路。在这个过程中，教师的每一点进步都值得赞扬，因为这不仅仅是个人职业技能的提升，更是对整个教育事业的贡献。

第二章　混合式教学立体反馈模式的构建

在本章中，探索混合式教学立体反馈模式构建的旅程，我们进入了教育创新与技术融合的新纪元。在这个纪元中，教学不再是单向的知识传递，而是一个动态、互动的过程，旨在激发学习者的潜能，促进知识的深度理解和技能的有效掌握。混合式教学，作为这一变革的核心，通过其独特的结构和策略，提供了一个多维度的反馈系统，让教学和学习变得更加个性化、灵活和高效。在本章中，混合式教学立体反馈模式的探讨不仅关注理论和方法的创新，也注重实际效果的提升和学生体验的优化。通过深入分析和策略设计，我们将展现如何有效构建和实施这一模式，以实现教学效果的最大化。这一过程中，反馈作为连接教师与学生、理论与实践的桥梁，其重要性不言而喻。通过科学的反馈机制，可以有效地指导学生学习，激发潜能，同时也为教师提供宝贵的教学反思和改进的机会。因此，混合式教学立体反馈模式的构建，既是一个科学探索的过程，也是一个持续优化和自我超越的过程。

第一节　混合教学模式的介绍

（一）定义与核心要素

1.混合教学的定义与意义

混合教学，也称为混合式学习或 Blended Learning，是一种教育模式，涉及将传统的面对面课堂教学与现代的在线学习策略相结合。这种模式的核心在于融合两种截然不同的学习环境——传统的课堂和虚拟的网络平台，以期通过各自优势的相互补充，实现教育教学质量的整体提升。

在混合教学模式下，学生不仅能够在课堂上直接与教师和同学进行交流、讨论和协作，体验实时、互动的学习环境，还可以通过网络平台接触到更加广泛的资源和自主学习的机会。这种模式下，学习不再局限于固定的时间和地点，学生可以根据自己的时间表和学习节奏，灵活地安排学习时间和内容，既能享受到教师指导的好处，也能培养自己自主学习的能力。

混合教学的实施有助于提高教学效率和学习成效。一方面，面对面的教学可以加强教师对学生学习情况的了解，及时调整教学策略和内容，更有效地指导和帮助学生。另一方面，线上学习部分可以提供丰富多样的教学资源，如视频讲座、在线讨论、互动游戏等，这些资源能够使学习过程更加生动有趣，增强学生的学习动力和兴趣。

混合教学还有助于个性化教学的实现。通过线上平台，教师可以根据每个学生的学习进度、兴趣和需求，提供定制化的学习材料和活动，帮助学生在适合自己的方式和节奏下学习，从而提高学习的效率和质量。同时，这种教学模式也鼓励学生发展批判性思维和解决问题的能力，通过在线讨论和协作项目，学生可以学会如何有效地沟通、协作和处理信息，这些技能对于他们未来的学术和职业生涯都是至关重要的。

混合教学代表了教育技术的一种进步和教育模式的创新。它通过整合传统与现代的教学元素，提供了一个更加灵活、高效和个性化的学习环境，不仅能够提升教育质量和学习效果，也能够满足现代社会对教育的多样化和个性化需求。随着技术的不断进步和教育观念的更新，混合教学有望在未来的教育领域发挥更加重要的作用，为更多的学生提供高质量的教育资源和学习体验。

2. 面对面学习活动的作用

面对面学习活动在混合教学模式中扮演着至关重要的角色，其意义和影响深远而多元。在当今日益数字化和网络化的教育环境中，虽然在线学习因其便捷性和灵活性而变得日益流行，但面对面的学习活动仍然是不可替代的教育组成部分。这种传统的学习方式，涉及学生在教师的直接指导下，在教室内进行的交流、讨论和实践操作，对学生的全面发展具有不可估量的价值。

首先，面对面学习活动对于培养学生的社交技能至关重要。在教室内部的互动和合作中，学生不仅需要学习如何有效沟通、表达自己的观点，还需要学会倾听他人的想法，学习尊重和接受不同的观点。这种社交技能的培养对于学生未来的职业生涯和个人发展至关重要，因为无论在哪个行业，良好的沟通能力和团队合作精神都是成功的关键。

其次，面对面学习活动提供即时的反馈和指导，这是在线学习无法比拟的。当学生在学习过程中遇到困难时，教师可以立即给予帮助和指导，这种即时的反馈对于学生理解复杂概念和纠正错误至关重要。同时，教师也可以根据学生的表现和反应，实时调整教学方法和内容，以更好地适应学生的学习需求和偏好。

最后，面对面的学习环境也有利于增强学生对学习内容的深入理解。在教室中，学生可以通过实验、实践操作和项目工作等方式，将理论知识应用于实践中。这种通过"做中学"的方式，不仅能够帮助学生更好地理解和记住学习内容，还能激发他们的创造力和解决问题的能力。此外，面对面的互动还可以激发学生之间的讨论和思维碰撞，从而促进思维的深入和拓展。

面对面学习活动在促进学生全面发展方面的作用不容忽视。它不仅帮助学生在知识和技能上获得成长，还在培养其社交技能、批判性思维和创新能力方面发挥着重要作用。在混合教学的背景下，有效地结合在线学习和面对面学习活动，能够为学生提供一个更加全面和平衡的学习环境，从而促进他们在多个维度上的成长和发展。因此，教育者和决策者应重视并维持面对面学习活动在教育体系中的重要地位，以确保学生能够在快速变化的世界中获得必要的技能和知识。

3. 在线学习活动的重要性

在线学习活动作为现代教育体系的重要组成部分，正逐渐改变我们获取知识和技能的方式。这种教学模式不仅仅是传统教学的补充，更是教育创新的重要驱动力。通过互联网和数字技术的运用，学生可以接触到视频教程、在线讨论、电子书籍以及丰富的互动式学习资源。这种学习方式极大地扩展了学习的时空界限，无论何时何地，只要能接入互联网，学习就可以无缝进行。

在线学习活动的一大优势是灵活性和个性化。传统的课堂教学通常是按照固定的时间和地点进行，而在线学习打破了这一限制，学生可以根据自己的时间表自主安排学习时间和进度。这对于那些需要兼顾工作、家庭或其他个人事务的人来说尤其有益。同时，它还能够根据学生的具体需求，提供定制化的学习资源和路径，无论是深入某个专题，还是跨学科学习，都能够得到满足。

另一大显著的优势是资源的丰富性。传统学习资源通常局限于教科书、讲师讲解等形式，而在线学习提供了更加多样化的学习材料。视频教程使复杂的概念可视化，便于理解；在线讨论促进学生之间的交流和思维碰撞；电子书籍和在线文献库使得大量书籍和研究资料触手可及。这种丰富的学习资源大大提高了学习的效率和质量。

在线学习还推动了教育的民主化。在传统的教育体系中，优质的教育资源往往集中在少数顶尖的学府，而在线学习使得这些资源对所有人开放，无论是地理位置还是经济条件都不再是接受教育的障碍。来自世界各地的学生都能接触到麻省理工学院、斯坦福大学等顶尖学府的课程，这在很大程度上平衡了教育资源的分配。

教师角色的转变也是在线学习带来的重要变化。在传统教室中，教师往往是知识的传递者，而在在线学习环境中，教师更多的是引导者和协助者。他们利用各种数字工具来设计课程，监控学生进度，提供个性化反馈。这种转变不仅提高了教学效率，也促进了教师的专业成长。然而，在线学习也面临着一些挑战。技术设备的需求、自律性的考验，以及缺乏面对面交流的问题都是在线学习需要解决的。克服这些挑战，需要学校、教师和学生共同努力，不断改进在线学习的内容和形式，确保学习效果。

在线学习活动正逐步成为教育领域的一股不可逆转的潮流。它不仅为学生提供了更加灵活、丰富和高效的学习方式，也促进了教育公平和教师专业发展。随着技术的不断进步和教育理念的更新，未来的在线学习将更加多元、高效和普及。

4. 结构化课程设计的重要性

结构化课程设计在混合教学模式中发挥着至关重要的作用，这种教学模式结合了面对面学习和在线学习的特点，旨在通过优化教学资源和方法来提升学习效果。在这一背景下，结构化课程设计不仅是实施混合教学的关键，更是提升教学质量、满足不同学习需求的重要手段。

结构化课程设计让教育工作者能够有计划地安排和整合面对面学习与在线学习活动。这意味着教师不仅要选择合适的课程内容，还要考虑如何通过不同的教学活动来达成教学目标。在这个过程中，教师需要综合运用各种教学资源，包括视频讲座、在线讨论、实时互动等，来设计一个富有成效的学习路径。通过精心的设计，可以确保面对面学习与在线学习环节能够相互补充，共同促进学生的知识理解和技能发展。

一个优秀的结构化课程设计能够提供清晰的学习框架和路径，使学生能够明确自己的学习进度和目标。在这个框架下，学生不仅能够获得必要的知识和技能，还能通过各种形式的评估活动获得反馈，及时调整自己的学习策略。这种自我调节的学习方式对于培养学生的独立思考能力和解决问题能力极为重要。

结构化课程设计还需要考虑如何有效地评估学生的学习成果。这不仅包括知识的掌握程度，还包括学生的思维能力、沟通能力等软技能的发展。因此，评估方法的设计也是课程设计中的一个重要环节。通过多样化的评估方法，如项目作业、同伴评价等，教师可以更全面地了解学生的学习情况，及时提供指导和支持。随着教育技术的发展和学习需求的多样化，结构化课程设计也需要不断地更新和改进。这要求教育工作者不仅要关注教学内容和方法的有效性，还要敏锐地捕捉教育趋势和技术发展，不断创新教学设计，以适应不断变化的教育环境。

结构化课程设计在确保混合教学成功实施中起着核心作用。通过合理安排和整合面对面学习与在线学习活动，提供清晰的学习路径，设计有效的评估方法，以及不断地更新教学设计，可以显著提升教学效果，满足学生多样化的学习需求。因此，教育工作者需要深刻理解结构化课程设计的重要性，不断提升自己的设计能力，以更好地适应当代教育的挑战和机遇。

（二）混合教学的特征

1. 个性化学习路径

个性化学习路径是一种以学生为中心的教育方法，旨在满足每个学生的独特需求、兴趣和学习节奏。在设计和实施个性化学习路径时，首要步骤是对学生进行全面评估，包括了解他们的学习风格、兴趣、以往学习经历和学习目标。这可以通过问卷调查、面谈、兴趣测验等方式完成。接下来，基于这些信息，教师和学生可以共同确定学习目标，并设计一套符合学生个性化需求的学习计划。这个计划可能包括各种类型的学习材料，如视频教程、互动软件、实践项目、团队合作等，以及定期的评估和反馈机制，确保学习活动既能激发学生的兴趣，又能持续推进他们朝着既定目标前进。

个性化学习路径对学生学习效果的影响是深远的。首先，它能提高学习动机。当学习内容与学生的兴趣和需求紧密相连时，学生更有可能投入其中，保持学习的热情和兴趣。其次，它能提高学习效率。学生可以在自己最擅长的时间和地点以最适合的方式学习，减少不必要的重复和等待时间，更快地掌握知识和技能。

在实施个性化学习路径时，教师扮演着至关重要的角色。他们需要不仅是知识的传授者，更是学生学习的指导者和伙伴。教师可以通过定期的一对一会议、个性化的反馈和支持以及适应学生变化需求的灵活性，来满足学生的不同需要。同时，教师也需要持续更新自己的教育技能和知识，以便更好地使用各种教育技术和策略来支持个性化学习。

当然，实施个性化学习路径也面临着一些挑战。例如，资源分配可能是一个问题，因为不是所有学校或教育机构都有足够的资金和技术来支持高度个性化的学习环境。此外，学生自主性的培养也是一个挑战，学生需要学会自我管理和自我驱动，这对一些学生来说可能是一个难题。还有，教师和学校需要找到适当的方法来平衡标准化的课程要求和个性化的学习需求。

个性化学习路径代表了教育的未来方向，它强调以学生为中心，关注每个学生的独特需求和潜能。通过有效的设计和实施，个性化学习路径不仅可以提高学生的学习动机和效率，还能帮助他们实现更好的学习成果。尽管存在一些挑战，但通过持续的创新和改进，个性化学习路径有望为所有学生提供更加公平和有效的教育体验。

2.课程内容和学习活动的多样化

在探索如何整合不同类型的学习资源和活动时，教育者们应重视视频讲解、在线讨论、案例研究、模拟实验等形式的多样化学习材料。视频讲解可以带来直观的学习体验，通过图像和声音的结合，生动地传达复杂的概念，使得学生能够更容易地理解和记忆。在线讨论则促进了学生之间的互动，提供了一个平台，让学生们可以共享观点、讨论问题、解决疑惑，从而深化他们对学习内容的理解。案例研究和模拟实验则是将理论与实践相结合的重要方式，并通过分析真实或模拟的情境，使学生能够更好地将理论知识应用于实际，培养解决问题的能力。

多样化的学习活动对于促进学生的参与度具有显著效果。不同的学生有不同的学习风格，有的学生可能更偏好视觉学习，而有的学生可能更倾向于互动式或实践式的学习。通过提供多样化的学习资源和活动，教育者可以满足更广泛学生群体的需求，使得每个学生都能找到适合自己的学习方式，从而提高学习效率和动力。例如，一些学生可能对纯文字的讲义感到乏味，但是当同样的内容通过视频讲解或者互动式的在线讨论形式呈现时，这些学生的学习兴趣和参与度可能会大大增加。

成功的多样化教学策略案例包括将课堂教学、在线学习和实地考察相结合的混合式学习模式，或者是通过项目式学习（PBL）将学生分组进行跨学科的项目，让学生在实践中学习和应用知识。这些策略不仅仅是简单地增加学习材料的种类，更重要的是它们能够创造一个环境，让学生能够主动探索、相互协作，以及自主学习，从而更深入地理解知识，培养批判性思维和创新能力。

评估多样化学习活动效果的方法应该是多元和综合的。除了传统的考试和测验之外，可以通过学生的参与度、课程反馈、项目成果等多种方式来评估学习效果。教育者可以设置具体的学习目标，然后根据这些目标来设计评估标准，比如学生是否能够在在线讨论中提出有见地的问题，是否能够在模拟实验中正确运用理论知识，或者是否能够在案例分析中提出创新的解决方案。此外，教育者也应该鼓励学生进行自我评估，让学生反思自己的学习过程和结果，这不仅有助于学生更好地掌握知识，也有助于教育者了解学习活动的效果，进而进行调整和改进。

通过整合多样化的学习资源和活动，可以有效提高学生的参与度，满足不同学习风格的需求，并促进学生的全面发展。同时，通过多元综合的评估方法，教育者可以更准确地评价和提升多样化学习活动的效果。

3. 教师角色的转变

在过去的几十年里，教育领域经历了一系列的变革，其中最显著的变化之一就是教师角色的转变。从传统的知识传授者，教师的角色逐渐转变为学习引导者和支持者。这一转变的意义在于，它不仅改变了教学方法，更重要的是改善了学生的学习体验，使之更加主动、互动和个性化。

在传统的教学模式中，教师是知识的唯一来源，学生则是被动的接受者。这种模式强调标准化和一致性，忽视了学生个体的差异和创造性思维的培养。然而，随着知识爆炸和技术的发展，信息获取变得前所未有的容易，教育的重点逐渐从教授知识转向培养学生的学习能力和批判性思维。在这一背景下，教师的角色也在悄然发生变化。

教师从传统的知识传授者转变为学习的引导者和支持者，意味着他们需要更多地关注学生的学习过程，而不仅仅是教学内容。这包括设计互动和参与性的学习活动，鼓励学生提出问题和解决问题，以及提供个性化的学习支持。在这个过程中，教师不再是舞台上的主角，而是变成了幕后的推手，帮助学生发现和探索知识，培养他们的自主学习能力。

这种角色的转变对教学方法和学生学习体验产生了深远的影响。首先，它促使教学方法更加多样化和灵活，包括项目式学习、探究式学习和合作学习等。这些方法强调学生的主动参与和实践经验，有助于培养学生的创新思维和解决问题的能力。其次，学生的学习体验也因此变得更加积极和充实。他们不再是被动的信息接授者，而是积极的知识探索者和创造者，这不仅提高了学习的效果，也增加了学习的乐趣。

在混合教学模式下，教师面临的责任和挑战更加复杂。一方面，他们需要掌握和运用各种教育技术，如在线教学平台、多媒体资源和虚拟现实等，以提高教学的效率和效果。另一方面，他们还需要关注每个学生的学习需求和进度，提供针对性的指导和支持。此外，教师还需要不断更新课程设计，确保教学内容和方法符合学生的兴趣和需求，以及时代的发展。

尽管这些新的责任和挑战可能令人望而却步，但也有许多成功的案例和实践建议可以借鉴。例如，一些教师通过翻转课堂和项目式学习，成功地提高了学生的参与度和学习成效。还有些教师利用网络资源和社交媒体，建立了在线学习社区，有效地促进了学生之间的交流和合作。对于希望进行角色转变的教师来说，关键在于持续学习和实验，勇于尝试新的教学方法和技术，同时保持对学生需求的敏感和关注。

教师角色的转变是教育变革的重要组成部分，它反映了对教育本质和目标的深刻思考。通过转变为学习的引导者和支持者，教师不仅能够提高教学质量和学生学习成效，更能够培养学生适应未来社会的关键能力。尽管这一转变充满挑战，但它也提供了无限的可能性和机遇，值得每一位教育工作者去探索和实践。

4. 对技术的依赖

在当今的教育领域，技术的使用已成为日常生活的一部分，尤其是在教育技术工具和平台的蓬勃发展下，混合教学模式逐渐被广泛接受和实施。混合教学是一种结合了传统面对面教学和在线学习的教学模式，它利用技术的力量来提升教学和学习的效率和效果。当前和未来的教育技术工具，如学习管理系统（LMS）、互动白板、在线课程、虚拟现实（VR）和人工智能（AI）辅助教学，正在塑造教育的新面貌。这些工具和平台不仅提供了丰富多样的教学资源，还促进了师生和学生之间的互动，使得教育更加个性化和灵活。

技术在混合教学中扮演了至关重要的角色。首先，技术极大地提升了学习体验。通过视频、模拟和游戏化学习等互动元素，学习过程更加生动和吸引人，从而提高了学生的参与度和学习效果。其次，技术还促进了学生之间以及师生之间的互动，通过论坛、实时聊天和视频会议等工具，学生可以更容易地分享知识、讨论问题并协作解决问题。最后，技术的应用也大大扩展了学习资源，学生可以随时随地访问大量的在线资源和数字图书馆，打破了时间和空间的限制。

然而，对技术的依赖也带来了一系列挑战。设备获取可能成为一个问题，特别是在资源有限的环境中，不是每个学生都能负担得起个人电脑或其他学习设备的。技能培训也是一大挑战，教师和学生都需要掌握使用各种教育技术工具的技能，这需要时间和努力。此外，网络安全成为日益突出的问题，学校和教育机构需要确保学生的数据安全和隐私保护，避免数据泄露和网络攻击的风险。

面对这些挑战，有效选择和利用技术工具对于支持教学和学习至关重要。首先，教育机构需要评估自身的需求和资源，选择最适合自己环境的技术工具和平台。其次，持续的专业发展和技能培训对教师来说至关重要，以确保他们能够有效地利用技术进行教学。再次，建立健全的网络安全政策和实践，确保所有的技术应用都是安全的，也是十分必要的。最后，鼓励和促进学生的技术素养，让他们不仅能够使用这些工具，还能理解和批判性地评估技术对学习和生活的影响，这将帮助他们更好地适应技术日益普及的未来社会，并取得成功。

技术在混合教学中的应用提供了巨大的潜力，但也伴随着挑战。通过有效的策略和实践，我们可以克服这些挑战，最大化技术的积极影响，为学生提供更加丰富、互动和个性化的学习体验。

（三）混合教学的优势

1. 提升教育质量

在当今这个快速发展的时代，提升教育质量已成为全球关注的焦点，其中混合教学模式作为一种革新的教学方法，正逐渐被更多教育者和机构采纳。混合教学，顾名思义，是一种将线上与线下教学资源相结合的方法，旨在通过多样化的学习材料和教学手段，提供更为丰富、互动和个性化的学习体验。这种教学模式的出现，不仅是技术发展的必然结果，也是对传统教育模式的有效补充和提升。

在混合教学中，一方面，线上资源扮演了极其重要的角色。通过网络平台，学生可以接触到来自世界各地的优质教学资源，包括但不限于在线视频讲座、虚拟实验室、互动讨论区等。这些资源使得学生能够在任何时间、任何地点进行自主学习，极大地拓宽了学习的时间和空间限制。同时，线上学习的可追踪性也为教师提供了学生学习进度和成效的直观数据，从而使得教学更加精准和高效。

另一方面，线下的面对面教学同样不可或缺。这种传统的教学方式便于教师直接观察学生的学习状态，及时调整教学策略，同时也便于学生之间进行面对面的交流和讨论，增强学习的社交性和实践性。混合教学模式正是将线上的自主灵活与线下的互动实践完美结合，使学生能在理论学习和实践操作中找到平衡，从而更全面地掌握知识和技能。

通过混合教学，教育内容变得更加生动和深入。例如，通过线上视频，学生可以多次回放难以理解的部分，而虚拟实验则让学生能够在没有物理实验条件的情况下进行实验操作。同时，线上讨论区为学生提供了一个交流思想、分享见解的平台，这些都是传统教室难以提供的。这种多元化的学习方式不仅有助于提高学生的学习兴趣和动力，还能够提升他们的批判性思维能力和问题解决能力。

混合教学作为一种现代教育方法，正逐渐改变着教育的面貌。它通过整合线上线下资源，提供了一个更加灵活、互动和个性化的学习环境。在这个基础上，教育的质量和效果得到了显著提升，学生也能够在更加开放和多元的环境中得到全面发展。未来，随着技术的不断进步和教育理念的持续更新，混合教学无疑将在全球教育领域发挥更加重要的作用。

2. 灵活性和便捷性

混合教学模式，作为一种将传统的面对面课堂教学与现代的在线学习相结合的教学形式，为现代教育带来了革命性的变化。这种模式的灵活性和便捷性主要表现在它允许学生根据自己的时间安排和地理位置选择学习，极大地增加了学习的灵活性。学生可以在家里、图书馆或咖啡厅等任何有网络的地方访问学习材料，这不仅有助于平衡学习和生活的其他方面，而且也适合不同的学习风格和节奏。

在这种教学模式下，学生不再受限于传统的教室环境和固定的时间表。他们可以自主选择何时何地进行学习，无论是深夜在书房认真钻研，还是利用通勤时间在列车上回顾课程，都能够根据个人的生活节奏和学习习惯来安排。这种灵活性特别适合那些兼职工作、有家庭责任或需要经常出差的学生，他们可以在不牺牲工作和家庭责任的情况下继续教育和职业发展。

此外，混合教学模式也体现出教育的个性化和多样性。它支持多种学习方式和教学方法，满足不同学生的需求。视觉学习者可以通过在线视频和图表来学习，而动手操作的学习者则可能更倾向于参与实时的网上讨论或者进行线上实验。同时，教师也可以根据学生的反馈和学习进度灵活调整教学内容和节奏，采用更为个性化的教学策略，从而提高教学的有效性和学生的学习成效。

然而，要充分发挥混合教学模式的灵活性和便捷性，学生和教师都需要具备一定的自律性和技术能力。学生需要自我管理学习进度，确保在没有教师面对面监督的情况下也能持之以恒地学习。同时，教师也需要掌握相应的技术工具和在线教学方法，以便有效地组织和管理线上和线下的教学活动。此外，教育机构也需要提供稳定的技术支持和资源，包括可靠的网络连接、多样化的学习平台和丰富的教学资源，来支持这种教学模式的实施。

混合教学模式凭借其独特的灵活性和便捷性，正逐渐成为现代教育的重要组成部分。它不仅提高了学习的可接受性和个性化，还促进了教学方法的多样化和创新。通过有效利用这种教学模式，我们可以期待教育会更加高效、包容和个性化，从而更好地满足 21 世纪社会和经济发展的需求。

3. 促进学生参与和互动

促进学生参与和互动的策略在在线学习环境中显得尤为重要。这种环境通常通过讨论论坛、实时聊天室和协作软件等工具和平台，提供了一种独特的交流方式，大大增加了学生之间以及师生之间的互动和参与度。这种互动不仅提升了学习体验，更有助于建立社区感，促进信息共享和知识的深入理解。

在在线学习环境中，讨论论坛作为一种异步交流工具，允许学生在任何时候发表意见和回复他人，这样的设置为那些可能不愿意在实时情况下发言的学生提供了表达的机会。学生们可以深思熟虑后再发帖子，促使他们进行更深层次的思考和研究。同时，教师可以通过论坛监控学生的进展，及时给予反馈和指导。

实时聊天室则提供了即时的交流平台，使得讨论能够活跃和连续进行，仿佛在传统的教室环境中一样。这种方式对于讨论需要即时反馈或解答的主题特别有效。教师可以利用聊天室进行虚拟办公时间，解答学生疑问，或者安排实时讨论会，增加课堂的互动性。协作软件则将讨论论坛和实时聊天室的优点结合起来，不仅支持异步和同步交流，还允许多人同时编辑文档或参与项目。这种工具特别适用于小组作业或项目，学生可以不受地理限制地协作，共同完成任务。通过这种方式，学生不仅能够学习到课程内容，还能够学习到团队合作和远程协作的技能。除了这些工具，教师还可以通过视频会议、互动式课件和模拟软件等多种方式增加互动性。视频会议使得远程教学接近面对面教学的效果，而互动式课件和模拟软件则通过虚拟实验或游戏化学习，使学生在参与中学习，提高了学习的趣味性和实践性。

然而，要有效地促进学生的参与和互动，并不仅仅是简单地采用这些工具和平台。教师需要设计合适的活动，确保活动与学习目标相匹配，并鼓励所有学生参与。此外，教师还需要对学生的参与进行适当的激励和评价，确保互动的质量和效果。对于学生而言，他们也需要具备一定的自我管理能力，积极参与到各种互动中，这样才能充分利用在线环境提供的资源，达到最佳的学习效果。

通过合理利用在线环境提供的工具和平台，结合教师的精心设计和学生的积极参与，可以显著增加学生之间以及师生之间的互动和参与度，不仅提升了学习体验，还有助于建立社区感，促进信息的共享和知识的深入理解。这种互动和参与对于在线学习的成功至关重要，是构建有效和富有成效的在线学习环境的关键。

（四）混合教学的模型

混合教学模式以其适应性强的特点，在现代教育体系中发挥着至关重要的作用。这种模式结合了传统的面对面教学和现代的在线学习，形成了一种动态、互动性强的教育方法。在这种模式下，教师不再是信息的单向传递者，而是成为学习的引导者和协调者。学生通过线上平台接收课程内容，同时在课堂上与教师和同学进行深入交流和讨论。这种方式不仅增强了学生的学习体验，而且提高了学习的灵活性和可接近性。

适应性体现在混合教学模式能够根据学生的反馈和学习成果灵活调整教学策略和内容。通过线上测试、作业提交和讨论参与度等即时反馈，教师可以快速准确地评估学生的理解程度和学习需求。这种反馈机制允许教师实时调整课程进度和重点，针对不同学生的不同需求进行个性化教学。例如，如果大多数学生在某个特定主题上表现出理解上的困难，教师可以调整教学计划，增加该主题的讲解和练习。相反，如果学生对某个主题掌握得很好，教师可以减少在该主题上的时间投入，转而专注于更有挑战性的内容。

此外，混合教学模式的适应性还体现在其能够满足不同学习风格的学生的需求。一些学生可能更喜欢独立自学，他们可以利用在线资源在自己适合的时间和地点进行学习。其他学生可能更喜欢面对面的互动和讨论，他们可以在课堂上获得这种体验。通过提供多样化的学习资源和活动，混合教学模式为所有学生提供了更加丰富和灵活的学习机会。

混合教学模式的适应性强化了学生的学习动机和参与度。当学生感到课程内容和教学方法能够适应他们个人的需求和偏好时，他们更有可能投入学习中去，更有动力去探索和深入理解学习材料。教师通过不断地调整和改进教学策略，可以维持和增强这种动机，促进一个积极、包容和高效的学习环境。

混合教学模式的适应性是其最显著的特点之一。它不仅使得教育资源和机会更加灵活和可及，而且通过个性化和即时反馈机制，提高了教学效果和学生满意度。随着技术的不断进步和教育需求的不断变化，混合教学模式的适应性将继续是其成功和普及的关键。

1. 旋转模型 (Rotation model)

在现代教育模式中，旋转模型凭借其灵活性和整合性成为教育革新的重要组成部分。该模型的核心在于学生在不同的学习环境之间进行轮换，这些环境一般包括但不限于在线学习和面对面学习。这种模式允许教育机构在保持传统课堂互动的同时，引入丰富多彩的在线资源来增强教学效果。在这种模式下，学生被赋予了更大的自主权，他们在既定的时间内，根据特定的顺序，在不同的学习站点之间转换。每个学习站点都有其独特的教学目的和内容，学生通过这种方式可以更全面地吸收知识，同时也能够根据个人的学习节奏调整自己的学习路径。

学生的这种自主转换并不是无序的，而是在教师精心规划和监督的框架下进行。教师在旋转模型中扮演着规划者和引导者的角色，他们需要根据教学目标设计出合理的学习路径，并在学生学习过程中提供必要的支持和指导。在每个学习站点，教师都要确保学生能够达到该站点的学习目标，及时调整教学策略和内容以满足学生的个性化需求。教师的这种灵活性和指导性对于学生能否有效利用旋转模型进行学习至关重要。

技术的应用是支撑旋转模型的另一个关键因素。为了实现顺畅的在线学习和面对面学习的无缝转换，需要依靠稳定可靠的教学平台。这些平台不仅要提供丰富的教学资源和互动工具，还要能够跟踪和记录学生的学习进度，帮助教师及时了解每个学生的学习状况，从而进行个性化的教学调整。此外，教学平台还需要支持各种教学活动的实施，包括但不限于作业提交、在线讨论、测试评估等，这些功能的集成对于提高教学效率和学习效果都有着不可忽视的作用。

旋转模型通过整合在线学习和面对面学习，为现代教育提供了一种灵活而高效的教学方案。在这种模式下，学生能够在教师的引导下自主学习，更好地掌握知识，发展个性化的学习路径。而教师和技术的结合则确保了教学活动的多样性和有效性，使得教育资源得到了充分的利用。因此，旋转模型不仅代表了教育模式的创新，也为未来教育的发展提供了宝贵的参考和启示。

2. 自定模型 (Self-blend model)

在当代教育领域，自定模型作为一种灵活的学习方式，被越来越多的教育机构和学习者采纳。这种模式的核心在于赋予学生更大的自主性，让他们根据自己的需要和兴趣选择适合的在线课程来补充传统的面对面课堂学习。这种模式的出现，是教育个性化和信息技术发展的自然产物。

在自定模型中，学生不再是被动接受知识的容器，而是转变为主动寻求和构建知识的个体。他们可以根据自己的兴趣或对特定知识和技能的需求，自由选择各种在线课程资源。这些资源可能来自世界各地的顶尖大学，也可能是由行业专家或其他教育机构提供的专业课程。学生可以在全球范围内进行最适合自己的学习资源搜索和选择，极大地丰富了他们的学习内容和方式。

应用这种模式的学生通常具有较高的自我管理能力，因为他们需要规划自己的学习时间，确定自己的学习目标，并根据自身进度调整学习计划。他们在整个学习过程中，不仅要吸收知识，还要学会如何学习，包括如何有效地检索信息、评估和选择资源，以及如何自我激励和监控学习进度。这些技能对于学生未来的学习和职业生涯都是极其宝贵的。

教师在自定模型中扮演的是指导者和咨询者的角色，不再是传统意义上的知识传授者。他们可能会根据学生的兴趣和需求，推荐适合的在线课程和资源，帮助学生构建知识体系，同时也提供学习策略和技巧的指导。但更多时候，教师的任务是鼓励学生自主学习，帮助他们培养自我管理的能力，以及在遇到学习障碍时提供帮助和支持。

技术在自定模型中起着至关重要的作用。学生需要能够方便地访问各种在线学习资源，这要求学校或教育机构提供稳定的网络环境和丰富的学习平台。此外，随着人工智能和大数据技术的发展，个性化学习路径的设计和推荐、学习效果的跟踪评估等功能也逐渐被集成到在线学习平台中，进一步提升了学习效率和体验。

自定模型以其灵活性和个性化的特点，正在逐渐改变教育的面貌。它不仅为学生提供了更广泛的学习资源选择，还促进了学生自主学习能力的发展，同时也要求教育工作者和技术提供者共同努力，为学生打造更加高效、便捷的学习环境。随着教育技术的不断进步，未来的自定模型将更加智能化、个性化，为每个学习者提供量身定制的学习之旅。

3. 富集虚拟模型 (Enriched virtual model)

富集虚拟模型，作为一种现代教学方法，在教育技术领域占据着重要的地位。这种模式的核心在于，学生的主要学习活动是通过在线方式进行，家成为他们学习的主要场所。偶尔，他们会到学校参加面对面的学习活动，以增强学习体验和理解。这种模式非常适合那些需要高度灵活性的学生，比如居住在偏远地区的学生，或是有特殊学习需求的学生。在这种教学模式下，学生必须学会自我管理和安排自己的在线学习时间，确保自己能够完成所有的学习任务。他们需要发展出高度的自律性和责任感，以便在没有老师实时监督的情况下也能有效学习。

在富集虚拟模型中，教师的角色也发生了转变。虽然他们不再是传统意义上的课堂主导者，但他们仍然负责提供高质量的在线教学内容，并监控学生的学习进度。更重要的是，教师需要在必要时组织面对面的互动和活动，帮助学生更好地理解复杂概念或进行集体讨论。在这种模式下，教师不仅是知识的传授者，更是学生学习的引导者和辅导者。

为了支持这种教学模式的有效实施，技术应用成为一个关键因素。一个稳定的互联网连接、高质量的在线课程内容以及有效的通信工具都是必不可少的。学生和教师需要利用各种在线资源和工具，如视频讲座、在线讨论板、互动测验等来进行交流和学习。此外，为了保证学习的连续性和效果，学习管理系统（LMS）的使用也变得越来越普遍。这些系统可以帮助教师跟踪学生的学习进度，同时也让学生能够随时查看自己的学习情况。

富集虚拟模型为现代教育提供了一种灵活且有效的教学方法。它打破了时间和空间的限制，让学习变得更加个性化和自主。然而，这也对学生和教师提出了更高的要求，尤其是在自律、自主学习能力以及技术应用方面。只有当所有这些要素都得到妥善的实施和维护时，富集虚拟模型才能发挥出最大的教育效益，成为现代教育的一个重要补充。

第二节　混合教学中教学反馈的角色

（一）提升学生学习动力的策略

1. 即时反馈制度

在混合教学环境下，即时反馈制度通过在线平台的评测功能，允许教师为学生提供实时的、具体的学习反馈。这种做法有效地桥接了学生与教师之间的交流障碍，保证了学习过程的连续性和针对性。通过即时反馈，学生能够得到关于他们当前学习状态的明确认知，包括他们的优势、需要改进的地方以及如何更有效地掌握新知识。这不仅仅是对学生已完成的作业或测试进行评分，而且是一个涵盖全面评价和建设性建议的过程。教师可以利用这些信息来调整教学方法和内容，确保教学策略与学生的需求相匹配。

此外，即时反馈系统提供的数据分析可以使教师观察到学生学习的整体趋势和个别差异，这样教师可以根据每个学生的具体情况进行个性化指导。这种个性化的学习途径不仅提高了学生的学习效率，也增强了学生的学习动力，因为他们可以清晰地看到自己的进步和在哪些领域还有提升的空间。即时反馈还鼓励学生积极参与学习过程，他们可以立即看到自己的努力如何转化为学习成果，这种正面的学习经验是推动学生持续进步的关键因素。

同时，即时反馈制度对于教师来说也是一种宝贵的资源。它不仅帮助教师及时了解和评估学生的学习状态，而且还促进了教师之间的合作交流。教师可以分享最有效的教学实践和反馈策略，共同提高教学质量。在这样的系统下，教育变得更加灵活和响应式，能够适应各种学习需求和风格，最终实现提高整体教育效果的目标。总之，即时反馈制度是混合教学环境中不可或缺的一环，它通过实时更新、个性化指导和综合数据分析，极大地提高了教学的有效性和学生的学习成效。

2. 个性化学习计划

个性化学习计划是一种针对每个学生独特需求和能力而设计的教育策略，旨在通过提供定制化的教学内容和方法来优化学习过程。在实施个性化学习计划时，教师需要深入了解每个学生的兴趣、学习风格、能力水平及学习进度等多方面的信息。这些信息可以通过观察、测试、访谈和学习反馈等多种方式获得。一旦掌握了这些关键信息，教师便可以开始制订具有针对性的教学计划，制订这些计划时应当充分考虑学生的个人特点和需求，以确保每个学生都能在适合自己的方式和节奏下学习。

个性化学习计划的核心在于其灵活性和适应性。它不是一个固定不变的方案，而是一个动态调整的过程。随着学生能力的提高和兴趣的变化，教学计划也需相应调整，以保持教学内容的相关性和挑战性。这意味着教师需要持续跟踪学生的进展，并根据学生的最新反馈和成绩来调整教学策略和内容。而在个性化学习计划中，学生的角色也非常重要。他们不再是被动的信息接受者，而是积极的学习参与者。学生需要对自己的学习负责，参与到学习计划的制订过程中，提出自己的需求和意见。这种参与不仅能增强学生的学习动力，还能帮助他们发展自主学习和批判性思维能力。并且个性化学习计划的实施对教师提出了较高的要求。它要求教师具备多样化的教学技能和策略，能够灵活应对不同学生的需求。此外，教师还需要掌握一定的数据分析能力，能够准确解读学生的学习数据，从而做出科学的教学决策。尽管实施个性化学习计划存在一定的挑战，但其带来的好处是显而易见的。它不仅能够提升学生的学习效率和成绩，还能激发他们对学习的兴趣，培养终身学习的习惯。

个性化学习计划是一种以学生为中心的教学策略，它通过提供定制化的教学内容和方法，满足每个学生独特的学习需求，优化学习效果。在这个过程中，教师的作用是不可或缺的，他们需要不断地学习和适应，以更好地支持每个学生的学习之旅。而学生也需要积极参与，与教师合作，共同创造一个有利于自己成长和发展的学习环境。尽管实施这一计划会面临各种挑战，但其最终目标——帮助每个学生发挥最大潜力，实现个人目标——是值得所有教育工作者努力追求的。

3. 目标设定与追踪

在现代教育领域，目标设定与追踪是提高学生学习效率和质量的关键因素。

教师和学生都可以通过这种方式，来确保学习过程既有序又富有成效。鼓励学生根据教师的反馈来设定自己的短期和长期学习目标是一种十分有效的策略。这样不仅有助于学生明确学习方向，还能激发他们的内在动力，提高其学习积极性。

设定学习目标时，学生应该被鼓励去思考并设定那些既有挑战性又可实现的目标。这些目标应该是具体的、可以衡量的，并且与他们的学习内容和能力发展相匹配。例如，一个短期目标可能是提高数学成绩，而一个长期目标可能是掌握一种新的技能或语言。通过这种方式，学生可以在学习过程中看到明确的里程碑和进步，从而增加他们的动力和自信。

为了有效地追踪这些目标，使用在线工具或应用程序是一个非常好的选择。这些工具能够帮助学生记录他们的学习进度，管理学习计划，并定期回顾和更新他们的目标。通过这些数字化的手段，学生可以更容易地跟踪他们的进度，了解自己在哪些领域做得好，哪些领域需要更多的努力。同时，教师也可以通过这些工具来监控学生的学习状况，及时给予反馈和指导。

这种方法的一个关键优势是它增加了学习的透明度。学生不仅可以清晰地看到自己的进步，还能够了解到达每一个学习目标时其背后的努力和策略。这样的透明度使学生能够更加客观地评估自己的学习效果，从而进行必要的调整和改进。同时，这也促进了学生对自己的学习成果有更多的控制感和满足感。当学生看到自己设定的目标一步步实现时，他们会感到巨大的成就感和满足感，这将进一步激发他们对学习的热爱和投入。

目标设定与追踪是一种强有力的学习策略，它通过设定具体可达成的学习目标，并使用现代化工具来帮助学生追踪和更新这些目标，大大提升了学习过程的效率和成效。这种方法不仅让学生对学习有更多的控制感和透明度，而且还提升了他们对学习成果的满意度和自信心。因此，无论是教师还是学生，都应该认识到目标设定与追踪的重要性，并将其作为提高学习效率的重要工具来使用。

4. 积极的激励机制

在教学过程中，积极的激励机制起着至关重要的作用，可以显著提升学生的学习兴趣和学业成绩。引入激励机制，如奖励积分系统、荣誉称号或者小型奖品等，旨在表彰学生在学习过程中的努力和成就。这样的正向激励不仅奖励了学生的成绩，更重要的是认可了他们的努力和进步，激发了他们的学习热情和自我挑战的欲望。学生因为得到了肯定和奖励，从而更加积极地参与课堂讨论、小组活动及各种学术竞赛等，这种参与不仅限于课堂内，也延伸到课外的各种学习实践中。

当学生知道他们的努力可以得到认可和奖励时，他们会更加积极地参与学习，这种积极性可以转化为学习动力和自信心，进而提高他们的学业成绩和自我效能感。教师可以通过多种方式实施激励机制，例如，可以为学生设定明确的学习目标和挑战，一旦学生达成这些目标，就可以获得相应的积分或奖品。这些目标可以是完成一项特定的项目、提高成绩，或是在课堂上的积极表现等。此外，教师还可以设立一个积分榜，公开展示学生的积分排名，激发他们的竞争意识和成就感。

在激励学生的同时，教师应该注意激励机制的设计要公平、透明，确保每个学生都有机会得到奖励。激励措施不应该只侧重于学术成绩，也应该鼓励学生在创新、团队合作、领导力等方面的表现。同时，教师应该提供即时的反馈，帮助学生认识到自己的进步和不足，鼓励他们继续努力，不断提升自己。

积极的激励机制可以显著提升学生的内在动力，使他们更加积极地参与学习活动。通过适当的激励措施，教师可以激发学生的学习热情，帮助他们建立积极的学习态度，促进他们的全面发展。同时，教师也应不断地反思和调整激励机制，确保其有效性和公平性，以适应不同学生的需求和学习环境的变化。

（二）提高学习成效的途径

1. 个性化教学策略

个性化教学策略在现代教育体系中被赋予了至关重要的角色，其核心理念在于认识到每个学生都是独一无二的，拥有不同的学习需求、兴趣、能力和学习速度。这种策略要求教育工作者不仅要能够理解学生的多样性，更要能够提供相应的支持和资源，以确保每个学生都能得到适合其个人特点的教育。

个性化教学策略强调了教育的个别化。这意味着教育不再是一种单向的、标准化的传授过程，而是一种灵活的、动态的互动过程。教师在这一过程中需要识别每个学生的独特需求，了解他们在哪些领域表现出色，在哪些领域需要额外的支持。这可能涉及调整教学内容的深度和难度，甚至改变教学方法和资源，以更好地与学生的兴趣和能力相匹配。

技术在个性化教学中扮演着至关重要的角色。自适应学习系统是这一领域的重要创新之一。这些系统能够收集和分析学生的学习数据，如测试成绩、学习时间、题目选择等，从而洞察学生的学习习惯、偏好和理解程度。然后，系统利用这些数据调整学习内容的难度和类型，确保每个学生都能在适合自己的节奏下进行学习。这种技术的应用，使得教师能够更准确、更有效地识别和满足每个学生的学习需求，同时也使学生能够更加主动、更有针对性地参与学习过程。此外，个性化教学策略还涉及课程内容和学习路径的量身定制。在实践中，这可能意味着为每个学生设计独特的学习计划，包括选择适合他们水平和兴趣的课程和活动。教师和学习管理系统可以基于学生的进度、反馈和成绩，不断调整这些学习计划，确保它们始终符合学生的当前需求和未来目标。这种灵活性和适应性是个性化教学的另一个关键特点，它不仅能够提升学习效率，还能增强学生的学习动力和满足感。

个性化教学策略通过考虑每个学生的独特需求和特点，利用技术工具如自适应学习系统的数据分析功能，以及通过量身定制的课程内容和学习路径，为现代教育提供了一种更加有效、更加人性化的教学方法。这种策略不仅有助于提升学生的学习成效，还能够培养他们的自主学习能力和终身学习的热情，为他们今后的学术和职业生涯打下坚实的基础。在未来，随着更多的技术进步和教育理念的发展，个性化教学无疑将继续演变和深化，为更多学生带来更加丰富和有意义的学习体验。

2.过程导向反馈

过程导向反馈是一种强调学生学习过程的反馈方式，它鼓励教师和自适应学习系统不仅关注学生的最终学习成果，而且更加注重学生在学习过程中的行为、策略和态度。这种反馈方式的目的在于帮助学生深入理解学习材料，提高他们解决问题的能力，并促进他们对自己的学习负责。有效的过程导向反馈应该具备即时性、针对性和建设性三个特点。

即时性是过程导向反馈的关键。教师或学习系统需要在学生完成学习任务后或在学习过程中即时给出反馈。这样做可以确保学生在进行下一步学习之前，能够及时地了解自己在当前任务中的表现，以及存在哪些问题和不足。即时性的反馈让学生有机会在犯错之后立刻更正，从而避免错误习惯的形成。

针对性是有效反馈的另一个重要特征。教师在提供反馈时需要具体指出学生在哪些方面做得好，哪些方面需要改进。比如，如果学生在解决数学问题时使用了一个不太有效的策略，教师应该具体指出这一点，并提供更有效的解决策略。这样的针对性反馈不仅帮助学生了解自己的不足，而且提供了具体的改进方向。

建设性是过程导向反馈中不可或缺的一个元素。这意味着反馈应该以鼓励和支持的方式给出，帮助学生构建自信心，并激发他们的学习兴趣。建设性的反馈避免了简单的批评或负面评价，而是更加注重指出学生的长处和潜力，并给出具体的建议帮助他们进步。例如，当学生在某个项目中表现不佳时，教师可以指出他们在其他方面的优点，同时给出改进当前项目的具体策略。

过程导向反馈通过关注学生的学习过程，即时、针对性和建设性地提供反馈，帮助学生理解自己的错误，调整学习策略，并激励他们持续进步。通过这种方式，学生能够在持续的实践和改进中发展问题解决能力，增强自我调节学习的能力，最终达到更好的学习效果。教师和自适应学习系统的目标是通过有效的过程导向反馈，促进一个积极、支持性的学习环境，让学生在学习旅程中不断成长和发展。

3. 混合教学模式

混合教学模式，也称为混合式学习，是一种创新的教育方式，它结合了传统的面对面教学和现代的在线学习元素。这种模式通过打破时间和地点的限制，为学习者提供了更加灵活和个性化的学习体验。在混合教学模式中，学生可以通过在线课程内容自主学习，同时也能在课堂上与教师和同学进行面对面的交流和讨论。这种结合不仅保持了社交互动和师生联系的传统优势，还引入了在线学习的灵活性和广泛性。

在混合教学模式下，课程设计者可以将课程内容分为同步和异步两部分。同步学习通常在固定时间进行，需要教师和学生同时在线或在同一教室内进行交流，这部分强调即时反馈和社交互动。异步学习则更加灵活，学生可以根据自己的时间表在任何时间任何地点访问课程材料，进行自主学习，这对于那些需要平衡学习与工作或其他生活责任的学生来说尤其有用。

混合教学模式通过这种灵活的结构，提供了个性化的学习路径。学生可以根据自己的学习速度、风格和兴趣选择学习资源和活动。例如，一些学生可能更喜欢通过视频讲座学习新知识，而另一些学生则可能偏好通过互动式模拟或讨论来深化理解。教师可以利用各种在线工具和资源来满足不同学生的需求，使教学更具有吸引力和效果。

社交互动和师生联系是教育中的重要元素，混合教学模式也在这一点上做了充分的考虑。通过线上和线下的互动，学生不仅可以在课堂上与同学和教师进行面对面的交流，还可以通过论坛、视频会议和其他在线平台与更广泛的学习社群进行沟通。这种多样化的交流方式增强了学生的参与感和归属感，同时也鼓励了更深层次的思考和讨论。

混合教学模式的另一个重要优势是它能够提高学习成效。研究表明，与传统教学或完全在线学习相比，混合教学模式能更有效地提升学生的成绩和满意度。这主要是因为混合教学能更好地适应学生的个别差异，提供更多互动和反馈机会，并鼓励学生采取更加主动的学习态度。此外，教师可以通过跟踪和分析学生在在线平台上的学习行为，更好地了解学生的进步和困难，及时调整教学策略和内容。

混合教学模式是一种充满潜力的教育创新，它将传统的面对面教学与现代的在线学习相结合，为学生提供了更灵活、个性化的学习体验。通过这种模式，学习不再受限于特定的时间和地点，教师和学生可以更灵活地进行交流和合作，同时保持紧密的社交互动和师生联系。随着技术的不断进步和教育理念的发展，混合教学模式无疑将继续演化，为更多的学习者提供高效、富有成效的学习之路。

4. 掌握复杂概念和技能

掌握复杂概念和技能是教育中至关重要的一个方面，它要求教师和学习者共同努力，发展有效的学习策略和方法。为了帮助学生理解并掌握难度较大的概念和技能，教师应该识别出那些学生可能觉得难以理解的复杂内容，并将它们分解成更小的、更易管理和理解的部分。这种分解可以通过将大的主题划分为子主题，或者将一个复杂的任务分解成多个简单的步骤来完成。这不仅有助于学生逐步建立知识框架，而且也能够让学生在每个阶段都能感受到成就感，从而提高他们的学习动力。

首先，重复练习是掌握复杂技能的重要组成部分。通过重复练习，学生可以逐渐增加对概念的理解和技能的熟练度。这种练习应该是有目的的，即针对学生的薄弱环节进行，而不是机械的重复。教师可以通过设计不同难度级别的练习题，或者通过模拟真实世界情境的活动，使练习更加有意义和有效。

其次，实际应用是学习复杂概念和技能不可或缺的一部分。将所学的知识和技能应用于真实世界的情境中，可以帮助学生更好地理解这些概念的实际意义和重要性。教师可以通过案例研究、项目式学习或社区服务等方式，提供学生将学到的知识和技能应用到实际情境中的机会。这样的应用不仅能够增加学生的实践经验，而且还能够激发他们的创造力和问题解决能力。

再次，反思是促进深度学习的关键环节。通过反思，学生可以回顾他们的学习过程，识别出学习中的成功和挑战，以及思考如何在未来的学习中改进。教师可以通过日志写作、讨论或口头报告等方式，鼓励学生进行反思。这种反思不仅有助于学生巩固所学的知识和技能，而且还能够帮助他们发展成为自主的终身学习者。

最后，掌握复杂概念和技能需要采用多种策略和方法。通过将复杂内容分解、进行有目的的重复练习、鼓励实际应用和进行深入反思，教师可以帮助学生更有效地学习，并培养他们成为独立的思考者和问题解决者。这不仅需要教师的专业知识和创造性，还需要学生的积极参与和持续努力。通过共同努力，我们可以帮助学生克服学习中的障碍，使他们能够成功地掌握复杂的概念和技能。

（三）调整反馈方法以适应混合教学特点

1.建立在线互动平台

在当今快速发展的数字时代，教育领域正经历着前所未有的变革，其中一个显著的趋势是在线互动平台的建立和运用。这些平台，如专门的论坛或社交媒体群组等，已成为促进学生和教师之间以及学生与学生之间交流的重要工具。通过这些平台，教师能够创建一个专属环境，学生们可以在其中自由地发表对教学内容的看法、分享自己的理解和疑惑，从而激发他们的思考和讨论。

这些在线平台的建立通常具有灵活性和广泛性。教师可以根据课程的需要和学生的特点来设计和调整平台的功能和界面。例如，对于特定课程，教师可以建立一个课程特有的讨论区，让学生围绕课程内容进行深入讨论。而对于希望促进跨学科交流的情况，教师则可以创建一个跨课程的平台，鼓励学生从不同学科的角度审视问题，进行更广泛的知识交流和讨论。这样不仅能够扩大学生的视野，还能促进不同学科知识的融合和创新。

在这些平台上，学生们能够通过发帖、评论或其他互动方式参与讨论。他们可以分享自己对课程内容的理解、提出问题或对其他同学的看法进行回应。这种互动不仅限于文字，还可以包括图片、视频或其他多媒体形式，从而丰富了交流的方式和内容。此外，这种在线讨论的非正式性和去中心化特点对于鼓励学生自主学习、提高参与度和促进批判性思维都是非常有益的。学生们不再是被动地接受知识，而是通过主动探索和交流，构建自己的知识体系。

教师在这个过程中扮演的是引导者和监督者的角色。他们需要定期监控平台上的讨论，及时回应学生的疑问和评论，提供必要的引导和资源。同时，教师还需要设定明确的规则和预期，确保讨论的质量和秩序，避免可能的误解和不适当的行为。通过这样的在线互动，教师不仅能够更好地理解学生的学习状况和需求，还能根据学生的反馈调整教学策略和内容，使教学更加贴合学生的实际情况。

建立在线互动平台是适应当代教育发展趋势的一种有效方式。它不仅提供了一个便捷、灵活的交流环境，还促进了学生的积极参与和深入学习。通过这样的平台，教育不再局限于传统的课堂空间和时间，而是变得更加开放和动态，为学生提供了更多样化和个性化的学习体验。

2. 实施定期在线问答时间

在当今这个信息传递便捷的时代，教育方式的改变是不可避免的，特别是在线教育的普及。其中，实施定期在线问答时间成为一种新兴的互动方式，它将传统的教育方式与现代的信息技术完美结合，以增强教学效果和学习效率。设定一定的时间，比如每周一次，教师可以在线进行实时问答。这样的设定有几个显著的优点，首先，它提供了一个固定的时间框架，让学生可以准备好他们的疑问，教师也能更好地安排自己的时间来准备和回答问题。其次，实时的在线问答模式能够让学生得到即时反馈，对于他们的学习非常有利。不仅如此，这种互动方式还可以增强学生之间的交流，因为在这个过程中，所有学生都可以看到其他同学的提问以及教师的回答，从而从他人的疑问中获得启发，拓宽思路。

而定期在线问答时间能有效促进教师和学生之间的沟通，加深双方的理解和信任。通过这样的互动，教师可以更直观地了解学生的学习状态和需求，及时调整教学策略和内容，使之更贴合学生的实际情况。同时，学生也能感受到教师的关心和支持，从而更积极地参与到学习中去。此外，定期在线问答还能激发学生的学习热情，提升他们的自主学习能力。在问答过程中，学生需要主动思考、积极提问，这不仅能够加深他们对知识的理解，还能锻炼他们的思维和表达能力。

当然，实施定期在线问答也有其挑战性。例如，要保证问答的质量，需要教师具备较强的即时反应能力和专业知识。同时，要管理好在线环境，确保所有学生都能在有序和被尊重的氛围中提问和学习。因此，这要求学校和教师在技术、内容和管理等方面做好充分的准备和持续的改进。

定期在线问答时间是一种高效且具有互动性的教学方式，它通过提供即时反馈、促进沟通交流以及激发学生的学习兴趣，有助于提升教学质量和学生的学习效果。随着技术的不断进步和教育理念的不断更新，相信这种方式将被越来越多的教育机构和教师采用，并不断地发展和完善。

3.使用视频反馈

在当今快速发展的教学环境中，视频反馈的使用已成为一个创新且有效的工具，特别是在处理复杂或需要详细解释的问题时。教师可以通过录制视频来回答学生的疑惑，这样不仅能够更直观地展示解题步骤或概念解释，还能使学生按自己的节奏进行学习。当老师面对一个需要详细阐述的问题时，他们可以通过录制视频的方式，将复杂的信息以视觉和听觉的形式传达给学生。这种方法不仅可以增强信息的传递效率，还能通过示例、图表、动画或实际操作等多种方式，使抽象或难以理解的概念变得清晰易懂。

视频反馈的一个显著优势是它的再访问性，学生可以根据需要多次回看视频，这对于复杂概念的理解尤为重要。在传统的课堂讲解中，学生可能难以即时吸收所有信息，而视频反馈允许他们在任何时间点暂停、回顾甚至加速播放，使学习变得更加自主和个性化。此外，教师可以将这些视频整理成资源库，无论是为了复习旧知识还是预习新知识，学生都可以随时访问这些资源，这极大地扩展了学习的时间和空间界限。

此外，视频反馈还鼓励了学生的主动学习。在观看视频时，学生可以自行控制学习的节奏，他们可以重点关注自己觉得难以理解或特别感兴趣的部分，同时也可以快速过渡那些他们已经掌握的内容。这种学习方式不仅提高了学习效率，也提升了学生自我学习的能力和兴趣。同时，视频资源的共享性也促进了学生之间的互助和合作学习，他们可以共同讨论视频内容，相互解答疑惑，共同进步。然而，制作高质量的教学视频需要时间和技术投入。教师需要具备一定的技术知识来创建内容丰富、质量上乘的视频。此外，他们还需要投入时间来规划和编辑视频内容，确保信息的准确性和可理解性。尽管如此，随着技术的不断进步和资源的日益丰富，越来越多的工具和平台的出现使得视频的制作和分享变得更加容易和高效。

使用视频反馈是一种富有成效的教学策略，它通过直观的视听材料提高了教学的有效性，使学生能够更好地理解和掌握复杂概念。随着教育技术的不断发展，预计视频反馈将在未来的教学中发挥更大的作用，成为促进学生学习的重要工具。

4. 开展同伴评议活动

开展同伴评议活动是教学过程中重要的一环，它涉及学生间的相互评价与反馈。在这个过程中，学生被鼓励去审视、评论并反馈同伴的作业或讨论帖，这不仅能促进学生之间的交流与合作，更能深化他们对学科知识的理解和运用。同伴评议的过程能极大地提高学生的批判性思维能力。当学生试图理解同伴的工作并给出建设性的反馈时，他们不仅重新审视了课程内容，也在无形中锻炼了自己分析问题和批判性思考的能力。此外，这种评议活动还能让学生从同伴的视角了解自己的工作，这一点是非常宝贵的，因为它帮助学生了解到除了教师评价之外的其他观点和意见，这对于他们改进自己的工作和学习方法具有重要意义。

在同伴评议活动中，教师的角色同样重要。教师需要提供清晰的评议指导和模板，这些指导和模板应当涵盖如何给出建设性意见、如何具体评价以及如何保持评议的客观和公正等方面。这样不仅确保了评议的质量，还有助于维护课堂的积极氛围。教师还需要确保所有学生都能参与到评议中来，并从中获益，这可能需要对不同能力和背景的学生进行一些额外的指导或支持。同时，教师应当监督评议过程，确保评议活动能在一个尊重、支持和鼓励探索的环境中进行。在活动结束后，教师可以组织全班讨论，让学生分享评议过程中的收获和挑战，教师也可以在此基础上提供进一步的指导或反馈。

同伴评议活动是一个促进学生深度学习、批判性思维和社交技能的有效方法。通过这种活动，学生不仅能获得对同伴工作的新视角，还能在评价和被评价的过程中增进理解和尊重。同时，这也是一个让教学过程变得更加互动和学生中心化的方式，有助于建立一个积极、合作和共同成长的学习环境。

（四）利用数据分析优化反馈

1.收集全面的学习数据

在教育领域，教师与学生间的动态互动和学习成效的评估是至关重要的。在这个数字化时代，借助于各种技术工具，教师有能力收集和分析学生的学习数据，从而提供更加个性化和有效的教学。全面的学习数据收集是这一过程的起点。通过学习管理系统（LMS）、在线测试、讨论板和作业提交等渠道，教师可以获得丰富的数据，这些数据包括但不限于学习时长、学习频率、课程进度、成绩和互动情况。

学习管理系统是一个功能强大的平台，它不仅能够帮助教师布置和收集作业、发布课程材料，还能够追踪学生的学习进度和活动。通过这个系统，教师可以看到每个学生在课程中花费的时间、他们访问最频繁的资源以及他们的学习路径。在线测试和评估工具提供了一种量化学生理解和掌握课程内容的方式。它们不仅可以即时反馈学生的学习成效，还可以帮助教师识别学生在哪些领域需要额外的支持。

讨论板作为一种互动工具，可以促进学生间的讨论和思考，同时也给教师提供了观察和评估学生批判性思维能力和沟通技巧的窗口。此外，通过跟踪讨论板上的互动，教师可以了解学生的参与度，发现那些积极参与讨论的学生，以及那些可能需要额外激励或支持的学生。作业提交则是评估学生学习成果的直接方式，通过收集和分析作业数据，教师可以评估学生对知识的掌握情况，理解他们的学习风格和需求，从而调整教学策略，为学生提供更加个性化的学习体验。

这些数据的收集和分析对于创建一个响应性强、包容性好的学习环境至关重要。它们使教师能够监测学生的学习进度，识别学习障碍，及时调整教学方法和材料。更重要的是，通过这些数据，教师可以了解到每个学生的独特需求和偏好，从而提供定制化的指导和支持。总之，全面的学习数据收集为教师提供了洞察力，使他们能够更有效地支持每个学生的学习旅程，推动他们朝着成功和成就迈进。

2. 应用数据分析工具

在教育领域，数据分析工具的应用已经成为提升教学质量和效果的重要手段。随着教育大数据分析平台等工具的不断完善和普及，教师和教育管理者可以更加精确地把握学生的学习情况，从而制定出更加个性化、高效的教学策略。通过对收集到的学生学习数据进行深入的处理和分析，教育工作者能够洞察学生学习的多维度模式，包括他们在特定课程或概念上的掌握程度、学习进度、习惯、难点以及兴趣点等。这些数据不仅能帮助教师了解每个学生的学习特性，还能揭示出教学内容和方法在不同群体中的有效性。

例如，通过分析学生在在线学习平台上的互动记录，教师可以发现哪些教学视频或材料更能吸引学生的注意力，哪些讨论话题能激发学生的积极参与，以及哪些练习题目最能帮助学生巩固知识点。同时，数据分析还能揭示出学生在特定知识点上的普遍困难，让教师能够针对性地调整教学计划，或是为学生提供更多的辅导资源。此外，通过长期跟踪学生的学习数据，教育者还能观察到学生学习表现的变化趋势，这对于预测学生的学业表现、及早发现潜在的学习问题、提供即时的干预措施都具有重要意义。

在应用数据分析工具时，重要的是确保所使用的数据是准确和全面的，这需要通过高质量的数据收集和管理过程来保证。同时，分析结果的解读和应用也需要专业的知识和经验，这意味着教育工作者不仅需要具备基本的数据分析能力，还需要能够理解教育理论和实践，以便将分析结果转化为有效的教学策略。此外，随着数据分析技术的快速发展，包括人工智能、机器学习在内的先进技术也越来越多地被应用于教育数据分析中，这些技术能够帮助教育工作者从大量复杂的数据中提取出有价值的信息，进一步提升教学的个性化和精准性。

应用数据分析工具在教育领域具有巨大的潜力和价值，它能够帮助教育工作者更深入地了解学生的学习情况，优化教学内容和方法，提高教学效果。随着相关技术的不断进步和教育工作者数据素养的提升，数据分析将在未来的教育改革和发展中发挥更加重要的作用。

3. 个性化教学策略

在探讨个性化教学策略时，重点在于理解教学的核心不仅仅是传递信息，而且是激发学习者的潜能，并促进其全面发展。这要求教师不断地根据学生的反馈和数据分析结果调整教学内容、方法和资源。在这个过程中，数据分析成为关键工具，帮助教师洞察学生的学习进度、理解难度和兴趣点，从而使教学更加精准和有效。

教师可以根据数据分析的结果对教学内容进行个性化调整。这意味着课程内容不再是一成不变的，而是可以根据学生的掌握程度和兴趣爱好进行灵活调整的。例如，对于掌握较快的学生，教师可以提供更深入、更具挑战性的材料，鼓励他们深度学习和创新思考；对于掌握较慢的学生，则可以提供更基础、更细致的解释和辅导，确保他们不会在学习的旅程中掉队。

教学方法的个性化也至关重要。传统的一对多教学模式往往忽略了学生之间的差异，而个性化教学策略则强调采用多样的教学方法来满足不同学生的需求。这包括但不限于分组讨论、角色扮演、项目制学习等互动性更强的教学方式。通过这些方式，学生不仅能够更加积极地参与学习过程，还能够根据自己的优势和兴趣选择最适合自己的学习路径。

资源的个性化配置也是提高教学效果的关键。在了解了学生的具体需求后，教师可以提供更加丰富和多样的学习资源，如视频教程、在线课程、互动软件等，以适应不同学生的学习风格和节奏。此外，教师还可以建立资源共享平台，鼓励学生之间的交流和协作，共同构建知识体系。

个性化教学策略要求教师深入了解每个学生的特点和需求，通过灵活多变的教学内容、方法和资源配置，为每个学生提供量身定制的学习体验。这不仅能够提高学生的学习效率和质量，还能够激发他们的学习兴趣和创造力，促进其全面发展。虽然这需要教师投入更多的时间和精力，但随着技术的发展和教学观念的更新，个性化教学已经成为可能，也必将成为未来教育发展的重要趋势。

4. 制定针对性反馈

在教学过程中，深度了解每个学生的学习特点和需求是至关重要的。通过利用数据分析，教师可以获得宝贵的洞察力，从而形成一个全面的学生学习画像。这种画像不仅反映了学生的学习成绩，还涵盖了他们的学习习惯、偏好、兴趣点以及可能的挑战区域。在此基础上，教师能够提供精准而个性化的反馈，这种反馈不是一般性的指导，而是针对学生个体的具体、有针对性的建议和资源推荐。

一方面，当关注到学生在某个领域的学习上遇到困难时，教师可以提供详细的改进建议。这些建议可能包括推荐的学习资源，如专题视频、补充阅读材料或是额外的练习题。此外，教师也可能根据学生的具体错误类型，提供定制化的解题策略或学习方法，帮助学生克服困难，提升该领域的理解和应用能力。这种针对性的反馈使学生能够明确自己的不足，同时也能感受到教师的关心和支持，增强其改进的动力和信心。

另一方面，通过分析学生的兴趣和偏好，教师可以向学生推荐相关的学习资源和活动。这些资源和活动不仅与学生的兴趣相符，增加学生的学习动力和参与度，而且能够拓展学生的视野，激发其对新知识的好奇心和探索欲。例如，对于对历史感兴趣的学生，教师可以推荐一系列历史小说或纪录片，或是组织一次相关的实地考察活动。通过这种方式，学习变得更加生动有趣，更能吸引学生的兴趣。

同时，教师还可以根据学生的学习进度和反馈调整未来的学习计划。这可能意味着重新安排课程内容的先后顺序，调整课堂活动的难度和形式，或是为学生提供更多的个性化学习时间和支持。教师的这些调整旨在创造一个更加灵活和适应学生个体差异的学习环境，使每个学生都能在适合自己的节奏和方式中学习和成长。

制定针对性反馈是一个动态且细致的过程，它要求教师不断地收集和分析数据，了解学生的实时学习状态，同时也需要教师具备深厚的专业知识和丰富的教学经验，以便提供有效的教学策略和资源。通过个性化的反馈和支持，教师可以帮助每个学生克服学习中的困难，发掘和培养其潜能，引导其走向更加成功和充实的学习旅程。

第三节　混合教学环境下的反馈策略

（一）及时性反馈的策略设计

1. 自动化反馈系统的设置与应用

在探讨及时性反馈策略设计时，自动化反馈系统的设置与应用显得尤为重要。这类系统通过先进的技术自动化作业提交和评分过程，大幅度减少教师在日常教学活动中的工作量，同时确保学生在完成作业后能够立即获得成绩和反馈。这种即时的响应对学生来说至关重要，它不仅可以帮助他们快速了解自己在哪些领域做得好，哪些领域还有待提高，还能够激发他们对学习的积极性和兴趣。

自动化反馈系统的核心在于其能够利用各种技术手段，如人工智能、机器学习和数据挖掘等，对学生提交的作业进行即时分析和评分。这些系统通常具有强大的算法，能够准确快速地评估学生的作业，提供详尽的分数和反馈。此外，它还能根据学生的历史表现和当前进度，提供个性化的建议和辅导，帮助学生在学习过程中做出适当的调整。

自动化工具在提供个性化建议方面起着至关重要的作用。它能够分析学生的学习习惯、偏好及表现，然后根据这些信息提供定制化的反馈。例如，如果一个学生在某个特定领域连续几次未能达到预期的成绩，系统就会识别出这一点，并提供针对性的学习材料和习题来帮助学生提高。同样，如果系统发现学生在某个领域表现出色，它也会相应地提供更高级的材料或挑战，以推动学生的持续进步。

这些系统还能帮助学生及时了解自己的强项和弱点。通过持续跟踪学生的表现和进步，自动化反馈系统可以让学生清晰地看到自己在不同领域的成长轨迹。这不仅能够帮助学生建立信心，更能让他们明白在哪些领域需要投入更多的时间和精力。此外，这种即时的反馈还能鼓励学生继续努力，不断提高自己的学术水平。

自动化反馈系统通过其高度的技术性和个性化设计,极大地提高了教育的效率和效果。它们不仅减轻了教师的负担,更为学生提供了一个更加灵活、高效和支持性的学习环境。随着这些系统的不断改进和完善,我们有理由相信,它们将在未来的教育领域发挥更加重要的作用。

2. 在线与面对面反馈的结合

在当今的教育领域,科技与传统方法的结合不断推动着教学和学习方式的创新。在线与面对面反馈的结合就是这种创新的典型代表。它融合了在线即时消息、论坛等数字工具与传统的面对面交流,旨在提供一个全面且即时的反馈系统。这种混合方式的实施需要一个稳定的在线平台,如学校教育网站或者专门的应用程序,教师和学生可以在此进行实时的沟通与交流。通过这个平台,教师可以发布课程更新,回答学生的提问,甚至上传视频讲解复杂的概念。同时,学生可以随时查看这些信息,并进行讨论和反馈。

面对面的教学环节则主要集中在深入讨论和解决问题上,教师可以针对学生在线上提交的作业和提问,进行面对面的详细解答和指导。这样不仅使得反馈更加具体和个性化,还能增加教师与学生之间的互动和联系。例如,一位学生可能在线上提交了一个数学问题,教师可以在下一次的面对面会议中,针对这个问题进行详细的讲解和指导。

这种混合方式的实施能够显著提高教学效率。对于教师来说,他们可以通过在线工具快速了解学生的学习状况,及时调整教学计划和内容。这样不仅节省了时间,还使得教学更加针有对性和有效。同时,教师也能通过这些工具更好地管理自己的时间,例如,他们可以选择在家中批改作业和回答学生的问题,而将面对面的时间留给那些需要深入讨论和指导的内容。

对学生而言,这种混合方式使得学习更加灵活和个性化。他们可以根据自己的时间和学习节奏,在线上获取信息和反馈,然后在面对面的环节中深入讨论和理解。这不仅增强了学习的效率,还提高了学生的参与度和满意度。学生可以在适当的环境和时间内,按照自己的方式接收和消化反馈信息,这对于培养学生独立学习能力和批判性思维能力至关重要。

在线与面对面反馈的结合是一种高效且灵活的教学方式,它充分利用了数字工具的便利性和面对面交流的深度，为教师和学生提供了一个全面、即时且个性化的学习和反馈环境。这种方式不仅提高了教学和学习的效率，还增强了教师与学生之间的互动，促进了学生的全面发展。随着科技的不断进步和教育理念的不断创新，这种混合式的反馈方式将继续发展和完善，为教育领域带来更多可能性。

3. 即时性反馈在学生学习中的作用

即时性反馈是教育领域中一个极为重要的概念，它不仅影响学生的学习态度和动机，还直接关系到学生的学业成果。即时性反馈指的是在学习过程中，教师或学习系统能够迅速对学生的作业、表现或测试提供反馈，帮助学生理解他们在哪些方面做得好，在哪些方面需要改进。这种反馈方式为学生提供了即时的学习支持，使他们能够在犯错之后立即得到纠正，进而促进了学习效率的提高。

从学习态度和动机的角度来看，即时性反馈能够极大地激励学生。当学生知道他们的努力能够被教师及时识别，并得到具体、建设性的反馈时，他们更有可能感到被鼓励和支持。这种感觉可以显著提高学生的内在动机，使他们更加积极主动地参与学习过程。此外，即时的正面反馈还能帮助学生建立信心，尤其是对于那些在学习上遇到困难的学生来说，一句及时的鼓励或指导可能就是他们继续前进的动力。

在教学策略设计方面，利用即时性反馈可以最大化其正面影响。教师需要设计多样化的反馈方式，包括口头反馈、书面评论，或者是通过电子学习平台的即时消息，以适应不同学生的学习风格和需求。同时，反馈内容应当具体且针对性强，不仅要指出学生的错误，更要提供改进的策略和建议，这样学生才能从中学到具体的解决方法。在实施过程中，教师应当注意反馈的即时性和频率，避免信息过载，确保学生能够有效地吸收和利用反馈信息。

此外，通过反馈引导学生进行自我反思是提高学生深层次学习的关键。当学生接收到反馈后，教师应鼓励他们不仅仅停留在理解反馈的层面，而是进一步思考如何利用这些反馈来改进自己的学习方法和结果。这一过程中，学生可以通过自我评价来识别自己的强项和弱点，反思自己的学习策略，并根据反馈调整自己的学习计划。这种深度的自我反思有助于学生形成元认知能力，即对自己的学习过程和状态有更深入的理解和控制，这对于学生的长期学术成长和个人发展都是非常有益的。

即时性反馈在学生学习中扮演着至关重要的角色。它不仅提高了学习的即时性和效率，激发了学生的学习动机和态度，还通过促进自我反思和深层次学习，帮助学生实现知识的深入理解和长期的学术成长。因此，教师和学校应重视即时性反馈在教学中的应用，并不断探索和优化反馈策略，以充分发挥其在教育过程中的积极作用。

4. 面对不同类型学生的策略调整

在教育领域，教师面临着一个核心挑战：如何根据不同类型学生的特点和需求调整教学策略，特别是在反馈策略的设计上。每个学生都有独特的学习风格、背景和能力，这些因素都会影响他们接受和理解反馈的方式。了解和应对这种多样性，是提高教学质量和学生学习效果的关键。

分析不同学习风格和需求的学生对反馈策略设计的影响至关重要。一些学生可能更喜欢直接而具体的反馈，而其他学生则可能更倾向于通过故事或案例来理解复杂的概念。例如，对于那些具有视觉学习风格的学生，使用图表、图像或视频可能会更加有效。另一方面，听觉学习者可能更倾向于口头反馈或讨论。此外，考虑到学生的不同背景，教师需要调整反馈的内容和方式，以确保它们是相关和可接受的。来自不同文化背景的学生可能对批评的接受度不同，一些文化鼓励公开讨论和批评，而其他文化则可能更注重面子和间接表达。

针对不同能力的学生，教师应提供差异化的反馈，确保所有学生都能根据自己的能力和进度得到适当的指导。对于成绩较高的学生，挑战性的反馈可以激发他们的潜力，而对于那些需要更多支持的学生，则需要更多鼓励和具体的指导帮助他们克服困难。同时，反馈的即时性对于包容性教学同样重要。即时反馈可以帮助学生迅速纠正错误，加强对正确知识的理解和记忆。对于非母语学生或有特殊需求的学生，教师需要调整语言和内容，确保反馈是清晰、简洁且容易理解的。使用简单的语言或者图形辅助可以帮助这些学生更好地理解反馈内容。同时，考虑到这些学生的特殊情况，个性化的反馈时机也很重要，如在课后单独讨论或通过电子邮件提供反馈，以便他们有更多时间消化和理解。

除了语言和内容的调整外，包容性反馈还意味着理解每个学生的个人情况，如家庭背景、个人兴趣以及他们可能面临的任何社会或情感挑战。了解这些因素可以帮助教师提供更有同理心和针对性的反馈，从而促进学生的整体发展。

面对不同类型学生的策略调整是一项复杂但至关重要的任务。通过深入了解学生的学习风格、背景和能力，以及提供及时、个性化和有同理心的反馈，教师可以更有效地支持每个学生的学习和发展。这不仅需要教师具备广泛的知识和技能，还需要他们不断学习和适应，以满足学生多样化和不断变化的需求。

（二）个性化反馈的实施

1.在线活动监测与分析

在线活动监测与分析是教育技术领域的一个重要组成部分，它通过捕捉和解读学生的在线行为数据来洞察学习习惯和问题点。这个过程从收集学生的在线活动记录开始，这包括但不限于他们的登录频率、参与讨论的活跃度、作业提交的时间点等。这些数据点的收集是连续的并且以细致入微的方式进行，以确保可以捕捉到学生学习行为的细微变化。

分析过程在数据收集之后开始。通过使用高级数据分析技术，比如数据挖掘和机器学习，分析师可以识别出学生的学习模式，譬如他们最活跃的学习时间、他们参与讨论的意愿以及作业完成的一致性。这些模式有助于揭示学生的学习偏好和潜在的挑战。例如，一个通常在深夜提交作业的学生可能是一个夜猫子，或者是时间管理上有所挑战。同样地，一个在讨论板上频繁发言的学生可能在某些话题上表现出更多的兴趣或熟练度。

这些分析结果可以进一步转化为个性化的反馈和干预措施。教育者可以使用这些洞察来定制他们的教学方法，以适应每个学生的独特需求。例如，如果数据显示一个学生在数学作业上持续挣扎，教师可以提供额外的资源或安排一对一辅导。同样，如果一个学生在文学讨论中表现出色，教师可以鼓励他们在课堂上分享更多，或者提供更高级的材料以继续挑战他们。

通过详细分析学生的在线活动记录，教育工作者不仅能更好地理解学生的学习习惯和问题点，还能根据这些洞察提供个性化的支持和干预。这种方法有助于提高学生的学习效率和满意度，同时使教育资源的分配更加精准和有效。通过持续监测和分析，教育者可以及时调整教学策略，确保每个学生都能在学习旅程中获得成功。

2. 作业表现评估与反馈

评估学生的作业表现是教育过程中的重要环节，它不仅关乎分数和评级，更关乎学生的学习进步和能力提升。在评估时，首要的是对学生作业的完成情况进行全面审视。这不单是检查作业是否按时完成，更要观察学生在作业中的投入程度和理解深度。例如，学生是否能准确理解题目要求，是否能独立完成作业，或者在遇到困难时，他们是如何寻求帮助的。

除了完成情况，作业的创新性也是一个重要的评价维度。这里的创新性指的是学生在解决问题时是否能提出新颖的观点或方法。这不仅体现了学生的创造力，也反映了他们对知识的深入理解和应用能力。在这个层面上，教师可以通过比较学生的答案与标准答案，或者学生之间的答案，来评估其创新性的表现。

逻辑性是另一个评估作业表现时不可或缺的维度。一个逻辑严密的作业不仅答案正确，而且论证过程清晰，逻辑连贯。这要求学生在作业中不仅要表达正确的观点，还要能合理地组织和表达这些观点。在这方面，教师可以检查学生的作业是否有明确的论点和充分的论据，论证是否连贯，以及结论是否合理。

在评估完学生的作业表现后，提供具体且建设性的反馈至关重要。这些反馈应该基于上述的评估维度，旨在帮助学生认识到自己的优点和不足，并给出明确的改进方向。例如，如果学生在逻辑性方面表现不佳，教师可以指出哪些地方逻辑不清，同时提供一些逻辑思维训练的资源或方法；如果学生在创新性方面有所欠缺，教师可以鼓励他们在未来的作业中尝试不同的解题方法或思考角度。

除了针对性的建议，教师还可以根据学生的整体表现推荐一些学习资源，如相关的书籍、网站、讲座或研讨会等。这些资源可以帮助学生拓宽知识面，提升学习兴趣和自主学习能力。同时，教师还应指导学生如何合理安排学习时间，如何有效利用学习资源，以及如何根据自身的学习进度和能力调整学习方法。

作业表现的评估和反馈是一个旨在促进学生学习进步和能力提升的过程。通过全面而细致的评估，结合针对性和具体的改进建议，教师可以帮助学生更好地认识自己的学习情况，激发他们的学习兴趣，引导他们向更高的学术目标迈进。

3. 课堂参与度的提升策略

在教学过程中，提高学生的课堂参与度是提升教学质量和效果的重要途径。课堂参与度不仅仅是学生学习积极性的体现，也是教学活动成效的重要反馈。有效监测学生的课堂参与度，如他们的发言次数、问题提问、小组讨论的活跃度及其他形式的课堂互动，是理解和提升学生学习热情的基础。通过观察学生的表情、肢体语言以及课堂作业的完成情况，教师可以对学生的参与度有一个直观的认识。而更系统的方法则包括设计互动式的学习活动，使用课堂投票工具或学习管理系统来收集学生反馈，以及通过小测验或快速问答来判断学生的理解程度。

基于这样的监测，教师可以根据学生的实际参与情况调整教学策略和课堂活动。如果发现学生参与度不高，可能需要变换教学方法，比如从传统的讲授法转向更加互动的讨论或小组作业，引入问题解决或案例分析等任务驱动的教学模式。同时，教师还可以通过设计富有挑战性和趣味性的活动，激发学生的好奇心和探索欲。例如，通过角色扮演或模拟实验，让学生置身于真实或虚构的情境中，从而提高他们的参与感和学习动力。

此外，提供即时和具体的反馈是提高课堂参与度的另一关键策略。教师的即时反馈不仅可以帮助学生纠正错误，更重要的是可以增强学生的成就感和自信心。当学生觉得自己的努力被认可，他们更有可能在未来的课堂上积极参与。因此，教师应该注重在课堂上及时回应学生的发言，鼓励和表扬积极参与的学生，同时也要提供建设性的建议帮助学生改进。而建立一个包容和鼓励的课堂文化是提升学生参与度的基础。这意味着教师需要创建一个安全、支持的环境，让所有学生都感到自己的声音被听到和尊重。这包括尊重学生的多样性，鼓励不同观点的表达，以及建立积极、合作的学习社群。当学生感觉到他们是课堂社群的一部分时，他们更有可能积极参与到课堂讨论和活动中来。

提升课堂参与度需要教师细致地观察学生的行为和反馈，灵活地调整教学策略，提供积极有效的反馈，并营造一个包容、鼓励的学习环境。通过这些策略，不仅可以提高学生的学习积极性，还能够促进他们的整体学习效果和发展。

（三）互动式反馈机制

1. 设定明确的反馈目标和指南

当教育领域的反馈被明确定义的目标和指南引导时，它能够发挥其最大的效益。无论是在小组讨论还是同伴评审中，为了确保反馈的有效性，教师需要具备清晰的反馈目标和明确的反馈指南。这两个因素的结合有助于学生不断改进他们的学术和技能表现，促进了更有意义的学习经验。

首先，目标的设定对于反馈的有效性至关重要。在给予反馈之前，教师应该明确反馈的目标。这意味着教师需要明确反馈的目的，例如是为了帮助学生改进写作技能、理解特定概念，还是提高演讲技巧。每个目标都需要不同的方法和侧重点，因此明确目标对于反馈的制定至关重要。

目标制定的第一步是明确反馈的目的。例如：如果目标是改进写作技能，那么反馈的主要焦点可能是语法、拼写、标点等方面的问题。如果目标是帮助学生理解特定的概念，反馈可能需要更侧重于解释和示例，以帮助学生消除概念上的困惑。而如果目标是提高演讲技巧，反馈可能需要关注语调、发音、说话速度等方面的技巧。

目标制定的第二步是明确目标的具体性。目标应该是具体而明确的，以便学生和教师都能够清晰地理解。例如，如果目标是改进写作技能，那么反馈可以明确指出具体的拼写错误、语法错误或建议重新组织段落的具体建议。这种具体性有助于学生更好地理解他们需要改进的方面。

目标制定的第三步是根据学生的需求和水平来制定目标。不同的学生可能具有不同的需求和水平，因此目标应该根据每个学生的情况来制定。一些学生可能需要更基础的目标，而其他学生可能已经具备一定的基础，需要更高级的目标。因此，教师需要了解每个学生的需求，并制定相应的目标，以确保反馈是有针对性的。

其次，反馈指南的制定同样重要。反馈指南是教师提供给学生的具体反馈建议，以帮助他们实现目标的工具。以下是一些关于制定反馈指南的建议：

第一，反馈指南应该具体而详细。它们不应该是模糊的陈述或一般性的评论。

相反，反馈指南应该针对具体的表现或作品内容提供具体的建议。例如，如果目标是改进写作技能，反馈指南可以包括指出具体的拼写错误、语法错误或建议重新组织段落的具体建议。这种具体性有助于学生更好地理解他们需要改进的方面。第二，反馈指南应该是积极建设性的。反馈不应该仅仅关注问题和错误，还应该强调学生已经做得很好的地方。教师可以通过赞美学生的努力和成就来增强他们的信心，同时提供建议和改进的空间。这种积极的反馈方式有助于建立学生的自信心，鼓励他们不断进步。第三，反馈指南还应该是针对性的。不同的学生可能在不同的方面需要帮助。因此，教师应该根据每个学生的需求和目标来提供个性化的反馈指南。这意味着教师需要了解每个学生的弱点和优点，并根据这些信息提供相应的建议。第四，反馈指南应该是清晰的。学生需要能够理解和实施反馈指南中的建议。因此，教师应该使用清晰的语言和示例来解释他们的建议。如果反馈太抽象或难以理解，学生可能无法有效地应用它们。

设定明确的反馈目标和制定具体的反馈指南是教育中非常重要的工具。它们有助于确保反馈是有针对性、积极建设性和有效的，从而促进学生的学习和成长。教师应该认真考虑如何制定这些目标和指南，并根据学生的需求和目标来提供个性化的反馈，以最大程度地支持他们的学术和技能发展。通过这样的努力，教育可以变得更加有意义和有成效。

2. 利用多样化的互动平台

在现代教育领域，为了提高教育质量和学生的学习效果，教育者们采用了多种方法和策略。其中之一是利用多样化的互动平台，这些平台为学生提供了更多的机会来参与学习过程，分享观点，接受反馈，从而促进他们的综合发展。本文将探讨如何利用多样化的互动平台来提升教育质量和学生的学习体验。

小组讨论是一种常见的互动方式，它鼓励学生在面对面的小组环境中相互交流和合作。这种形式的互动有助于培养学生的合作能力和沟通技巧。在小组讨论中，学生们可以提出问题，分享自己的见解，听取他人的意见，并共同解决问题。这不仅有助于加深他们对课程内容的理解，还有助于培养批判性思维和问题解决能力。此外，小组讨论也为学生提供了一个互相学习的机会，他们可以从同学们的经验和知识中受益。这种互动方式有助于打破课堂的孤立感，增强学生的学习动力和参与度。

同伴评审是另一种有效的互动方式，它可以帮助学生提高他们的作品质量和批判性思维能力。通过同伴评审活动，学生们被要求评价彼此的作业或项目，并提供建设性的反馈。这种过程不仅有助于学生发现自己作品中的问题和不足，还能让他们学会接受批评和改进自己的工作。同时，同伴评审也有助于培养学生的评估能力，让他们更好地理解评价标准和质量要求。这种互动方式鼓励学生互相帮助和支持，营造了一个合作的学习环境。

另外，利用在线社区也是一种推动学生互动的重要方式。现代技术的发展使得学生可以通过在线论坛或学习管理系统与同学们在一个更广阔的社区中交流想法和经验。在线社区不受时间和地点的限制，学生可以随时随地参与讨论和互动。这种互动方式为学生提供了更多的灵活性和便利性，他们可以根据自己的时间安排参与讨论，不受课堂时间的束缚。此外，在线社区还可以促进跨文化交流和多样化的观点，学生可以与来自不同背景和文化的同学分享自己的看法，拓宽视野，增强全球意识。

利用多样化的互动平台对教育质量和学生学习体验的提升具有重要作用。小组讨论鼓励学生面对面地合作和交流，同伴评审帮助学生提高作品质量和批判性思维能力，而在线社区则为学生提供了更多的灵活性和便利性。这些互动方式共同营造了一个积极的学习环境，培养了学生的合作能力、批判性思维和全球意识。通过不断改进和创新互动方式，教育者们可以更好地满足学生的需求，提高教育质量，培养具有综合能力的未来领袖。

3. 引导建设性的讨论

教育中引导建设性的讨论是培养学生批判性思维和社交技能的重要组成部分。在这个过程中，教师扮演了关键的角色，他们不仅仅是信息的提供者，更是讨论的引导者和调解者。为了确保每位学生都能在被尊重和理解的环境中发言和接受反馈，教师需要积极参与并采取一系列措施来引导建设性的讨论。

教师的角色是至关重要的。他们应该不仅仅是课堂上的知识传授者，更应该是学生们讨论的引导者。教师可以通过提出问题、激发学生思考、引导讨论方向等方式来积极参与讨论。他们应该鼓励学生提出问题，表达自己的观点，并鼓励他们思考不同的角度。此外，教师还应该时刻关注讨论的氛围，确保没有人被排斥或歧视，并及时介入解决任何潜在的冲突。

而规则的设定则是引导建设性讨论的关键。一方面，在讨论开始前，教师可以与学生一起制定一些基本的交流规则。这些规则可以包括相互尊重、认真听取他人意见、避免人身攻击等。通过明确这些规则，可以帮助学生明白在讨论中应该如何表现，以确保讨论是建设性的。此外，教师还可以引导学生讨论如何处理意见分歧和争论，以促进更加成熟和理性的讨论。另外，教师还可以采取一些策略来鼓励学生参与讨论。这包括给予学生足够的时间来思考和准备自己的观点，以及提供机会让每位学生都有机会发言。教师可以采用轮流发言的方式，以确保每个学生都有机会表达自己的看法。此外，教师还可以提供一些资源和背景知识，以帮助学生更好地理解讨论的主题，并更好地参与其中。

另一方面，教师还应该注意到讨论中可能出现的问题，并及时进行调解。有时候，讨论可能会变得激烈，学生之间可能会产生分歧或冲突。教师需要冷静地介入，以确保讨论不会失控，并引导学生以理性和尊重的方式表达他们的观点。教师可以提供示范，展示如何处理争论，以及如何就不同的意见达成共识。教师还可以通过反馈来帮助学生改善他们的讨论技能。在讨论结束后，教师可以提供反馈，指出学生在讨论中做得好的地方，以及需要改进的地方。这种反馈可以帮助学生更好地理解如何进行建设性的讨论，并在以后的讨论中应用这些技能。

引导建设性的讨论是教育过程中的重要组成部分。教师在其中扮演着至关重要的角色，他们不仅仅是信息的提供者，更是讨论的引导者和调解者。通过制定规则、鼓励参与、解决冲突和提供反馈，教师可以帮助学生培养批判性思维和社交技能，使他们成为更好的沟通者和问题解决者。这样的教育将有助于学生在未来的生活和职业中取得成功。

第三章　混合式教学反馈研究概况

混合式教学立体反馈模式的构建是一种创新的教育方法，它结合了多种教学理论和技术，以提高学习效果。这种模式特别强调在教学过程中使用多维度的反馈机制，以促进学生的全面发展和提高教学质量。在构建这一模式时，首先需要考虑的是其理论基础，如建构主义、认知理论等，这些理论为设计有效的教学策略和反馈机制提供了指导。理论的应用旨在确保教学内容和反馈方式能够切实促进学生的认知和技能发展。其次，混合式教学立体反馈模式的构建还需考虑学生的反馈素养现状。例如，在国内教育环境中，学生对教学反馈的理解和利用程度是影响教学效果的重要因素。对特定区域或群体，如广西高职学生的反馈素养进行深入研究，可以帮助教育者更好地理解学生的需求，从而设计出更加有效的教学策略。而且在理论和学生反馈素养研究的基础上，混合式教学立体反馈模式的实际构建涉及多个方面。这包括设计适当的反馈内容和形式，选择恰当的技术工具以及确定反馈的频率和时机。目的是通过一个综合、多维度的反馈系统，有效地支持学生的学习过程，同时提升教学质量和效率。这种模式的构建不仅促进了教育者和学生之间的互动，还为个性化学习和持续改进的教学方法提供了可能。

第一节　混合式教学立体反馈模式构建的理论依据

（一）建构主义学习理论

1.学习者中心的教学方法

建构主义学习理论以学习者为中心的教学方法是教育领域的一项创新，它颠覆了传统的以教师为中心的教学模式，将学习者放在教学活动的核心位置。这种方法强调学习者的主动性和参与度，认为学习是一个建构和重建知识的过程，学习者通过互动、探索、反思和实践来构建个人的知识体系。

在这种教学方法下，教师的角色由知识的传授者转变为学习的促进者和指导者。教师设计的课程不再是一成不变的知识讲授，而是灵活多变的学习活动，包括小组讨论、项目制学习、案例分析等。这些活动鼓励学生发挥主动性，从自己的经验出发，通过探索和实践来解决问题，建立和巩固知识。

混合式教学立体反馈模式是这一理论的具体实践之一。这种模式结合了在线学习和面对面学习的优势，提供了多元化的学习资源和环境。教师通过这种模式可以实时跟踪学生的学习进度，及时给予反馈和支持。同时，学生也可以根据自己的学习节奏和风格选择适合的学习路径和资源。

在混合式教学立体反馈模式中，学生的学习活动更加多样化，他们可以通过在线讨论、视频课程、模拟实验等方式进行学习，也可以在面对面的课堂上与教师和同学进行互动交流。这种模式不仅提高了学习的灵活性和可达性，也增强了学习的实效性和深度。

建构主义学习理论以学习者为中心的教学方法强调学生的主动参与和个性化学习，通过混合式教学立体反馈模式的实践，可以实现更加高效和深入的学习效果。这种方法对于培养学生的批判性思维、解决问题能力和终身学习能力具有重要意义，是当前和未来教育改革和发展的重要方向。

2.知识构建的过程

在进行知识构建的过程时，建构主义理论为我们提供了一个独特的视角。这一理论认为，学习不应仅仅被视作一种被动的信息吸收过程，而应视作一种主动的知识构建行为。这种观点与传统的教育模式形成了鲜明的对比，在传统模式下，学生往往被期望像海绵一样吸收教师传授的知识。而建构主义则强调，真正的学习是通过个体主动探索和体验，与已有知识框架相互作用，从而构建新的知识。

在建构主义的框架下，混合式教学法显得尤为重要。这种教学方法不仅结合了传统面对面教学和现代技术手段，更重要的是，它重视反馈在学习过程中的作用。在这个过程中，教师的角色从知识的传授者转变为指导者和促进者。他们不再仅仅提供正确答案，而是通过指导，帮助学生理解和思考问题的过程，这种理解远比单纯的答案更加重要。例如，在混合式教学环境中，学生可能通过在线平台完成一项任务，然后从教师那里获得反馈。这种反馈不仅包括对任务完成情况的评价，还包括对学生思考过程的指导。这样的指导可能涉及提问，鼓励学生从不同角度思考问题，或者引导学生探索与问题相关的更广泛的概念。这种方式促进了学生对知识的深入理解，而不仅仅是表面的记忆。

此外，建构主义还强调学习是一个社会化的过程。这意味着学生通过与同伴的互动，共同探讨和解决问题，可以构建更为丰富和深入的知识。在混合式教学环境中，这种互动可以通过小组讨论、同伴评审或在线论坛等方式实现。这些活动不仅增加了学习的互动性，还允许学生从不同的视角看待问题，从而促进了更全面的理解和知识的构建。

知识构建的过程也与个体的先前知识紧密相关。建构主义认为，学习者不是从零开始的，他们的先前知识和经验对新知识的构建起到了框架作用。因此，在混合式教学中，教师需要了解学生的背景和已有知识，以便更好地引导他们构建新的知识。这可能涉及调整教学内容和方法，以适应不同学生的学习需求。进一步地说，知识的构建不是一次性的事件，而是一个持续的、动态的过程。随着时间的推移，学生可能需要重新评估和重构他们的知识框架，以适应新的信息和经验。在混合式教学中，这种动态过程可以通过持续的评估和反馈来支持。教师可以通过定期的检测和讨论，帮助学生识别他们的理解中可能存在的漏洞，并提供机会来修正和扩展他们的知识。

建构主义理论强调知识构建的目的不仅仅是为了学习已有的信息，更重要的是培养学生的问题解决能力和创新思维。在这个过程中，学生被鼓励去质疑、探索和创造，而不仅仅是重复和记忆。混合式教学提供了一个理想的平台，让学生能够在真实世界的问题和情境中应用他们的知识，从而实现这一目标。通过这种方式，知识构建变得更加有意义和实用，为学生未来的学术和职业生涯奠定了坚实的基础。

3. 社会互动的重要性

建构主义学习理论把社会互动视为知识构建的关键要素，这种理念在混合式教学中得到了生动的体现。混合式教学是一种将传统的课堂学习和现代的线上学习相结合的教学模式，这种模式下，学生不仅通过个人的学习活动获得知识，更重要的是，通过与同伴的交流和合作，加深对知识的理解和应用。

在这种教学环境中，同伴之间的互动不再是简单的信息交换，而是一种深层次的知识共享和思想碰撞。学生们被鼓励表达自己的观点，同时也要倾听并理解他人的想法。这种互动形式促进了学生们思维的多样性和批判性。例如，在小组讨论中，每个学生都有机会从不同的角度审视问题，这不仅丰富了他们的思考视角，而且还帮助他们在实际问题解决中采取更全面和创新的方法。

教师在这个过程中扮演着至关重要的角色。他们不再是单方面的知识传授者，而是成为学习的引导者和促进者。通过提供反馈，教师可以引导学生深入探讨，促使他们对已有知识进行反思和重构。这种反馈不仅限于对学生答案的正确与否的评价，更重要的是对学生思维过程和理解深度的指导。例如，在一个关于科学实验的讨论中，教师可能会指出学生推理的不足之处，引导他们思考更多可能的实验变量和结果。

同时，教师还会鼓励学生从同伴的观点和经验中学习。在这个过程中，学生不仅学习知识本身，更学会了如何学习。他们学会了倾听，学会了批判性思维，学会了如何从不同的视角审视问题。这些技能在他们的学术生涯乃至未来的职业生涯中都是极为宝贵的。

除此之外，社会互动还能促进学生们的情感发展和社交技能。在交流和合作的过程中，学生们学会了尊重和包容，学会了团队合作和沟通。这些社会技能对于他们成为负责任和富有同情心的公民同样重要。

社会互动在建构主义学习理论中的作用是多方面的。它不仅促进了知识的深入理解和应用，也促进了学生们思维能力、情感发展和社交技能的全面提升。在混合式教学模式中，通过促进同伴间的交流和合作，以及教师的有效引导和反馈，社会互动成为一种强大的学习资源，为学生们的终身学习和发展奠定了坚实的基础。

4. 现实世界的联系

混合式教学模式中的一个关键理念是将学习内容与现实世界的情境紧密联系起来。这种方法背后的思想是，学习不应该仅仅是抽象的或理论的，而应该是与学生的实际生活和工作环境有所关联的。当学生能够将课堂上所学的知识和技能应用到他们的日常生活中时，学习就变得更加具有意义和价值。

在混合式教学中，教师不仅传授理论知识，还提供实际案例研究、项目工作和实地考察等机会，让学生能够在真实的环境中应用所学。例如，在商业课程中，学生可能需要分析真实公司的案例研究，或者参与模拟的商业计划竞赛。在科学课程中，学生可能会参与实验室实验或外出考察，将课堂上学到的理论知识应用于实际的科学问题解决中。

此外，混合式教学中的反馈机制也起着至关重要的作用。教师的反馈不仅仅是对学生作业的评价，更是一种引导，帮助他们理解如何将学到的知识与实际情况结合。这种反馈可能以书面评论、一对一讨论或者小组研讨的形式出现，旨在深化学生的理解，并促进他们将学习内容与实际情境相结合的能力。例如，学生在进行一个关于市场营销的项目时，教师的反馈可能会指出他们的分析与当前市场趋势的联系，或者提出如何将理论应用到特定的营销策略中。在医学或护理课程中，学生可能会通过模拟病人护理的场景来学习，教师的反馈则会帮助他们理解理论知识在真实护理过程中的应用。同时，混合式教学强调学生的自主学习能力。通过在线资源和自学材料，学生被鼓励探索与他们个人兴趣和职业目标相关的主题。这样的学习方式不仅增强了学生对知识的掌握，还培养了他们独立思考和解决问题的能力，这对于他们未来的职业发展是非常宝贵的。

将学习内容与现实世界的情境联系起来，不仅使学习过程更加生动和有趣，还提高了学习的实际应用价值。学生不仅仅是在课堂上学习理论，更是在实践中学会如何运用这些理论，这种教学方式为他们提供了在未来工作和生活中取得成功的必要工具和技能。在快速变化的现代社会，这种紧密结合实际的学习方法显得尤为重要和有效。

5. 元认知能力的培养

在教育领域，元认知能力的培养是一种深刻的转变，它不仅关乎知识的吸收，更关乎学生对自己学习过程的深度理解与控制。这种能力使学生能够自主导航他们的学习旅程，通过不断的自我反思和策略调整来优化学习效果。元认知的核心在于自我意识，学生需要认识到自己的思维过程，并能够主动地调控这些过程以提高学习效率。

培养元认知能力的一个关键策略是通过精心设计的反馈机制。在这个框架下，反馈不再是单向的教师对学生的评价，而是一种互动的工具，激发学生内省自己的学习方式、策略以及思维模式。好的反馈应该能够触及学生的内在思维，引导他们识别自己的学习强项和待改进领域。这种反馈可以是正面的鼓励，也可以是指向性的建议，但最重要的是要使学生参与到自我反思的过程中，而不是被动接受。

在实践中，教师可以通过多种方式促进元认知能力的培养。例如，可以在课程开始前让学生设定个人学习目标，并在过程中定期回顾这些目标。这种策略不仅帮助学生清晰地认识到自己的学习路线，也促使他们不断评估自己的进展和策略。此外，教师可以引导学生进行同伴评价和自评，这不仅能增加学生对学习过程的投入感，也能提供多角度的反馈，帮助他们从不同视角审视自己的学习。进一步地，可以利用日志、学习日记等工具，鼓励学生记录和反思每日的学习经历。通过书写，学生可以更深入地分析自己的思考模式和学习习惯，识别哪些方法有效，哪些需要改进。这种持续的自我监控和反思不仅能够增强学生的元认知能力，也能够激发他们对学习的兴趣和动力。

然而，培养元认知能力并非一蹴而就，它要求教育者持续不断地引导和支持。教师需要创建一个支持性的学习环境，鼓励学生提出问题，探索答案，并对自己的学习过程持续进行深入的反思。在这个环境中，错误被视为学习的一部分，学生被鼓励从失败中学习，而不是回避。通过这样的文化氛围，学生可以在安全的环境中尝试不同的学习策略，找到最适合自己的方式。

元认知能力的培养是一个复杂但极其重要的过程。通过有效的反馈机制和持续的自我反思，学生可以逐渐成为自己学习的主人，能够主动识别和利用自己的强项，同时勇于面对并改进自身的不足。这种能力的培养不仅对学生当前的学习有着深远的影响，更为他们未来的终身学习和个人发展奠定了坚实的基础。

（二）认知负荷理论

1. 认知负荷理论基本原理

认知负荷理论探讨的是人类认知系统在处理信息时所面临的限制，它基于这样一个前提：人的认知资源是有限的。当涉及学习和记忆时，理解这些限制变得尤为重要，因为它们直接影响个体的学习效果和效率。这个理论认为，为了最大化学习成效，学习材料和环境应当被设计得既能激发足够的认知挑战，又不至于超出学习者的处理能力。

认知负荷理论通常会涉及三种主要的负荷类型：内在负荷、外在负荷和相关负荷。内在负荷与学习材料的固有难度有关，这种难度是由任务本身的复杂性决定的，与个体的先前知识和技能密切相关。例如，对于初学者来说，理解高级数学概念自然比学习基本的算术要困难得多。外在负荷则是由学习环境中的因素引起的，包括教材的设计和呈现方式。如果信息组织混乱或呈现方式过于复杂，即使是简单的概念也可能变得难以理解。最后，相关负荷涉及整合新信息与既有知识之间的认知处理，它是提升学习效果的关键。

认知负荷理论的实际应用广泛而深远，它指导教育工作者和教材设计者如何构建有效的教学策略和学习环境。例如，通过简化教材的视觉和文本信息，可以减少不必要的外在负荷，让学生更专注于学习本身。同时，通过将新信息与学生的先前知识相联系，可以促进更深层次的理解和记忆，这正是利用相关负荷的一个例子。此外，理解内在负荷的概念使教师能够根据学生的个别差异调整教学难度，如通过分层教学来满足不同学生的学习需求。然而，理解和应用认知负荷理论也有其挑战。每个学生的认知能力和学习风格都是独特的，这意味着教育者必须细致观察并调整他们的教学策略，以满足不同学生的需求。此外，评估认知负荷并非易事，教师需要通过观察、反馈和评估来了解学生在学习过程中的认知状态。

认知负荷理论为我们提供了理解学习过程中认知限制的有力框架。通过有效地管理内在、外在和相关负荷，可以设计出更加有效的学习环境，帮助学生在不被过度负担的情况下，实现最大化的学习成效。尽管在应用这一理论时存在挑战，但通过细致入微的观察和调整，教育者可以显著提高教学效果，帮助学生在复杂的信息世界中更有效地学习和成长。

2. 分割学习材料

在混合式教学的实践中，分割学习材料是一种至关重要的策略。这种方法的核心在于将教学内容和反馈切割成容易管理和理解的小块，其根基深植于认知负荷理论。认知负荷理论强调，在任何学习环境中，人的认知系统都有一定的处理能力限制。当信息量超过这个限制时，学习效率会显著下降，甚至完全停滞。因此，在设计教学活动时，教师需要深入考虑如何有效地组织和呈现学习内容，以免超过学生的认知处理能力。

在混合式教学中，分割学习材料不仅仅是将信息简单划分成几个部分。它更多的是关于如何智能地组织这些内容，使之符合学生的学习节奏和能力。这一过程涉及对教学内容的深入分析，确定哪些部分是核心概念，哪些是辅助信息，以及如何通过适当的顺序和节奏来最大化学生的学习效果。例如，在教授一个复杂的科学概念时，教师可以先介绍基本的概念和原理，然后逐步引入更复杂的内容。这种分阶段的方法有助于学生在掌握了基础知识后，更好地理解和吸收后续的高级概念。

此外，分割学习材料还意味着在教学过程中穿插反馈。这种反馈可以是形式多样的，包括但不限于小测验、讨论会、实践活动等。通过这些活动，教师可以及时了解学生的学习状况，学生也可以得到即时的反馈，了解自己的学习进度和理解程度。这种即时的反馈机制对于学生来说是非常重要的，因为它不仅可以帮助他们巩固已学的知识，还可以指导他们如何改进学习方法，更有效地吸收新知识。

在实施分割学习材料的过程中，教师应该注意到每个学生的个体差异。不同的学生有不同的学习风格和能力，因此在设计教学内容时，教师需要考虑如何使材料适应不同的学习需求。例如，对于那些需要更多时间来理解新概念的学生，教师可以提供更详细的解释，或者安排一些额外的练习活动。对于那些学习能力较强的学生，教师则可以提供一些更具挑战性的任务，以保持他们的兴趣和动力。

分割学习材料在混合式教学中扮演着关键角色。通过将教学内容和反馈分割成容易管理和理解的小块，教师不仅能够提高学生的学习效率，还能够适应不同学生的学习需求，创造一个更加包容和高效的学习环境。这种方法的成功实施依赖于教师的专业知识、对学生的理解以及对教学材料的精心设计。通过这种方法，混合式教学可以发挥其最大的潜力，帮助学生在快速变化的世界中获得必要的知识和技能。

3. 整合图文信息

认知负荷理论是一个关注人类处理信息能力限制的框架，它指出人的工作记忆在任何给定时刻能处理的信息量是有限的。因此，当面对大量复杂信息时，尤其是在教育环境中，了解如何有效地呈现和整合这些信息就变得至关重要。一种广泛被认为有效的方法是整合图文信息，即通过图像、文本和其他媒介的有意组合，来提升学习体验和理解。

在混合式教学中，这种整合尤为关键。混合式教学是一种将传统的面对面教学和在线学习元素结合起来的教学方式，它使得教育资源更加丰富和多样化，同时也带来了更大的信息处理挑战。为了降低认知负荷并提高学习效率，教育者和课程设计师开始更加重视图表、视频和文字描述的相结合使用。这种方法的核心在于如何有效地整合这些不同形式的信息，以帮助学生构建知识和理解复杂概念。

图像和图表提供了一种视觉方式，可以快速传达复杂信息和关系，比如流程图、思维导图和统计图表。它们通过减少文字描述的需要，帮助学生在更短的时间内理解和记忆信息。同时，图像和图表也可以作为强有力的记忆工具，帮助学生在心中构建一个关于某个概念的视觉表征，这对于长期记忆的形成非常有帮助。

视频则提供了一个动态的学习渠道，它结合视觉和听觉信息，能够演示过程、讲述故事或展示实例，这使得学习更加生动和具体。视频可以展示实际操作步骤，解释难以用文字表达的概念，或者通过故事讲述方式，增加学习材料的吸引力和记忆点。

文字描述虽然是最传统的信息传递方式，但在整合图文信息的过程中仍然发挥着重要作用。良好的文字描述可以提供详细的背景信息、定义和解释，帮助学生理解图像和视频不能独立传达的细节。此外，文字还可以用来指导学生如何解读图表和视频，确保他们不会误解或忽略关键信息。

为了有效地整合图文信息，教育者需要考虑信息的组织和呈现方式。信息应该是清晰、连贯和目的明确的。图像、视频和文字之间应该存在逻辑关系，相互支持，而不是相互冲突或重复。例如，一个图表可以用来揭示数据间的关系，而相应的文字可以解释这些关系的含义和背景。视频可以用来演示一个过程，而文字描述可以提供步骤的细节或额外的解释。这种整合不仅提升了信息的可理解性，也使学习体验更加丰富和多元化。此外，整合图文信息还需要考虑到学习者的个体差异。不同的学生可能对不同类型的信息有不同的偏好和处理能力。有些学生可能更喜欢图像和图表，而其他学生可能更偏好文字。因此，提供多种形式的信息，并让学生根据自己的需要和偏好选择最适合他们的学习路径，可以提高整个学习群体的参与度和效率。

通过整合图文信息，混合式教学可以更有效地传递复杂的概念和信息，降低认知负荷，同时提高学习的深度和广度。通过精心设计的图表、视频和文字描述相结合的方式，教育者不仅能够提供丰富多样的学习材料，还能够激发学生的兴趣，促进他们的主动学习和探索。在这个信息爆炸的时代，有效地整合和呈现信息，不仅是提高教育质量的关键，也是培养学生未来成功所必需的关键能力之一。

4. 适度的挑战与支持

教学中的一个核心原则是平衡学生的认知负担：既不能让他们感到压力过大，又不能让他们缺乏必要的刺激。这种平衡的艺术在混合式学习环境中尤为重要，因为它结合了线上和线下的教学元素，创造了一个多元化的学习空间。

首先，认知挑战对于学习来说至关重要。没有一定的挑战，学生就缺乏动力去探索新知识和技能。挑战激发了学生的好奇心和求知欲，促使他们超越自己的舒适区。在混合式教学中，这种挑战可以通过各种方式实现，例如通过在线课程提供复杂的问题解决任务，或者通过面对面的讨论促进更深层次的思考。然而，这种挑战必须是适度的。过度的挑战可能会导致学生感到沮丧和不适应，进而阻碍他们的学习进程。

其次，教学反馈模式的设计需要考虑如何在挑战和支持之间取得平衡。适度的挑战应该伴随着必要的支持，使学生能够有效地应对挑战并从中学习。支持可以是形式多样的，如个性化的反馈、附加资源或是同伴互助等。例如，在线学习平台可以提供即时反馈和附加资源，帮助学生理解难以掌握的概念。同时，面对面的课堂环境可以利用小组工作和教师的直接指导，帮助学生深入理解材料，并鼓励他们应用新知识。此外，混合式教学模式应该根据学生的需求和进度进行调整。这意味着教学方法不是一成不变的，而是根据学生的反馈和学习数据进行动态调整。通过对学生表现的持续评估，教师可以确定哪些学生需要额外的挑战，哪些学生需要更多的支持。这种个性化的方法不仅能够提高学生的整体学习效率，还能增强他们的参与感和学习动力。

混合式教学反馈模式的设计要求教师在挑战与支持之间找到一个精妙的平衡点。这不仅需要教师对教学内容有深入的了解，还需要他们了解学生的学习风格和需求。通过持续的反馈和调整，混合式教学可以成为一个充满活力和高效的学习环境，既激励学生追求卓越，又为他们提供成功所需的支持。

（三）情感反馈理论

1.情感反馈的重要性

情感反馈在教育领域扮演着不可或缺的角色，这一点在情感反馈理论中得到了深入的探讨和重视。这一理论突出了情感因素在教育过程中的重要性，认为它与认知因素具有同等的重要性。在教育的实践中，情感反馈不仅仅是一种简单的交流形式，更是构建学生学习体验的核心要素之一。

情感反馈的核心在于创造一个积极和支持性的学习环境。当教师提供积极的情感支持时，学生通常会感受到更大的舒适度和安全感。这种感觉在学习过程中是至关重要的，因为它可以显著提高学生的学习动力。例如，当学生在学习过程中遇到困难时，教师的鼓励和支持可以激发他们克服困难的决心。这种情感上的支持帮助学生理解，即使面对挑战，他们也不是孤单一人。此外，情感反馈对于增强学生的自信心至关重要。自信心是学习的一个关键因素，它直接影响到学生对自己能力的看法以及他们面对学习挑战的态度。当教师通过正面反馈来认可学生的努力和成就时，这不仅仅是对过去成绩的认可，更是对未来努力的鼓舞。这种认可让学生感觉到自己的努力是有价值的，从而增强了他们继续前进和探索新知识的动力。

情感反馈同样在激发学生的学习兴趣方面发挥着重要作用。教育不仅是知识的传递，更是一种激发和培养兴趣的过程。当学生在一个充满鼓励和支持的环境中学习时，他们更有可能对学习内容产生兴趣。这种兴趣可以转化为探索和学习的动力，使学生更加积极主动地参与学习过程。例如，教师可以通过赞赏学生的创造性思维和问题解决能力来激发他们的兴趣，进而促使学生深入探索和理解学习内容。

情感反馈还促进了一个更为包容和多元化的学习环境的建立。在这样的环境中，每个学生的感受和需求都被充分考虑和尊重。这种环境鼓励学生表达自己的想法和感受，从而增强了他们的沟通能力和社交技巧。同时，它也帮助学生学会如何在多样化的环境中有效地与他人交流和合作。

情感反馈在教育过程中发挥着至关重要的作用。它不仅提高了学生的学习动力，增强了他们的自信心和学习兴趣，还促进了一个包容、多元化的学习环境的建立。因此，教育者应该意识到情感反馈的重要性，并将其作为教学策略的一个重要组成部分。通过这样做，他们不仅能够提高学生的学术成就，还能帮助他们在情感和社交方面成长，为将来的生活和职业生涯打下坚实的基础。

2. 情感反馈与学生态度

情感反馈在教育领域扮演着一个核心角色，尤其是在塑造学生学习态度的过程中。这种反馈形式不仅仅是一种简单的交流，而是一种深层次的、影响深远的互动。它关乎于教师如何认识、理解并回应学生的感受、需求和期望。

在教育的背景下，情感反馈的重要性不能被低估。学生在学习的过程中，不只是在吸收知识，还在形成对学习本身的看法和态度。当教师提供的反馈中蕴含着理解、支持和鼓励时，学生感受到的不仅仅是对他们学术能力的认可，更是对他们作为一个人的整体价值的肯定。这种深层的情感联系有助于在学生心中培养一种积极的学习态度，促使他们在面对学习挑战时展现出更多的勇气和决心。

在实际的教学过程中，情感反馈可以通过不同的方式表达。例如，教师可以通过耐心倾听学生的想法和问题，来表达他们对学生的尊重和关心。在学生遇到困难或失败时，教师一个安慰的眼神、一句鼓励的话语或是一个理解的微笑，都可以大大减轻学生的焦虑和挫败感。这种正面的情感支持，不仅可以帮助学生从失败中恢复过来，还可以激发他们重新尝试和挑战的勇气。更重要的是，情感反馈还能够帮助学生在学习过程中建立自信。当学生感觉到他们的努力被认可，他们的进步被看见时，他们会更有动力去探索新的知识和技能。这种自信不仅仅体现在学术成绩上，更重要的是，它会转化为学生对自己能力的信念，从而在他们未来的学习和生活中发挥着积极的作用。

情感反馈还促进了学生之间的相互尊重和理解。在一个充满积极情感反馈的学习环境中，学生更容易学会如何以建设性的方式表达自己的想法和感受，并且学会如何倾听和尊重他人的观点。这种互相尊重和理解的氛围，对于培养学生的社交技能和团队协作能力是非常重要的。此外，情感反馈还有助于建立和维护一种积极的学习氛围。在这样的氛围中，学生不仅仅是在学习知识，更是在学习如何成为一个更好的人。他们学会了如何面对挑战、如何处理失败、如何与他人合作，以及如何尊重和理解不同的观点。

情感反馈在教育过程中的作用不可小觑。它不仅仅是一种教学技巧，更是一种教育理念。通过情感反馈，教师不仅仅在传授知识，更在塑造学生的品格、态度和价值观。这种深层次的影响，将伴随学生在他们的学习旅程中，乃至他们的整个生活中。

3. 正面鼓励的策略

正面鼓励的策略在教育和个人发展领域扮演着至关重要的角色，它不仅仅是对个人努力的认可，更是一种深刻的情感投入和个性化反馈的体现。这种策略强调的不仅是对成绩或正确答案的认可，更重要的是对于学生的努力、进步和创造性思维的赞扬。在实施这一策略时，教育者需要具备深入的理解和敏锐的洞察力，以便于能够准确地识别并积极地回应学生在学习过程中所展现出的各种积极因素。

正面鼓励策略首先需要教育者充分认识到每个学生的独特性。每个学生都有他们自己的学习节奏、兴趣点和潜能。因此，教育者需要通过观察、交流和反馈来了解每个学生的特点，这样才能提供更加个性化的鼓励。例如，对于那些在数学上有特别才能的学生，教育者可以赞扬他们解决问题的创新方法；对于那些在文学上有天赋的学生，教育者可以鼓励他们在写作上的独特风格和深刻洞察。

其次，正面鼓励不仅仅是对成果的赞扬，更重要的是对过程的肯定。学习过程中的努力、持续性和改进同样重要。当学生在某个领域取得进步，哪怕是微小的进步时，教育者也应该给予肯定和鼓励。这种对努力的认可可以极大地提升学生的自信心和学习动力。例如，一个学生可能在数学上进步缓慢，但他持续不懈的努力和逐渐提高的解题能力是值得赞扬的。另外，创造性思维的鼓励同样重要。在传统教育中，学生往往被要求遵循特定的解题方法或思维模式。然而，创造性思维的鼓励可以激发学生的想象力和创新能力，帮助他们发展出独立的思考方式。教育者可以通过赞扬学生在解决问题时的独特方法或创新思路，来鼓励他们的创造性思维。

正面鼓励的策略还包括建立一个积极的学习环境。这意味着在课堂上创造一个支持性和鼓舞人心的氛围，让学生感到他们的意见和想法被尊重和欣赏。在这样的环境中，学生更愿意尝试新事物并接受挑战，因为他们知道即使失败了，也会有人鼓励他们继续努力。

正面鼓励的策略是一种全面的、以学生为中心的方法。它关注的不仅是学生的学术成就，更重视他们的整体发展、自我表达和创造性思维的培养。通过这种策略，教育者不仅帮助学生在学术上取得成功，更重要的是培养他们成为有自信、有创造力和有能力的个体。这种策略的实施对于促进学生的长期发展和个人成就具有不可估量的价值。

4.同理心在反馈中的应用

在教育领域中，反馈是一种至关重要的交流方式，它不仅仅是关于传达信息或知识，更是一种促进学习和成长的工具。当教师在提供反馈时融入同理心，这个过程就不再是单向的知识传授，而变成了一种深层次的、双向的沟通。同理心让教师能够站在学生的角度来理解他们的感受和挑战,这种理解力是非常宝贵的,它使得教师能够更准确地把握学生的需要和情绪状态。

设想一个场景,学生在某个难题上挣扎,感到沮丧和困惑。如果教师仅仅从专业的角度给予指导,可能会忽略学生的情感体验。但是,当教师展现出同理心时,他们就能感受到学生的挫败感,并从学生的视角来理解问题。这样,教师不仅能提供解决问题的策略,还能以一种更加人性化、更能触及学生内心的方式来进行沟通。这种沟通方式能够鼓励学生敞开心扉,表达自己的困惑和需求,从而使教师能够提供更加个性化和针对性的指导。

同理心在反馈中的应用也意味着教师需要放下成见,倾听学生的声音。在这个过程中,教师不仅仅是知识的传授者,更是学生情感的理解者和支持者。通过倾听,教师可以更深入地了解学生遇到的具体问题,以及这些问题背后的情感和心理动态。这种深入的理解使得教师能够提供更加精准和富有同情心的反馈,帮助学生克服挑战,增强自信心和学习动力。此外,融入同理心的反馈不仅仅关注问题的解决,更重视学生情感和心态的正向发展。当教师展现出对学生挑战的理解和关心时,学生感到被支持和理解,这种感觉本身就是一种强大的动力。它能够激励学生积极面对困难,培养面对挑战时的韧性和积极心态。同理心使得反馈成为一种激励和支持的力量,而不仅仅是评价或指导。

在同理心指导下的反馈过程中,语言的选择也显得尤为重要。教师需要使用积极、鼓励性的语言,避免使用可能引发学生负面情绪的词汇。通过肯定学生的努力,鼓励他们探索和尝试,教师的反馈可以变成一种正向的力量,帮助学生建立起学习的信心和动力。同时,教师也应当真诚地表达自己的感受和想法,建立起与学生之间的信任和尊重,这样的关系是成功教育的基石。

同理心在教师提供反馈的过程中扮演着不可或缺的角色。它不仅使反馈变得更加人性化和有效,更能够促进教师与学生之间的深层次沟通和理解。通过同理心的应用,教师能够提供更加贴心、更有针对性的指导和支持,帮助学生在学习过程中不断前进,克服挑战。同理心不仅仅是一种技能,更是一种教育的态度和哲学,它要求教师以开放和包容的心态去理解和支持每一个学生,与学生共同成长和进步。

5. 个性化反馈的重要性

个性化反馈在教育和学习过程中扮演着极为关键的角色，这一点在情感反馈理论中得到了特别的强调。在这个理论框架下，教师不仅仅是知识的传授者，更是学生学习过程中的引导者和支持者。在提供反馈时，教师需要深入考虑每个学生的独特性，这包括他们的个人特点、兴趣爱好、学习方式以及他们面临的特定挑战。

个性化反馈的重要性在于，它能够直接对学生的个人学习过程产生影响。当反馈与学生的个人特点紧密结合时，学生更容易感受到反馈的相关性，这不仅能提高他们的学习动机，还能帮助他们更有效地识别和利用自己的优势，同时也更积极地面对和克服学习中的困难。例如，对于对数学特别感兴趣的学生，教师可以通过提供与数学相关的实际应用案例来给予反馈，这样不仅能激发学生的兴趣，还能帮助他们更好地理解数学概念在现实世界中的应用。

此外，个性化反馈还体现在教师对学生学习方式的适应上。不同的学生可能会有不同的学习风格，比如有的学生可能更偏好视觉学习，而有的则可能更适合听觉学习。教师在了解了学生的学习风格后，可以调整自己的教学方法和反馈方式，以更好地符合学生的学习习惯。这种针对性的适应不仅能提高学习效率，还能增强学生对学习内容的理解和吸收。同时，个性化反馈还意味着教师需要关注学生的情感和心理状态。情感反馈理论强调，学习不仅仅是一个认知过程，还是一个情感体验过程。教师的反馈如果能够充分考虑到学生的情感需要，如对成就的认可、对挑战的鼓励和对困难的同理，将更能激发学生的积极情感，从而促进更加深入和持久的学习。

在实践中，实现有效的个性化反馈需要教师具备高度的敏感性和适应性。教师需要不断地观察和了解每个学生的表现，包括他们的兴趣、优势、挑战和学习方式的变化。这种持续的观察和了解将成为教师提供有效个性化反馈的基础。此外，教师还需要具备创新性和灵活性，以便能够根据学生不断变化的需要调整教学策略和反馈方式。

个性化反馈在教育过程中的重要性不容小觑。它不仅能够促进学生的学习动机和效率，还能增强学生的学习体验和情感参与。通过对每个学生的个人特点、兴趣和需求进行深入的理解和适应，教师可以提供更为有效和有意义的反馈，从而帮助学生在学习旅程中取得更大的进步和成就。

6. 减少学习焦虑

在当今这个竞争激烈的教育环境中，学习焦虑已成为学生们普遍面临的一个挑战。教师在减轻这种焦虑方面扮演着关键角色。通过情感反馈，他们不仅传授知识，更是在塑造一个促进心理健康和学习效果的环境。这种方法的核心在于创造一个安全、无压力的学习空间，让学生们感到被支持和理解。

在这样的环境中，学生们不再只是被动地接受信息，而是成为积极的参与者。当他们感到紧张或不确定时，能够自由地表达自己的担忧和困惑。这种开放的沟通模式鼓励学生们面对而非回避他们的挑战，从而有助于减少他们的学习焦虑。例如，当一个学生在数学题目上遇到难题，感到焦虑时，他们可以毫无顾虑地向老师寻求帮助。这种及时的支持和鼓励帮助学生建立起解决问题的信心，减少对未知的恐惧。此外，情感反馈还包括对学生学习方式的理解和适应。每个学生的学习风格都是独一无二的，一个能够认识到并适应这一点的老师，会更有效地帮助学生掌握知识。这种个性化的教学方法让学生感受到他们的独特性被重视，从而减轻了因为"不适应"而产生的焦虑。例如，一位视觉型学习者可能更喜欢图表和图像，而一位听觉型学习者则可能更偏好讲座和讨论。教师通过提供多样化的学习材料和活动，让所有学生都能在自己最擅长的方式中学习，从而减少了因学习方法不当造成的挫败感和焦虑。

教师还可以通过定期反馈来帮助学生识别和庆祝他们的进步，而不仅仅是在学术成绩上。这种正面的反馈机制能够提高学生的自尊和自信，让他们明白即使是一小步的进步也是值得庆祝的。当学生认识到他们在持续进步时，他们的焦虑感会逐渐减轻，因为他们看到了自己的努力正在带来变化。而教师还可以通过引入压力管理技巧，如冥想、深呼吸练习或者时间管理策略等，来帮助学生应对学习过程中的压力。这些技巧不仅对学习有益，还有助于学生在日常生活中保持心理健康。

通过情感反馈和支持，教师可以在学生的学习旅程中扮演着至关重要的角色。通过创造一个安全、支持性的学习环境，适应不同学习风格，提供正面反馈，以及教授压力管理技巧，教师能够有效地帮助学生减少学习过程中的焦虑和压力，从而促进他们的整体发展。

（四）格式塔心理学

1. 整体视角的反馈方法

在当今的混合式教学环境中，反馈机制的设计至关重要，尤其是在采纳整体视角的背景下。根据格式塔心理学原则，这种整体视角的反馈方法远不止于关注单个学习任务或活动的完成情况，它要求教师在反馈中综合考虑学生的整个学习过程、知识掌握和技能发展，从而形成一个统一且连贯的教学反馈体系。

首先，这种整体性反馈方法着重于学生学习经历的综合性理解。在这个框架下，教师不仅仅关注学生在单个任务上的表现，比如一个数学问题的解答，而是关注这个问题如何与学生在数学领域的整体理解和技能相联系。这意味着，反馈不再是简单的正确或错误，而是一种更深层次的交流，讨论学生在解决问题过程中展现的思维方式、应用的策略以及这些策略如何与他们的整体学习目标相结合。

其次，整体视角的反馈方法强调学习活动之间的相互关联性。在这个过程中，教师会帮助学生理解各个学习活动之间的联系，如何将不同课程中学到的知识和技能综合应用到综合性的项目中。例如，在进行一个科学实验时，学生不仅学习科学知识，同时也在运用数学技能、提升问题解决能力，并可能涉到阅读理解和写作技巧。通过整体视角的反馈，教师能够指导学生看到这些横跨不同学科的联系，从而更全面地理解和应用所学知识。此外，这种反馈方法还可以鼓励学生进行自我反思，帮助他们理解自己的学习过程，识别强项和提升空间。通过全面的反馈，学生能够更好地理解自己在学习旅程中的位置，识别自己的学习风格和偏好，并据此调整学习策略。例如，如果一个学生在小组讨论中表现出色，但在独立作业时遇到困难，教师的反馈可以帮助他或她理解如何将小组讨论中的成功经验转化为独立学习的策略。

整体视角的反馈方法还考虑到了教学环境的变化，特别是在混合式教学模式中。在这种教学模式下，学生在不同的环境（如实体教室和线上平台）中进行学习，每种环境都有其独特的挑战和机遇。因此，教师需要在反馈中考虑这些不同环境对学生学习过程的影响，确保反馈既适用于面对面的教学环境，也适用于线上学习平台。

整体视角的反馈方法通过将学生的学习视为一个连贯的整体，而不是孤立的片段，为混合式教学提供了一个更为全面和有效的反馈框架。这种方法不仅促进了学生的整体学习理解，还增强了他们的自我反思能力，使他们能够更好地适应不断变化的教学环境，并在各种学习情境中取得成功。

2. 视觉和感知在学习中的作用

在当今教育体系中，混合式学习已成为一种越来越受欢迎的方法，它结合了传统课堂学习与在线学习的元素。这种方法的核心是如何有效地设计教学材料，以提高学生的学习效果。其中，视觉和感知在学习过程中扮演了重要角色，尤其是在反馈设计中。格式塔心理学为我们提供了理解这一角色的框架。

格式塔心理学强调整体大于部分之和的概念，指出人们倾向于以整体的方式来理解视觉信息，而不仅仅是其单个部分。在教学设计中，这一原则被用来指导教学材料的创建，确保学生能够以更全面和直观的方式理解复杂的概念或过程。比如，使用图表、信息图和视觉模拟等工具，可以帮助学生更好地理解和记忆信息。

图表是将数据以视觉形式展示出来的有效工具，它能够帮助学生理解和分析复杂的数据集。通过图表，复杂的数据关系可以变得直观易懂，使得学生能够更快地理解和内化信息。例如，在数学和科学教学中，图表可以用来展示变量之间的关系，帮助学生理解抽象的概念。

信息图则是一种将数据、信息和知识以图形化方式呈现的方法。它通过结合文本和图像，以一种吸引人且易于理解的方式传达复杂信息。信息图的使用在历史、社会科学和语言艺术等领域尤为有效，因为它可以帮助学生理解和记忆大量的事实和概念。

视觉模拟是另一种强大的工具，它通过模拟真实世界的场景或过程，帮助学生理解复杂的系统或概念。在科学和工程教学中，视觉模拟尤其有用。例如，通过模拟天体运动，学生可以更好地理解天文学的概念。同样，在医学教育中，对人体器官的三维模拟可以帮助学生更好地理解解剖学。

在混合式学习环境中，这些工具的使用不仅限于传统的课堂设置。在线学习平台可以提供更多的互动和自定义学习体验。例如，学生可以通过在线模拟实验来探索物理现象，或者通过交互式信息图来学习历史事件。这种方法的优势在于它允许学生以自己的节奏学习，同时提供丰富的视觉和感知刺激，帮助加深理解和记忆。

视觉和感知在学习中的作用不容忽视。通过巧妙地利用格式塔心理学的原则，教育者可以设计出更有效的教学材料，帮助学生以更直观、全面的方式理解复杂的概念。这不仅提高了学生的学习效果，也为他们提供了一个更加丰富和动态的学习环境。随着技术的发展和教育方法的不断革新，视觉和感知在教学设计中的作用将会变得越来越重要。

3. 关联性反馈

在教育领域，教师提供的反馈方式对学生的学习成效有着深远的影响。特别是当这种反馈采用了格式塔心理学中的关联性原则时，其效果更是显著。格式塔心理学强调整体性原理，即人们倾向于将观察到的元素组织成有意义的整体。应用到教学反馈中，这意味着教师在提供反馈时，不仅仅局限于对学生在特定任务上的表现，而是更加注重在更广泛的知识框架中探讨和评价学生的学习。

这种关联性反馈的核心在于，它帮助学生理解新学的知识如何与他们已有的知识体系相互联系。例如，当一名数学教师在讲解一个新的数学概念时，他或她不仅仅停留在概念的定义或其操作方法上，而是进一步指出这个概念是如何与学生之前学过的数学知识相联系的。这样的关联性反馈可以增强学生对新知识的理解，同时也促进他们对既有知识的巩固和深化。

举一个具体的例子，当学生在学习线性方程时，教师可以提供的反馈不仅仅是指出学生在解方程过程中的错误，更重要的是指出这些方程是如何与之前学过的代数知识相联系的。教师可以指出，线性方程的解法实际上是对之前学过的代数运算法则的应用和拓展，这种方法的核心在于使用代数运算来找到未知数的值。此外，关联性反馈还可以帮助学生将理论知识与实际应用联系起来。在科学教学中，这种联系尤为重要。比如，在教授物理学的动力学原理时，教师可以指出这些原理如何应用于现实生活中的问题，如汽车制动距离的计算、运动物体的碰撞分析等。通过将抽象的物理原理与具体的现实情境相联系，学生不仅能更好地理解这些原理，而且能够看到学习这些知识的实际意义。

在语言学习中，关联性反馈同样重要。当学生学习新的语言结构时，教师可以指出这些结构是如何与已学的词汇、短语或其他语法结构相互关联的。例如，在教授英语的过去时态时，教师可以指出某些动词的不规则变化，并将这些不规则变化与学生已知的规则变化进行比较和联系。这不仅帮助学生更好地记忆这些不规则动词，而且也加深了他们对语言规则的整体理解。

关联性反馈是一种强调整体性和联系的教学方法。它不仅提高了学生对新知识的理解和记忆，而且加强了他们对已有知识的巩固。这种方法特别适合于复杂概念的教学，可以帮助学生建立起更加坚实和连贯的知识结构。通过这种方式，教师不仅传授知识，更重要的是教会学生如何学习，如何将新旧知识有效地结合起来，从而在学习的道路上走得更远。

4. 问题解决和创造性思维的促进

在教育领域，格式塔心理学的应用不仅限于对学生工作的评价，更深入地涉及促进学生的问题解决和创造性思维。这种心理学理论强调整体性与模式识别，使得教师能够通过识别学生作品中的模式、趋势和潜在联系，来引导学生的思考方式。例如，当学生在解决数学问题时，可能倾向于使用传统的算法。但教师可以通过格式塔心理学的观点，指出学生解决问题的整体模式，帮助他们识别出不同的解题路径。这种反馈方式不仅指出了学生当前的思考模式，还激发了他们探索新的解决方案，比如通过图形化方法或概念化理解来解决数学问题。

在创造性思维的培养上，格式塔心理学同样发挥着关键作用。它鼓励学生超越表面的信息，探索事物的深层次联系和意义。例如，在艺术教育中，教师可以指出学生作品中的颜色、线条和形状之间的关系，引导他们从不同的视角来审视自己的作品。这种方法促使学生不仅关注细节，而且能够从宏观的角度来理解和创造艺术。此外，格式塔心理学在反馈设计中的应用也体现在鼓励学生自我反思和自我评估上。通过引导学生识别自己工作中的模式和趋势，教师实际上是在教授他们如何独立思考和自我改进。这种自我反思的过程对于培养学生的批判性思维和解决问题的能力至关重要。

格式塔心理学的应用也体现在促进跨学科学习和合作上。当学生在小组项目中工作时，教师可以指出不同学科领域之间的相互联系和模式，帮助学生建立跨学科的思维框架。这种思维方式有助于学生在解决复杂问题时，能够综合运用不同学科的知识和方法。

格式塔心理学在教育中的应用远远超出了传统的教学方法。它通过强调整体性、模式识别和深层次联系，有效地促进了学生的问题解决能力和创造性思维。教师的反馈不再是简单的评价或指导，而是成为引导学生探索、创新和自我超越的重要工具。通过这种方式，学生不仅在学术上得到了提升，更在思维方式和解决问题的技能上得到了深远的影响。

第二节　国内学生反馈素养现状

（一）学生反馈接受能力

1.语言和表达方式的障碍

在当今多元化的教育环境中，语言和表达方式的障碍成为一个日益凸显的问题。特别是对于那些非母语学习者来说，这一问题尤为突出。我们以部分国内学生为例，他们在理解教师使用的专业术语或复杂表达方式时常常遇到诸多困难。这不仅是语言能力的挑战，更是文化和认知方式的差异所带来的影响。

当教师在课堂上或通过反馈信息传递知识时，他们往往采用学术性强的语言和抽象概念。这种方式在学术圈内可能被广泛接受，但对于那些刚开始接触这一领域的学生来说，却可能是一种挑战。他们可能因为对专业术语的不熟悉或对复杂句式的不理解而感到困惑,这种困惑甚至可能阻碍他们对课程内容的深入理解。

更为重要的是，当这些学生试图理解包含高度抽象概念的反馈信息时，他们可能难以捕捉到信息的真正含义。例如，一些学术性的反馈可能包含对理论的深入讨论或对研究方法的复杂评价，这些内容对于那些没有扎实学术背景的学生来说可能难以完全吸收和理解。这种障碍不仅限于语言层面，更涉及思维方式和知识结构的差异。

在这种情况下，学生可能会感到挫败和不自信，因为他们难以与教师和同学们有效地沟通和交流。这种沟通障碍可能会导致他们在学习过程中感到孤立，从而影响他们的学术表现和心理健康。因此，解决这一问题不仅是提升教学效果的关键，也是维护学生心理健康和促进教育公平的重要一环。

为了克服这一障碍，教育者可以采取多种措施。首先，教师可以在授课时使用更为简洁明了的语言，并尽量避免过度使用专业术语或复杂的表达方式。同时，他们可以提供额外的资源，如术语表、学习指南或附加讲解，以帮助学生更好地理解课程内容。其次，教师可以鼓励学生提问和参与讨论，这不仅可以增强学生的理解能力，还可以帮助他们建立自信和积极的学习态度。最后，学校可以提供语言支持服务，如辅导课程或语言工作坊，以帮助那些语言能力较弱的学生提高他们的语言技能。

语言和表达方式的障碍是一个复杂但可以克服的问题。通过适当的教学策略和支持服务，教育者可以帮助学生克服这些障碍，从而在学习中取得更好的成绩。这不仅有助于学生的个人成长，也有助于构建一个更加包容和有效的教育环境。

2. 文化因素的影响

在这个多元且历史悠久的文化背景中，沟通的方式、反馈的交流，乃至对于批评的接受度都有着独特的体现。中国教育文化中，尊重和面子的概念占据了重要的位置。在这样的文化语境下，直接和公开的批评常常被视为不太恰当，甚至是不礼貌的行为。这种看法深深植根于社会互动的各个层面，尤其在教育领域表现得尤为明显。

在中国的课堂上，教师与学生之间的互动常常被期待是和谐且尊重的。教师在传授知识的同时，也被视为道德和行为的模范。因此，在提供反馈时，教师通常会采取更为委婉、间接的方式，以避免让学生感到难堪或受辱。这种反馈方式的选择，不仅体现了对学生情感的关怀，也反映了对和谐教学环境的维护。然而，当这种文化特性与国际或更为直接的教学风格相遇时，可能会产生一些摩擦和误解。在国际化的教育环境中，直接的反馈和批评往往被视为提升学术质量和促进学生批判性思维的重要手段。但对于习惯了较为间接沟通方式的中国学生来说，这样直接的反馈可能会令他们感到不适应甚至抵触。这种文化差异导致的心理落差，可能会影响学生的学习动力和参与度。

学生可能会对这种直接或批判性的反馈方式感到困惑，因为它与他们在成长过程中所体验的沟通模式有着明显的不同。这种困惑不仅源于语言上的直接性，更包含了对批评背后意图的解读。在中国文化中，表达批评往往需要在言辞之间留下足够的空间，以便于对方保留面子和尊严。因此，当面对直接和明确的批评时，学生可能会感到不安，甚至将这种沟通方式视为对自己尊严的不尊重。

这种文化背景对教师的教学方法也提出了挑战。教师在追求教学效果的同时，也需要考虑如何在尊重学生的文化背景的基础上进行有效的沟通。这可能意味着教师需要在直接的批评和文化敏感性之间找到平衡点。他们可能需要采取更为巧妙的方式来传达批评，比如通过提问引导学生自我反省，或者在批评中穿插正面的鼓励和支持。

中国教育文化中对于批评和反馈的处理方式体现了深厚的文化传统和价值观。在这样的文化环境中，直接和公开的批评不仅是一种教学挑战，更是一种文化交流的艺术。理解并尊重这些文化差异，对于促进有效的教学交流，构建和谐的教学环境，乃至于在全球化背景下的教育交流都具有重要意义。

3. 缺乏批判性思维训练

在中国的教育体系中，普遍存在一种倾向：重视知识的灌输和记忆，而对批判性思维的培养相对缺乏。这种教育模式深深植根于历史和文化传统之中，影响了几代人的学习方式和思考习惯。在这样的环境下，学生往往被鼓励去吸收和记忆大量的信息，而不是去分析、质疑或对这些信息进行深入的思考。这种教育方式的一个显著特点是对标准化测试的高度依赖，如高考，它在很大程度上决定了学生的未来教育和职业道路。

在这种教育体系下，学生面对的是大量的事实、公式和数据，他们的主要任务是记住这些信息，以便在考试中重现它们。这种方法在提高学生在标准化测试中的表现方面可能是有效的，但它对于培养学生的批判性思维能力却是不利的。批判性思维涉及对信息的分析、评估和解释，要求学生不仅要理解事物是什么，还要理解为什么会这样，以及它们如何与更广泛的概念和现实世界的问题相联系。

当这种教育模式与西方教育体系相遇时，往往会产生一定的摩擦和挑战。在西方的许多学术环境中，批判性思维被视为学术成功的关键要素。学生不仅被鼓励去挑战现有的思想和理论,还被期待能够提出新的见解和解决方案。因此,当中国学生进入这样的学术环境时,他们可能会发现自己在解析和批判性地反思教师反馈时遇到困难。例如,当老师提出批评或反馈时,习惯于接受权威信息的中国学生可能会发现自己缺乏质疑或深入探究这些反馈的能力。他们可能会倾向于接受教师的意见,而不是将其视为进一步探讨或辩论的起点。这不仅限制了他们作为独立思考者的发展,也可能阻碍他们在学术上的进步。

为了解决这一问题,中国的教育体系需要在其传统的知识传授方法中融入更多的批判性思维训练。这可能意味着改变课堂教学的方式,鼓励学生提出问题和挑战现有的观点,以及在教学中引入更多的讨论、辩论和案例分析。教师的角色也需要从单纯的知识传授者转变为引导者和思想挑战者。此外,教育评估方式也需要相应的改变。除了传统的考试和测试之外,学生的评估也应该包括对他们批判性思维能力的评价,如通过论文写作、项目研究和口头报告等来评估他们分析和评价信息的能力。

尽管中国教育体系在培养批判性思维方面面临挑战,但这并不是不可克服的。通过改革教学方法、评估标准和教师角色,可以逐步培养学生的批判性思维能力,帮助他们更好地适应全球化的学术环境和日益复杂的现代世界。

4. 自我效能感的缺乏

在学习的旅途中,自我效能感这个看不见的力量,对学生的学习态度和成就扮演着关键角色。它是个体对自己能力的信心,影响着他们面对挑战和逆境时的应对方式。在教育环境中,自我效能感的缺失是一个深刻的问题,它深深根植于学生的内心,影响着他们对学习的态度和动力。

想象一个典型的教室场景,老师刚刚结束了一堂课,学生们纷纷拿到了自己的作业反馈。在这群学生中,有些人会立刻翻阅,兴奋地寻找老师的点评,渴望了解如何进一步提升。然而,也有另一部分学生,他们迟疑地打开作业,眼神中透露出不安和犹豫。对于这些学生来说,每一次的反馈似乎都是对他们能力的质疑,而不是成长的机会。他们的内心深处埋藏着一种信念:无论怎样努力,都无法根据这些反馈改善自己的学习。这种缺乏自我效能感的心态源于多种因素。对于一些学生来说,这可能源自早期的学习经历,当他们面对失败时,可能没有得到足够的支持和引导。在其他情况下，这种心态可能与家庭环境有关，例如父母对学业的过高期望或缺乏鼓励。此外，学校环境和同伴关系也可能影响学生的自我效能感。当他们看到周围的同学似乎轻而易举地掌握新知识时，他们可能会对自己的能力产生怀疑。

这种低自我效能感的后果是多方面的。首先，它会导致学生在面对挑战时缺乏必要的坚持和努力。他们可能在遇到困难时轻易放弃，因为他们认为自己无法克服这些障碍。其次，这种心态会影响学生对反馈的接受和应用。当老师提供帮助和建议时，这些学生可能会感到不舒服或抵触，因为他们认为这些反馈只是进一步证明了他们的不足。最后，这种心态可能导致学业成绩的下降，从而形成一个恶性循环：成绩不佳增强了他们对自己能力的怀疑，而这种怀疑又进一步影响了他们的学习效果。

解决这一问题的关键在于培养学生的自我效能感。教师可以通过多种方式来做到这一点。首先，教师可以提供更加个性化和具体的反馈，帮助学生明确他们需要改进的具体领域，而不是仅仅提供笼统的批评或表扬。其次，教师可以鼓励学生设定可实现的目标，并在他们取得进步时给予认可。这种正向的强化可以帮助学生建立起对自己能力的信心。最后，教师可以通过创建一个支持性的课堂环境来促进学生的自信。在这样的环境中，学生不害怕犯错，他们知道每一次的失败都是学习和成长的机会。

同样重要的是，学生自己也需要参与到这个过程中来。他们可以通过反思自己的学习过程，识别自己的强项和弱点，从而更有效地利用老师的反馈。此外，与同伴之间的合作和分享也可以是一种有效的策略。在与同伴交流时，学生可能会发现他们并不是唯一面临挑战的人，这可以帮助他们克服内心的恐惧和不安。

自我效能感的缺乏是一个复杂的问题，它需要教师、学生以及整个教育系统的共同努力来解决。通过创造一个鼓励学生探索、尝试和失败的环境，我们可以帮助他们建立起对自己能力的信心，这将对他们的整个学习生涯产生深远的影响。

5. 反馈的接受和处理策略

有效地接受和利用反馈是一种关键技能，它对学生的学习和个人发展至关重要。然而，许多学生可能还没有完全掌握这一技能，特别是在如何从反馈中提取关键信息、根据反馈制订具体的改进计划，以及如何将反馈转化为实际的学习行动方面。

首先，提取反馈中的关键信息是一个关键步骤。学生需要学会区分哪些是真正重要的反馈，哪些可能不那么重要。这要求学生具备批判性思维能力，能够理解和评估反馈的内容。例如，一个关于写作技巧的反馈可能涵盖了语法、结构、论点的清晰度等多个方面。学生需要能够识别出哪些是他们最需要改进的领域。其次，根据反馈制订具体的改进计划是另一个重要方面。一旦学生识别出需要改进的领域，他们就需要制订一个实际可行的计划来应对这些问题。这可能涉及设定具体的目标、寻找资源来帮助改进甚至是寻求老师或同学的额外帮助。例如，如果学生在写作中存在语法问题，他们可能需要通过额外的练习、参考语法书籍或利用在线资源来改进这一点。

最后，将反馈转化为实际的学习行动是整个过程中最为关键的一步。这意味着学生不仅要理解反馈，还要能够将其应用于实际的学习中。例如，如果学生收到的反馈是他们在公共演讲中缺乏自信，那么他们可能需要通过练习、观看优秀演讲的视频或参加演讲培训课程来提高自信。

在这个过程中，教育者的角色也非常重要。他们不仅需要提供清晰、具体且建设性的反馈，还需要指导学生如何有效地利用这些反馈。例如，教师可以通过一对一的会话、工作坊或反馈会议等来帮助学生理解他们的反馈，并制订改进计划。

国内学生在接受和处理反馈方面可能还有很大的提升空间。通过培养批判性思维、制订明确的改进计划，并将反馈转化为实际行动，学生可以更有效地利用反馈来促进自己的学习和发展。同时，教育者的支持和指导对于学生有效处理反馈至关重要。

6. 反馈的个性化需求

每位学生都有自己独特的学习历程和学科背景，这些因素深刻影响着他们对反馈的需求和偏好。这种差异性要求教育者们采取更加灵活、细致的反馈方式，以满足不同学生的个性化需求。

在学习的早期阶段，学生通常需要更多的指导和具体的建议。这时，详细具体的指导性反馈显得尤为重要。例如，对于初学者来说，清晰的步骤、明确的目标和具体的改进方法是非常必要的。这样的反馈不仅能帮助他们理解学科内容，还能帮助他们构建学习的自信心和兴趣。对于数学或科学等需要严谨逻辑和步骤的学科来说，这种具体的反馈尤为关键。

然而，随着学生进入更高的学习阶段，他们对反馈的需求可能发生变化。这时，他们可能更加注重对创造性思维和批判性思考能力的培养。在这种情况下，鼓励性的反馈和正面肯定变得更加重要。例如，在文学、艺术或社会科学等学科中，教师的反馈可能需要更多地关注学生观点的独创性、论证的深度和表达的清晰度。在这些学科中，鼓励学生表达自己的观点，赞赏他们的创新思考，对于激发他们的学习兴趣和自主探索精神至关重要。

此外，学生的个人背景也是影响反馈需求的一个重要因素。不同的文化背景、学习习惯和个人经验都会影响学生对反馈的接受方式和偏好。例如，一些学生可能更习惯于直接和明确的批评，而其他学生则可能更容易接受间接和委婉的建议。因此，教师在给予反馈时需要考虑到这些差异，采取更加符合学生个性和背景的方式。

在实施个性化反馈的过程中，教师还需要不断地观察和评估学生的反应，以确保反馈方式能够有效地促进学生的学习。这可能需要教师不断地调整和改进他们的反馈策略。同时，教师也应鼓励学生参与到反馈过程中来，比如通过询问学生的感受和偏好，或者让学生参与到评估和自我反思的活动中。这样不仅能增强学生的学习动力，还能帮助他们发展批判性思维和自我评估的能力，而利用技术工具也可以有效地支持个性化反馈的实现。例如，数字学习平台可以根据学生的表现和进步提供定制化的反馈和建议。这些工具可以帮助教师更有效地管理学生的学习进程，同时也能为学生提供及时、具体和个性化的反馈。

反馈的个性化是教育过程中一个复杂但至关重要的部分。它要求教师理解并尊重学生的独特性，同时不断调整和优化他们的教学方法。通过提供针对不同学习阶段、学科背景和个人特征的个性化反馈，教育者可以更有效地支持每位学生的学习旅程，帮助他们实现最佳的学习效果。

（二）自我评估与反思的习惯

1. 教育体系的影响

传统的教育体系中，教师拥有绝对的权威，他们不仅是知识的传授者，也是教学过程的主导者。在这种体系下，教育往往采取集中式管理，即一种自上而下的教学方法，其中教师决定教学内容和方式，而学生的角色主要是接受和吸收。这种模式对学生的学习和个人发展产生了深远的影响。

首先，这种教育模式在很大程度上限制了学生的主动性和创造力。由于学生通常处于被动接受知识的位置，他们的学习过程更多地依赖于教师的指导和课堂讲授。这不仅限制了学生探索新知识和发展个人兴趣的机会，而且也减弱了他们独立思考和解决问题的能力。在这样的环境中，学生可能变得依赖于外部指导，而不是学习如何自主获取知识和信息。其次，传统教育体系中对教师评价和反馈的过分依赖可能导致学生在自我评估和反思方面的技能不足。在这种体系中，学生的学习成果通常通过考试和教师的评价来衡量，这种做法可能导致学生过分关注分数和成绩，而忽视了学习过程本身的价值。学生可能更多地关注如何满足教师的期望和达到标准答案，而不是培养对学习内容的深入理解和批判性思考。

最后，这种教育模式还可能导致学生缺乏团队合作和交流的技能。由于学习过程通常是个体化的，学生在课堂上的交互往往有限，这可能阻碍了他们学习如何与他人合作和有效沟通的能力。在当今社会，这些技能对于个人的职业发展和社会适应是至关重要的。然而，值得注意的是，传统教育体系也有其积极方面。例如，它往往更加结构化和有序，可能更适合于传授基础知识和技能。此外，强调教师权威的模式也可能有利于维持课堂纪律和秩序，从而为学习提供一个稳定的环境。

虽然传统的国内教育体系在某些方面可能有效，但它也可能限制学生的主动性、创造力和自我反思能力。随着教育理念的不断进步和发展，越来越多的教育者和学者开始探索更加以学生为中心的教育方法，以培养学生的独立思考能力、创新能力和社会技能。这种转变对于让学生适应快速变化的现代社会至关重要，也是教育发展的必然趋势。

2.学习方法的局限性

在应试教育体系中，学生普遍采用的学习方法包括机械记忆和重复练习。这两种方法的核心在于高效地掌握和重现知识点，以应对考试的需求。学生通常被鼓励去记忆大量信息，包括公式、历史事件、科学事实等，而这一过程往往忽视了对知识深层次理解和批判性思考的培养。

机械记忆和重复练习虽然能在短时间内提高考试成绩，但这两种学习方式存在显著的局限性。首要的问题在于，它促使学生形成一种表面学习的习惯，即仅仅为了考试而学习，而非为了理解和应用知识。在这种学习模式下，学生往往缺乏主动探索和深入挖掘知识的动力，他们更多地关注如何记住答案，而非理解问题背后的原理。这不仅限制了学生对知识的深度掌握，还可能导致他们在面对新情境和复杂问题时感到无助。

此外，过分依赖机械记忆和重复练习的学习方式还限制了学生的批判性思维和创造性思考能力的发展。批判性思维是指对信息和论点进行分析、评价和反思的能力，它要求学生不仅仅接受现有的知识，而是去质疑、分析和重构这些知识。而创造性思考则是指产生新颖和有价值的想法的能力，它需要学生跳出传统思维模式，探索不同的可能性。应试教育中的学习方法往往忽视了这两种能力的培养，因为它们更注重结果而非思考过程。

这两种学习方法的另一个局限性是它对学生自我评估和反思能力的发展造成了阻碍。自我评估和反思是学习过程中的重要环节，它们帮助学生理解自己的学习状态，识别和弥补知识和技能的不足。然而，在以考试成绩为中心的教育体系中，学生往往过分关注分数，而忽视了对自己学习过程和方法的反思。这种情况导致学生很难从错误中学习，也难以培养出适应不断变化的现代社会所需的终身学习能力。

应试教育环境下的学习方法，虽然在一定程度上有助于提高学生的考试成绩，但它在培养学生的批判性思维、创造性思考、自我评估和反思能力方面存在显著的不足。这种局限性不仅影响了学生对知识的深度理解和运用，还可能限制他们在未来面对复杂问题和挑战时的应对能力。因此，寻找和实践更全面、更平衡的学习方法，对于学生的全面发展和终身学习至关重要。

3. 缺乏自我反思的机会

在现代教育体系中，学生往往面临一个不容忽视的问题——缺乏自我反思的机会。这种情况源于教育系统的一个核心特点：课堂时间和学习内容的严格控制通常落在教师的手中。在这种环境下，学生很难找到足够的空间和时间去进行深入的自我反思和评估。课堂上的教学往往是一种自上而下的传递方式，教师传授知识，学生接受知识，这种模式虽然在知识传递上效率较高，但却忽略了学生个体的主观能动性和对学习过程的主导权。

在这种教育模式下，学生通常被动地接受教授的内容，而很少有机会去思考自己对这些内容的理解程度、兴趣点，或者是否有更适合自己的学习方法。学生们很少被鼓励去质疑或者探索课堂上所学的内容，而是更多地被要求记忆和重复。这种教学方式在一定程度上限制了学生的思维能力，使他们习惯于接受而非质疑和探索。他们的学习成为一种单向的接受过程，而非双向的互动和反馈过程。

由于缺乏自我反思的机会，学生在学习过程中很难形成对自己学习状态的清晰认识。他们可能不了解自己在某个学科上的真正兴趣所在，或者对自己的学习方法是否高效缺乏清晰的判断。这种情况在长期积累后可能导致学生对学习失去兴趣，或者在面对学习困难时感到无助。此外，学生的自我评估能力也因此得不到有效的培养。在现实生活中，自我评估能力是一种非常重要的技能，它不仅有助于个人对自己的认识和成长，还有助于在工作和生活中做出更加合理的决策。

为了解决这个问题，教育者需要重新思考教学方法和课堂结构，以便为学生提供更多的自我反思机会。这可能包括创造一个更加开放和互动的学习环境，鼓励学生表达自己对学习内容的看法和疑问，以及鼓励学生探索适合自己的学习方法。教师可以通过提问、讨论和小组合作等方式，激发学生的思考，使他们能够在学习过程中更加主动地参与和反思。此外，通过定期的自我评估活动，如学习日志或反思报告，学生可以有机会总结自己的学习经历，评估自己的学习效果，从而在不断的自我反思中提高学习效率和质量。

缺乏自我反思的机会是当前教育体系中的一个重要问题，它限制了学生自我成长和评估能力的发展。通过改变教学方法和课堂结构，为学生提供更多的自我反思机会，可以帮助学生更好地了解自己，提高学习效率，同时培养他们的自我评估能力，这对他们的长期发展和成功至关重要。

4. 自主学习能力的欠缺

自主学习能力的培养对于学生的成长至关重要，然而在现实教育环境中，这一能力的缺失成为一个不容忽视的问题。许多学生由于缺乏自我评估和反思的习惯，面临着在自主学习方面的诸多挑战。这不仅体现在他们不习惯主动寻找学习资源和机会上，更深层地体现在他们对学习过程的理解和掌握上。

在传统的教学模式中，学生往往习惯于被动接受知识，而非积极探索和发现知识。这种被动学习的态度使他们在遇到需要自主学习的情况时显得无所适从。他们可能不了解如何有效地利用图书馆、互联网等资源，也可能不擅长制订学习计划和目标。更重要的是，这种学习方式让学生缺少对自己学习过程的认知和反思，他们很难意识到自己在学习中的强项和弱点，不知道如何根据自身情况调整学习策略。此外，当学生缺乏自主学习能力时，他们在面对复杂和开放式的问题时往往会感到困惑。在当今社会，问题解决能力和创新思维能力越来越受到重视，这些能力的培养离不开学生的自主探索和实践。然而，未经训练的学生在面对这些挑战时可能会感到力不从心。

这种能力的缺失还可能影响学生的终身学习能力。在快速变化的现代社会，终身学习成为个人发展和适应社会变化的关键。一个没有良好自主学习能力的个体，在未来的学习和工作中可能会面临更多挑战。他们可能难以适应新技术和新知识，也可能在职业发展上受到限制。

那么，如何帮助学生培养自主学习能力呢？首先，教育者需要改变传统的教学观念，鼓励学生主动学习，给予他们更多探索和实践的机会。例如，教师可以设计一些开放式的项目，让学生自己去查找资料、提出问题和解决问题。其次，教育者应该教授学生如何有效地使用各种学习资源，如何制订学习计划和目标，以及如何进行自我评估和反思。这些技能的培养对于提高学生的自主学习能力至关重要。最后，家庭环境和社会环境也对学生的自主学习能力有着重要影响。家长和其他社会成员应该鼓励和支持学生的自主学习，为他们提供一个有利于学习的环境。这包括但不限于提供必要的学习资源，鼓励学生对学习表现自我评价，以及对学生的学习成果给予认可和鼓励。

自主学习能力的培养是一个系统工程，需要教育者、家长和整个社会的共同努力。只有通过这种全方位的支持和引导，学生才能够有效地培养和提高自主学习能力，为未来的学习和生活打下坚实的基础。

（三）文化因素对反馈接受的影响

1.权威性文化的影响

学生在教育过程中面临的一大挑战是如何利用反馈来改进学习，这在很大程度上取决于他们的自我评估和反思能力。然而，这种能力往往不是天生的，需要通过指导和实践来发展。当学生缺乏自我评估和反思的习惯时，他们可能对如何有效利用收到的反馈来提高学习效果感到困惑。这种困惑不仅限于不理解反馈的内容，还包括不知道如何将这些反馈转化为实际的学习策略。

首先，我们需要理解的是，有效的学习不仅仅是关于掌握知识，更是一个关于理解和改进学习过程本身的过程。这意味着学生不仅需要学习课程内容，还需要学习如何学习。然而，在实际的教育环境中，学生往往更多地关注于课程内容的掌握，而忽视了对学习方法的理解和评估。这种偏差导致了他们在接受反馈时感到迷茫，因为他们不仅缺乏对自己学习弱点的认识，也缺乏将反馈转化为具体行动的能力。其次，反馈的质量和方式也对学生的学习有着重要影响。如果反馈是模糊的或仅仅是批评性的，而没有提供具体的改进建议，学生可能会感到沮丧而不是受到激励。他们可能不清楚如何改进，甚至可能对学习失去信心。因此，教师在给予反馈时需要具备一定的技巧，既要指出学生的不足，也要提供具体的改进方法，并鼓励学生根据这些反馈来调整他们的学习策略。

解决这个问题的关键在于培养学生的自我评估和反思能力。这意味着学生需要学会定期回顾自己的学习过程，识别自己的强项和弱项，并根据这些认识来调整学习策略。例如，如果学生在某个特定的课题上遇到困难，他们需要能够识别这一点，并探索不同的学习方法来克服这些困难，而不是简单地重复同样的学习模式。同时，教育者也需要发挥作用。他们不仅要提供具体、建设性的反馈，还要教授学生如何使用这些反馈。这可能包括教授学生如何设置学习目标，如何监控自己的进度，以及如何根据反馈来调整学习计划。通过这种方式，学生可以从被动接受知识转变为积极参与自己学习过程的主人。

学生在使用反馈来改进学习方面面临的挑战可以通过培养自我评估和反思能力以及教育者的有效指导来克服。这不仅有助于学生更好地理解和应用反馈，还能让他们成为更独立、更有效的学习者。通过这种方式，学习变成了一个不断成长和发展的过程，不仅仅是知识的积累。

2. 集体主义与个人主义文化的差异

集体主义与个人主义文化的差异体现在生活和工作的许多方面，这些差异不仅仅是文化表征，还深深影响着个人的价值观、行为方式及其与社会的互动模式。

在集体主义文化中，人们通常将群体的利益置于个人之上。这种文化背景下，个体的身份和价值往往与他们所属的集体密切相关，比如家庭、朋友圈、工作团队等。在这种文化中，维护群体的和谐与团结被看作是至关重要的事情。例如，在工作场所，集体主义文化倾向于鼓励团队合作，领导者可能更注重团队成员之间的协调与合作，而不是单个成员的个人成就。在处理冲突或提供反馈时，也更倾向于采用委婉和间接的方式，以避免冒犯他人或破坏团队的和谐。相反，在个人主义文化中，个人的自由、独立和自我表达被高度重视。个人主义文化鼓励个人追求自己的目标和兴趣，强调个人成就和自我实现。在这种文化背景下，人们倾向于看重个体的特性和个人选择的权利。例如，在工作环境中，个人主义文化可能更强调个人的成就和竞争，员工可能被鼓励独立工作并争取个人认可。在反馈和沟通方面，个人主义文化更倾向于直接和明确的交流方式，以清晰地表达个人的意见和需求。

这两种文化之间的差异还体现在对权威和等级的态度上。集体主义文化通常尊重等级和权威，认为遵循长辈或上级的指导是维护社会秩序和团队和谐的重要方式。而个人主义文化则更强调平等和对权威的质疑，鼓励个体挑战现状和表达自己的观点。而在教育和育儿方式上，这两种文化的差异也非常明显。集体主义文化倾向于强调遵守社会规范和培养与他人的协作能力，而个人主义文化则更注重培养独立思考和个人表达能力。

在跨文化交流中，理解这两种文化的差异至关重要。对于生活在个人主义文化中的人来说，理解集体主义文化的价值观和行为模式有助于更好地与来自这种文化背景的人交流和合作。同样，对于集体主义文化背景的人来说，了解个人主义文化的特点有助于他们在全球化的环境中更好地适应和发展。

集体主义文化与个人主义文化的差异深刻影响着人们的思维方式、行为习惯和社会互动。这些差异并没有优劣之分，但理解和尊重这些差异对于促进跨文化理解和合作是非常重要的。

3. 语境与非语境沟通的影响

高语境文化，如东亚文化，其沟通方式重视上下文信息和非语言暗示。在这种文化背景下，沟通者常常通过细微的表情、语气变化。甚至沉默来传递信息。这种方式强调理解和解读对方的非语言信号，依赖于共享的背景知识和经验。例如，在日本或中国，人们可能会用含蓄的方式表达不同意或拒绝，以避免直接冲突和保持面子。相对地，低语境文化，如北美文化，更偏好直接、明确的沟通方式。在这类文化中，人们通常直言不讳，清楚地表达自己的想法和意见。例如，美国人在商业会议中通常直接表达自己的看法和需求，他们认为这种直接沟通能够减少误解和提高效率。

当高语境文化与低语境文化的个体进行交流时，就可能出现沟通障碍和误解。高语境文化的个体可能认为低语境沟通者过于直接和缺乏细腻，而低语境文化的个体可能觉得高语境沟通者含糊不清、难以捉摸。例如，一个来自中国的经理可能通过暗示来表达工作上的不满，而他的美国同事可能完全没有意识到这一点。反之，美国经理的直接批评可能会让中国同事感到尴尬和不适。

这种沟通风格的差异不仅影响日常交流，还深刻影响着工作效率和团队合作。在国际团队中，成员来自不同的文化背景，他们的沟通方式和对反馈的理解也会有所不同。团队领导者需要意识到这些差异，并采取适当的沟通策略来确保信息的有效传达。

除了直接沟通的内容，非语言沟通也在这种文化差异中扮演着重要角色。身体语言、面部表情，甚至沉默的使用，在不同文化中都有不同的解读方式。例如，一些文化中的点头可能仅仅是表示在听，而不一定意味着同意。因此，理解和适应不同文化中的沟通方式对于有效的跨文化沟通至关重要。这不仅包括了解对方文化的沟通习惯，还包括调整自己的沟通方式，以便更好地与不同文化背景的人进行互动。例如，当与高语境文化的人交流时，可能需要更加关注非语言信号和上下文线索。而在与低语境文化的人沟通时，则需要直接明了，减少含糊和暗示。

了解和适应不同文化的沟通风格不仅是跨文化交流的基础，也是促进国际合作和全球化进程中不可或缺的一部分。通过认识到这些差异，并采取相应的策略，我们可以更有效地与来自不同文化背景的人沟通，减少误解，增强相互理解和尊重。

4. 教育环境中的文化适应性

在当今日益全球化和多元化的社会背景下，教育环境也随之变得多样化。学生们来自不同的文化背景，拥有各自独特的价值观、信仰和行为习惯。这些差异在教育过程中尤为显著，尤其是在提供反馈这一关键环节。教育者在这样的环境下，面临着如何有效地传达信息、促进学习和保持文化敏感性的挑战。

首先，我们必须认识到文化对个人学习方式的影响。不同文化背景的学生可能对教育方法和反馈方式有不同的期待和反应。例如，一些文化可能鼓励公开讨论和质疑，而其他文化则可能更重视听从和尊重权威。因此，教育者在提供反馈时，必须考虑到这些差异，避免误解和沟通障碍。

其次，在多元文化的教育环境中，采用灵活和文化敏感的反馈方式显得尤为重要。这意味着教师需要根据学生的文化背景，选择合适的沟通方式和反馈策略。例如，对于那些来自高语境文化（在这种文化中，非语言信息扮演重要角色）的学生，教师可能需要更加注重非语言的沟通方式，如肢体语言和面部表情。同样，对于那些习惯于直接和具体反馈的学生，教师应当提供明确、具体的建议和指导。

最后，除了调整沟通方式，教师还需要了解和尊重学生的文化背景。这不仅包括对不同文化的一般了解，还包括对学生个人背景的认识。这种了解可以通过与学生的互动、家长会谈，甚至课堂讨论中得到。通过这种方式，教师不仅能更好地适应学生的需要，还能为学生创造一个更加包容和理解的学习环境。此外，文化适应性反馈的实施还有助于提高反馈的有效性和接受度。当学生感觉到自己的文化被尊重和理解时，他们更有可能对反馈持开放态度，并从中受益。这种反馈方式能够促进更有效的学习，帮助学生克服文化差异带来的障碍，从而实现更好的学术表现。

教育者还应该意识到，文化适应性并不仅仅是对不同文化的简单适应。它更是一种持续的学习和成长过程，涉及对自己文化偏见的认识和克服。教师需要不断地反思自己的教学实践，确保它们不仅是有效的，同时也是文化上敏感和包容的。

在多元文化的教育环境中，文化适应性是提高教学质量和促进学生全面发展的关键因素。教育者需要不断学习和适应，采用灵活多样的沟通和反馈策略，以满足来自不同文化背景学生的需要。通过这种方式，我们不仅能提高教育的有效性，还能促进一个更加包容和多元的学习环境。

（四）批判性思维与分析能力

1. 思维模式的传统影响

在中国，教育传统深深植根于儒家思想，这一哲学体系强调顺从、尊重传统以及重视学习和知识的积累。长期以来，这种教育模式对学生的思维方式和学习习惯产生了深远的影响。

在这样的教育环境中，重视记忆和重复练习成为学习的主导方式。学生被鼓励记忆大量信息，并通过不断的重复练习来巩固知识。这种学习方法有其优势，例如能够帮助学生在考试中迅速回忆信息，以及在基础学科如数学和科学中建立坚实的知识基础。然而，这种方法也存在明显的局限性，特别是在培养批判性思维和分析能力方面。

批判性思维是指能够独立思考、质疑现有信息并进行逻辑推理的能力。这种思维方式要求学生不仅仅接受现有的知识，而是对其进行深入分析，提出自己的见解和疑问。然而，在重视记忆和重复练习的教育模式下，学生往往缺乏这种批判性思维的训练。他们习惯于接受现成的信息，而不是质疑和分析这些信息。

这种教育模式的影响在学生面对需要深度思考和分析的任务时尤为明显。例如，在撰写论文或解决复杂问题时，仅仅依赖记忆和重复练习是不够的，这些任务要求学生能够独立思考和创造性地解决问题。然而，由于缺乏批判性思维的训练，一些学生可能会感到困惑和不适应。

面对这种挑战，一些教育者和学者开始呼吁教育改革，以培养学生的批判性思维和分析能力。这包括改变教学方法，例如通过讨论、辩论和项目式学习来鼓励学生独立思考。这些方法不仅能提高学生的批判性思维能力，还能帮助他们学会如何应用知识来解决实际问题。此外，教育者也在努力将批判性思维和创新思维融入传统的学科教学中。例如，在历史和文学课程中，教师可以鼓励学生对文本进行深入分析，提出自己的见解，而在科学教学中，教师可以引导学生进行实验和探究，而不仅仅是记忆科学事实。

国内学生的思维模式和教育体系正在逐步发生变化。虽然传统的重记忆和重复练习的教育模式仍然占据主导地位，但越来越多的教育者和学者开始认识到批判性思维和分析能力的重要性，并致力于将这些能力融入学生的学习过程中。这种转变虽然需要时间，但对于培养能够适应快速变化的现代世界的创新和独立思考者来说，是至关重要的。

2.反馈理解的表面化

在教育交流过程中，尤其是关于国内学生如何理解教师反馈的问题时，我们不得不面对一个常见现象：许多学生往往倾向于字面上解读反馈，而非深入探究其背后的含义。这种现象，我们可以称之为"反馈理解的表面化"。它是一个复杂且值得深入探讨的话题，涉及教育理念、文化背景、学习方式以及沟通方法的多个层面。

首先，这种表面化的理解方式在一定程度上源于传统的教育观念。在某些教育环境中，学生被鼓励重视结果而非过程，导致他们在接受反馈时更加关注直接的指令和具体的错误，而非深入理解和反思。例如，当教师指出作文中的语法错误时，学生可能只是简单地更正错误，而不会去思考为什么会犯这样的错误，或者如何在未来的写作中避免类似的问题。这种应对方式虽然在短期内看似有效，但长远来看，它限制了学生从错误中学习和成长的机会。

其次，这种表面化的理解可能也与文化背景有关。在一些文化中，学生习惯于遵循权威，对老师的话语进行字面上的遵守。他们可能认为，教师的反馈就是具体的指导，而非一个开放的讨论或是思考的起点。这种文化背景下的学生可能更不容易去质疑或深入探讨教师的反馈，而是倾向于直接接受和应用。

此外，学生的学习方式和习惯也在其中扮演着重要角色。习惯于被动学习的学生可能不太会主动寻找反馈背后的深层含义，他们更倾向于接受现成的信息，而不是自己去探索和构建知识。这种被动的学习态度可能会导致他们在处理反馈时缺乏主动性和深度。同时，教师的沟通方式也极其重要。如果教师在提供反馈时只关注错误的指出，而不提供足够的背景信息或解释，也可能导致学生仅仅在表面上理解这些反馈。有效的反馈应该是具有启发性的，能够引导学生进行深入思考和自我反省，而不仅仅是简单的错误纠正。为了克服这种表面化的理解方式，教育者需要采取更加主动和深入的教学策略。例如，他们可以鼓励学生提出问题，进行批判性思考，以及在反馈的基础上进行深入的讨论和探究。通过这样的方式，学生不仅能够理解反馈的表面含义，还能够学习如何运用这些反馈来改进自己的学习和思考方式。

反馈理解的表面化是一个需要教育者、学生及其文化背景共同努力解决的问题。通过改变学习环境，鼓励主动和批判性的思考方式，以及提供更加深入和启发性的反馈，我们可以帮助学生更好地理解并利用教师的反馈，从而促进他们的学习和个人成长。

3. 批判性思维的培养需求

在当今这个信息爆炸的时代，批判性思维的培养已经变得尤为重要。信息的多样化、复杂性以及不断变化的社会环境要求我们不仅要有接受和处理信息的能力，更要有辨别、分析和判断信息的能力。因此，加强国内学生批判性思维的培养成为提升反馈素养的关键。这一过程不仅是知识的传授，更是一种思维能力的培养，它关乎学生如何更加深入和全面地理解世界。

批判性思维的培养要求从教育的各个层面入手，首先是课堂教学。在这一环节中，教师应该鼓励学生提出问题，而不是仅仅满足于接受知识。这意味着教育不再是单向的知识传递，而是变成了一个双向的交流过程。学生被鼓励去质疑现有的假设和理论，这不仅能够增强他们对知识的理解，还能够培养他们独立思考的能力。例如，在历史课上，学生可以被鼓励去探讨历史事件背后的多种可能性和解释，而不是仅仅接受教科书上的标准答案。此外，教育过程中还应该鼓励学生探索多种可能的解决方案。在数学或科学类课程中，学生可以被鼓励去尝试不同的方法来解决同一个问题，从而帮助他们理解没有固定答案的概念。这种方法不仅可以提升他们解决问题的能力，还能够帮助他们学会在复杂和不确定的情况下做出判断。

其次，批判性思维的培养还需要通过课堂之外的方式进行强化。比如，学校可以组织辩论赛、模拟联合国等活动，通过这些活动，学生可以在实践中锻炼自己的批判性思维能力。在辩论赛中，学生需要对一个问题进行深入研究，了解不同的观点，并且学会如何有效地表达和捍卫自己的观点。这不仅锻炼了他们的思维能力，还提高了他们的语言表达能力和团队合作能力。而家庭和社会环境对于批判性思维的培养同样重要。家长应该鼓励孩子对周围的世界保持好奇心，并且在日常生活中与孩子进行讨论和交流。这些交流不应该仅仅局限于学校学习的内容，还应该涉及社会、文化、政治等更广泛的话题。通过这样的讨论，孩子可以学会如何分析和理解复杂的社会现象，从而形成自己的观点和判断。

批判性思维的培养是一个多方面、全方位的过程。它需要学校、家庭和社会的共同努力，通过不断的练习和实践，帮助学生形成独立思考和判断的能力。在这个过程中，我们不仅仅是在培养学生的学术能力，更是在帮助他们成为更加理性、独立和有判断力的公民。这对于他们个人的成长以及未来社会的发展都具有重要的意义。

4. 教育方法的转变

教育方法的转变，尤其是在培养学生的批判性思维和分析能力方面，已经成为现代教育领域的一个核心议题。随着信息时代的到来、知识更新速度的加快，以及社会对创新能力和独立思考能力的日益重视，传统的填鸭式教学方法已不再适应时代的需求。教育者们开始探索更加有效的教学方法，以引导学生主动学习，深入思考，并在实践中锻炼其批判性思维和分析能力。

在这一教育变革中，最为显著的趋势是从单向传授知识向基于探究和讨论的互动式学习的转变。这种方法强调学生的主动参与和教师的引导作用，鼓励学生对所学知识提出疑问，进行探索，并在实际情境中应用所学。一方面，通过这样的方式，学生不仅能更深入地理解知识，还能学会如何应用这些知识解决实际问题。例如，探究式学习通常要求学生围绕一个主题或问题进行深入研究。在这个过程中，学生需要自行搜集信息，分析资料，提出假设，并进行验证。这样的学习过程不仅锻炼了学生的研究能力，还提高了他们的批判性思维能力。通过对不同信息源的分析和比较，学生学会了如何从不同角度看待问题，并能够对信息的真实性和可靠性进行判断。

另一方面，讨论式学习也是提高批判性思维和分析能力的有效方法。在课堂讨论中，学生被鼓励表达自己的观点，听取并理解他人的看法，然后进行辩论和讨论。这不仅促进了思想的碰撞和知识的共享，还锻炼了学生的沟通能力和团队协作能力。通过这种方式，学生能学会从多个角度审视问题，并在理解他人观点的基础上，形成自己独立的见解。此外，现代教育方法还强调反馈的重要性。在学习过程中，及时有效的反馈能帮助学生认识到自己的不足，明确学习目标，并指导他们如何改进。教师的反馈不应仅限于对学生答案的正确与否的判断，更应包括对学生思考过程的指导和建议。这种形式的反馈可以帮助学生深入理解知识，提高分析和解决问题的能力。

值得注意的是，这种教育方法的转变也带来了对教师角色的重新定义。在这个新的教学模式中，教师不再是单纯的知识传授者，而是变成了学生学习过程中的引导者和促进者。教师需要具备引导学生进行探究学习的能力，懂得如何激发学生的学习兴趣，如何组织有效的课堂讨论，以及如何提供有建设性的反馈。

为了适应知识经济时代的需求，教育方法必须进行相应的转变。通过引入基于探究和讨论的学习活动，不仅可以提升学生的批判性思维和分析能力，还能培养他们的创新意识和独立思考能力。这种教育方法的转变，虽然面临诸多挑战，但对于培养能够适应未来社会发展需求的新一代人才，具有重要的意义。

第三节　广西高职学生反馈素养现状

（一）实用性技能的反馈接收

1. 针对性反馈的接受度高

无论是学习机械操作、电子工程还是餐饮管理，广西高职的学生都表现出对于针对性反馈的高度关注和接受度。这种态度不仅体现了他们对所学专业的重视，也反映出了对职业技能提升的迫切需求。

在机械操作领域，学生们经常面对复杂的机械设备和精细的操作流程。对于这类技术性极强的专业，理论学习和实践操作需要紧密结合。在这种情况下，老师的具体操作指导变得至关重要。学生们不仅需要理解每一个操作步骤的理论基础，更重要的是要通过实践来掌握操作的精髓。因此，当老师提供具体的操作指导和改进建议时，学生们往往会非常认真地聆听和实践，以确保他们能够精确地执行每一个步骤，并从中学习如何处理可能出现的各种问题。

在电子工程的学习中，情况也类似。这个领域要求学生不仅要理解电子原理，还要掌握电路设计、调试等技能。这些技能的学习过程中充满了挑战，因为它们需要学生具备细致的观察力和耐心。在这个过程中，教师的反馈对于学生来说是宝贵的学习资源。他们依赖于老师的反馈来识别和纠正自己在电路设计和调试过程中的错误，这对于他们掌握电子工程的核心技能至关重要。

在餐饮管理专业，这里的技能学习同样注重实践操作和理论知识的结合。在餐饮管理的学习过程中，学生需要学习菜品制作、服务流程管理以及顾客服务等多方面的知识。在这个多元化的学习过程中，教师的反馈变得尤为重要。例如，在学习菜品制作时，教师的反馈可以帮助学生改进他们的烹饪技巧，在服务流程管理方面，老师的指导可以帮助学生更有效地组织和管理餐厅运营。这些针对性的反馈不仅帮助学生掌握了技能，还激发了他们对专业的热情和兴趣。

无论是在机械操作、电子工程还是餐饮管理等专业领域，广西高职学生都显示出了对针对性反馈的高度重视。这种态度不仅反映了他们对专业知识和技能的尊重，也体现了他们对职业发展的积极态度。通过积极接受教师的反馈和建议，这些学生在不断提高自己的专业技能的同时，也为将来的职业生涯打下了坚实的基础。

2. 实践环节中的积极反应

在教育和学习过程中，实践环节常被视为理论知识的实际应用场景，是学生技能掌握的重要阶段。以木工、焊接和烹饪等实践课程为例，学生们在这些环节中表现出的积极反应不仅是对技能学习的渴望的体现，也是他们内在潜能的显露。

在这些实践课程中，学生们面临着从理论到实践的转换挑战。他们需要将书本上的知识和老师的讲解转化为手中的动作和成品。这个过程中，反馈的作用尤为关键。它不仅指导他们纠正错误，更激励他们探索和创新。例如，在木工课程中，老师的一句"尝试更平稳的切割方法"可能激发学生对不同切割技巧的探索，进而提升他们的手工技能和创造性思维。

焊接课程更是对精确性和安全性的严格考验。在这里，学生们需要非常小心地操作，任何疏忽都可能导致安全事故或作品质量的下降。因此，老师的即时反馈和指导变得至关重要。学生们通过不断的练习和修正，逐渐掌握焊接的技巧，从而在实践中增强了自信心和责任感。

烹饪课程则是对味觉和创造力的挑战。每个学生在处理食材、调配佐料时都可能有不同的见解和方法。在这种多元化的学习环境中，老师的反馈不仅仅是技术层面的，更多是鼓励学生发挥创造力，尝试新的配方和烹饪方法。学生们在这个过程中不仅学习到烹饪技巧，更重要的是学会了如何创新和适应，这对他们未来的学习和生活都有着深远的影响。

实践课程中的积极反应，其根本在于学生们对自我能力的认识和提升。每一次成功的操作，每一次从错误中的学习，都在无形中增强了他们的自信心和解决问题的能力。这种积极的学习态度，不仅仅局限于课堂，更会影响到他们的整个教育旅程甚至是未来的职业生涯。

实践环节中学生的积极反应反映了教育的核心目的——不仅仅是知识的传授，更重要的是能力的培养和潜能的开发。这种教育方式让学生们在动手操作中学会思考，在反馈中学会成长，最终在实践中找到自我，成为更加全面和有能力的人。

3. 反馈与职业目标的关联

在广西的高职教育中，学生们的学习旅程不仅是关于掌握课本上的知识，更是一个深刻理解和内化实用技能的过程。这些技能不仅限于专业技术本身，还包括了与之紧密相连的沟通、团队协作、创新思维等软技能。广西高职学生在这个过程中接收到的每一次反馈，无论是正面的鼓励还是建设性的批评，都被视作他们通往未来职业成功的重要一环。

对于这些学生来说，每一条反馈都不再是简单的评价或指导，而是一次学习和成长的机会。他们将反馈与自己的职业目标紧密联系起来，深刻理解到这些技能的掌握对于未来就业市场的适应性以及职业生涯的长远发展至关重要。例如，当他们在实践课程中获得关于技术操作的反馈时，他们不仅仅看到了操作技能上的提升，更是在思考如何将这些技能应用到未来的工作岗位中，如何在竞争激烈的就业市场中脱颖而出。

这种将反馈视为成长催化剂的态度，使得广西高职学生在面对挑战和困难时更加坚韧不拔。他们意识到，在快速变化的工作环境中，不断学习和适应新技能是必不可少的。因此，对于老师和同伴的反馈，他们不再是被动接受，而是积极求知，主动寻求更多的学习机会，以便更好地装备自己，迎接未来的挑战。此外，这种将反馈与职业目标相结合的学习方法还培养了学生们的自我反思能力。他们学会了从每一次实践和反馈中吸取教训，分析自己的强项和弱点，从而制订更加合理和实际的职业规划。这种自我驱动的学习模式不仅提高了他们在学校的学习效率，也为他们未来进入职场打下了坚实的基础。

在这个过程中，学校和教师扮演了不可或缺的角色。他们不仅提供了专业的技术指导，更是通过定期的反馈和评估，帮助学生将学到的技能与实际的职业需求相结合。通过实习、项目合作等方式，教师们鼓励学生将课堂上学到的知识运用到实际情境中，从而更好地理解这些知识和技能在职业发展中的实际意义。

广西高职学生通过将接受的反馈与自己的职业目标紧密联系，不仅提高了自己的专业技能和软技能，更是在学习的每一个环节中，为自己的未来职业生涯打下了坚实的基础。这种教育模式为他们未来的职业发展提供了强有力的支持，使他们能够在日益竞争激烈的就业市场中保持竞争力，实现自己的职业梦想。

4. 对细节的关注

学生在接受关于实用性技能的反馈时，表现出对细节的极高关注度。这种关注不仅体现在他们对反馈内容的认真对待上，还体现在他们将反馈融入实际操作中的方式上。在现代教育环境中，实用性技能的培养越来越受到重视，而学生们也逐渐意识到，只有通过细致入微的理解和实践这些技能，他们才能在各自的领域中达到更高的成就。

当学生们接受关于工具使用、安全措施和效率提升的反馈时，他们不仅仅是被动地听取建议，更是主动地探究每一个细节。例如，在学习如何正确使用某种工具时，他们不会满足于仅仅掌握基本操作。相反，他们会深入研究这些工具的设计原理，探索不同情境下的最佳使用方法，甚至可能会尝试对工具进行改良，以适应特定的任务需求。

安全措施的学习同样重要。在实际操作过程中，学生们会严格遵守安全规程，确保在进行实践活动时最大限度地减少风险。他们会仔细分析过往发生的安全事故案例，从中吸取教训，不断完善自己的安全意识和操作技巧。这种对安全细节的重视，不仅保障了他们自身的安全，也为他们日后在职业生涯中处理复杂情况提供了坚实的基础。

在提升效率方面，学生们同样表现出了不凡的能力。他们会根据反馈内容，优化自己的操作流程，寻找更为高效的方法来完成任务。这种追求效率的过程往往伴随着对现有方法的不断质疑和创新。学生们不满足于传统的做事方式，他们勇于尝试新的方法，不断探索，从而找到更加合理、高效的解决方案。这种对细节的关注不仅仅限于单一领域，而是贯穿于学生学习实用性技能的整个过程。无论是在学术研究、实验操作，还是在日常生活中的技能应用，这种细节导向的思维方式都在潜移默化地塑造着他们。它帮助学生们形成了一种严谨的学习态度和持续的探索精神，这些都是在未来职业生涯中取得成功的重要因素。

对细节的关注使学生在学习实用性技能时更加专注和高效。通过深入理解和实践反馈内容，他们不仅提升了自己的技能水平，还培养了解决问题的能力和创新思维。这种细节导向的学习方式，无疑为他们未来的学术和职业发展奠定了坚实的基础。

（二）理论知识反馈的挑战

1.抽象概念的理解难度

在教育领域，学生在理解抽象概念时面临的挑战是一个普遍且复杂的问题。一方面，这些概念，如量子物理的微观世界或哲学中的存在论议题，往往缺乏直接和具体的实际应用，这使得学生难以通过传统的学习方法来把握它们的精髓。当一个概念不能直观地呈现在学生面前时，理解起来就变得更加困难。例如，在数学和物理学中，一些理论如相对论和量子力学，虽然在学术界内具有决定性的地位，但对于初学者来说，他们缺乏直接的感官体验，因此很难理解。

这种理解上的难度不仅仅源于概念本身的抽象性，还与教育方法和学生的认知发展水平有关。传统的教育模式通常依赖于课本和讲授，这在传授抽象概念时可能不够有效。因为这些概念需要学生进行深度的思考和内化，仅仅通过阅读或听讲是难以实现的。此外，每个学生的认知发展阶段不同，他们对抽象概念的理解能力也不尽相同。有些学生可能能够快速地理解并应用这些概念，而其他学生则可能需要更多的时间和不同的教学方法。另一方面，抽象概念往往需要在一个更广泛的知识背景下才能被充分理解。例如，在理解经济学的供需理论之前，学生需要对市场机制有基本的了解。缺乏这种背景知识会使得理解更加困难。而这种背景知识的缺乏，在当前的教育体系中并不少见，尤其是在跨学科的学习环境中。

为了帮助学生克服这些挑战，教师可以采用多种策略。首先，采用更加互动和实践的教学方法可以增强学生对抽象概念的理解。通过实验、项目式学习和案例研究，学生可以更直观地理解这些理论，并看到它们在现实世界中的应用。其次，利用视觉辅助工具，如图表、模型和动画，也可以帮助学生更好地理解这些难以捉摸的概念。这些工具可以将抽象概念转化为更具体、更易于理解的形式。此外，教师应该鼓励学生发展批判性思维和问题解决技能，这些技能对于理解抽象概念至关重要。通过提问、讨论和反思，学生可以从不同角度探索和理解抽象概念。最后，个性化的教学方法也很重要。由于学生的认知发展水平和学习风格各不相同，教师需要根据每个学生的具体情况，调整教学策略和速度。

尽管学生在理解抽象概念时面临诸多挑战，但通过创新的教学方法和个性化的教育策略，这些挑战是可以被克服的。这不仅需要教师的努力，也需要教育系统对于教学方法和课程内容的持续改进。通过这些努力，我们可以帮助学生更好地理解抽象概念，从而为他们的未来学术和职业生涯奠定坚实的基础。

2. 理论与实践的连接

在学术和职业教育的领域，将理论知识与实践技能有效地结合，始终是一个复杂且充满挑战的课题。对于许多学生来说，这一过程并非易事。理论知识，无疑是学习过程中的基石，它为学生提供了必要的概念框架和思维工具。然而，当这些知识需要在真实世界中得到应用时，情况就变得更为复杂。

理论知识通常是抽象的，它们以公式、原则、概念的形式存在，这些都是对世界进行解释和理解的工具。在课堂上，这些理论往往通过教科书、讲座和案例研究等方式进行教授。学生在这样的学习环境中可能很容易理解和掌握这些理论知识。但问题出现在当这些理论需要应用到现实情境中时。现实世界是复杂多变的，它往往不会完全符合理论模型中的假设和简化情况。因此，学生需要学会如何将理论知识转换和重新解释，以便它们能够适应不断变化的真实环境。

这种转换过程是具有挑战性的，因为它要求学生不仅要理解理论本身，还要理解理论背后的逻辑和假设，并且能够在不同的情境中灵活运用这些理论。例如，在管理学中，领导理论可以提供关于如何有效管理团队的指导原则，但在实际应用这些理论时，学生必须考虑团队的具体特性、组织文化、外部环境等多种因素，这些都可能影响理论的应用效果。

为了帮助学生克服这些困难，教育者和教育机构需要采取一些策略。首先，教育者应该强调理论与实践之间的联系，让学生明白理论知识不是孤立存在的，而是需要在实践中得到验证和修正的。其次，教育者应该提供更多的实践学习机会，如实验室工作、实习、项目式学习等，这些都是让学生在真实或模拟的环境中应用理论知识的有效方式。通过这样的实践活动，学生可以直观地看到理论在实际情境中如何运作，也可以在实践中学习如何调整和适应理论模型。再次，案例研究法也是一种有效的教学方法。通过研究真实世界中的案例，学生可以看到理论如何被应用于解决具体问题。案例研究不仅可以展示理论的实际应用，还能帮助学生理解在不同情境下如何灵活运用理论。最后，反思也是一个重要的学习过程。教育者应鼓励学生对他们在实践中的经验进行反思，思考理论在实际应用中的效果以及可能需要的调整。

将理论知识与实践技能有效结合是一个需要在教学过程中持续关注的任务。这不仅仅是一个关于知识转移的问题，更是关于如何培养学生的思维方式、解决问题的能力以及创新思维的问题。通过提供多样的实践学习机会、采用案例研究法，以及鼓励学生进行反思和自我评估，教育者可以帮助学生更好地将理论知识与实践技能结合起来，为他们未来的学术和职业生涯打下坚实的基础。

3. 批判性思维能力的不足

批判性思维是一种重要的认知能力，它使人们不仅仅能够接受信息，更能去分析、评价并形成独立的见解。在教育过程中，特别是在理论知识的学习和反馈中，这种能力显得尤为重要。理论知识的学习不仅仅是对信息的简单记忆和复述，更重要的是对这些知识进行深入的分析和评价，以及将它们应用到实际问题中去。然而，现实中却存在一个问题，那就是部分学生在批判性思维能力方面的不足，这直接影响了他们对理论知识的理解和应用。

这种能力的缺乏有多方面的原因。首先，传统的教育体系往往重视知识的传授和记忆，而忽视了思维能力的培养。在这样的教育模式下，学生习惯于被动接受知识，而不是主动思考和质疑。当他们面对需要批判性思维的任务时，往往感到困难和不适应。其次，教育资源的分配不均也是一个原因。在资源较少的环境中，教师可能没有足够的时间和能力来培养学生的批判性思维，更多的是集中在完成课程内容的教学上。

这种思维能力的不足对学生的学习和未来发展有着深远的影响。在学习过程中，他们可能难以深入理解理论知识，只能停留在表面的记忆和复述上。这不仅限制了他们对知识的深入理解，也妨碍了他们将理论知识应用到实际问题中去的能力。更重要的是，批判性思维是未来社会所需的关键技能之一。在快速变化的现代社会中，独立思考和批判性分析的能力对于个人的职业发展和适应社会的能力至关重要。

解决这个问题需要多方面的努力。首先，教育体系需要进行改革，更多地注重学生批判性思维能力的培养。这不仅仅是增加相关课程和活动，更重要的是改变教学方法，鼓励学生主动思考和质疑，而不是仅仅被动接受。其次，教师的培训也非常重要。教师应该具备引导学生进行批判性思考的能力和方法，这需要系统的专业培训和实践经验的积累。此外，家庭和社会环境也起着重要的作用。家长和社会应该鼓励孩子提出问题和自己的见解，而不是仅仅追求成绩上的成功。

批判性思维能力的不足是一个复杂且普遍存在的问题。它不仅影响着学生对理论知识的理解和应用，也影响着他们未来的发展和适应社会的能力。因此，解决这个问题需要教育体系的改革、教师的专业培训以及家庭和社会环境的支持。通过这些努力，我们可以期待培养出更多具有批判性思维能力的学生，为他们未来的发展打下坚实的基础。

4. 动机和兴趣的缺乏

对于不少学生而言，理论知识的学习常常似乎乏味而缺乏吸引力。这种感觉的根源在于理论知识通常被呈现为一系列抽象的概念和原理，往往与学生的实际生活和兴趣点相去甚远。比如，当数学课程深入探讨复杂的公式和定理时，如果学生无法看到这些知识如何应用于现实世界，他们就可能感到迷茫和不感兴趣。类似的，历史课本上密密麻麻的年代和事件，如果没有与当前的社会现象或学生的生活经验相联系，也很难激发学生的好奇心和学习热情。

这种对理论学习的低兴趣水平，进而影响了学生从反馈中学习和改进的动机。在教育环境中，反馈通常被视为一种重要的学习工具，它可以帮助学生识别自己的弱点和错误，从而在未来的学习中加以改进。然而，如果学生对所学内容本身就缺乏兴趣，他们可能就不会太在意这些反馈，甚至可能完全忽视它们。例如，如果一个学生对数学本身就不感兴趣，那么即使教师提供了详细的反馈来帮助他改善解题技巧，这位学生也可能不会去仔细审视这些建议，因为他本身就对提高数学成绩不感兴趣。此外，当学生对理论知识的学习缺乏兴趣时，他们可能会发现自己难以持续专注于学习任务。这种专注力的缺乏不仅会影响他们在课堂上的表现，而且还会影响他们完成作业和学习的效率。例如，一个对历史不感兴趣的学生可能会发现自己在阅读课本时容易分心，或者在准备考试时难以集中精力复习。这种情况下，即使教师提供了有用的学习策略或反馈，学生也可能无法充分利用这些资源，因为他们根本就没有投入足够的精力和注意力去理解和应用这些策略。

因此，要解决学生对理论知识学习兴趣缺乏的问题，教育工作者需要采取更加创新和吸引人的教学方法。这可能包括将理论知识与学生的现实生活经验相结合，使用更多互动式和参与式的教学方法，以及提供更多与现实世界相关的应用案例。通过这些方法，学生不仅可以更好地理解理论知识的实际应用，而且还可以激发他们对学习的兴趣，从而增强他们从反馈中学习和改进的动机。例如，数学老师可以通过引入实际的工程问题来教授复杂的数学概念，而历史老师可以通过与当前事件的比较来讲述历史故事，这样学生就可以更直观地看到所学知识与现实世界的联系。

缺乏对理论知识学习的兴趣和动机是一个复杂的问题，它需要教育工作者深入理解学生的需求和兴趣，以及采取更具创新性和吸引力的教学方法来解决。通过这些努力，学生不仅可以提高对理论知识的兴趣，还可以更积极地从教育反馈中学习和改进，从而在学术上取得更好的成绩。

5. 自主学习能力的欠缺

在当今教育体系中，自主学习能力的培养成为一个重要话题。众所周知，理论知识的学习不仅需要教师的指导，更重要的是学生自己的学习能力和习惯。这种能力使学生能够在没有外部压力的情况下，自发地、有效地吸收和应用知识。然而，现实中很多学生并没有培养出这种有效的自学习惯和技巧，这对他们的学习过程和效果产生了不小的影响。

首先，缺乏自主学习能力意味着学生在面对复杂和抽象的理论知识时，很难进行有效的理解和消化。理论知识往往需要深度思考和多角度分析，这不仅需要有坚实的基础知识，更需要有能够自主探索和解决问题的能力。缺乏这种能力的学生往往在理论学习中感到困惑和挫败。

其次，自主学习能力的缺失还影响学生对知识的深入挖掘和应用。学习不仅仅是获取信息的过程，更是理解、整合和应用这些信息的过程。没有良好的自学能力，学生很难将所学知识转化为解决实际问题的能力，这在很大程度上限制了他们的创新能力和实际操作能力的发展。此外，缺乏自主学习能力的学生在学习动力上也往往表现出不足。自主学习不仅是一种技能，更是一种习惯，它能激发学生的内在动机，使他们在学习过程中能够体验到成就感和乐趣。而缺乏这种能力的学生则很容易变得对学习感到厌烦和无力，这种消极态度会进一步影响他们的学习效果。

为了解决这一问题，教育者和学生本身都需要付出努力。教育者应该在教学中不仅传授知识，更应该教会学生如何学习，如何有效地利用各种资源，如何培养对学习的兴趣和自我驱动力。同时，学生自身也需要意识到自主学习的重要性，主动寻找提高自学能力的方法，比如参加学习小组、设立学习目标和计划、利用网络资源等。

自主学习能力的培养是一个长期且复杂的过程，它需要学生、教育者和整个教育体系共同努力。只有这样，学生才能在知识爆炸的时代中立于不败之地，不断地学习、成长和创新。

（三）文化和语言背景的影响

1. 语言差异对理解的影响

在广西地区，多种语言和方言的共存不仅是一种文化现象，更为教育领域带来了特别的挑战。对于广西的少数民族学生而言，他们在日常生活中可能会更多地使用自己的民族语言，这在很大程度上塑造了他们的语言认知和表达能力。然而，当这些学生进入学校，特别是面对以标准汉语为主要教学语言的环境时，便出现了显著的语言障碍。

在理解和消化课堂上用汉语表达的复杂信息时，这些少数民族学生可能会遇到各种困难。首先，汉语的语法结构与他们母语的结构可能大相径庭，导致他们在理解句子的意义时需要额外的努力。例如，汉语的主谓宾结构可能与某些少数民族语言的语法规则不同，这种差异使得学生在理解和构建句子时需要进行心智上的转换，这无疑增加了学习的难度。

其次，汉语词汇的理解也是一个重要的挑战。对于以少数民族语言为母语的学生来说，汉语中的许多词汇可能没有直接的对应词汇，或者其文化内涵和使用场景与他们的母语有显著差异。这不仅仅是单词意义的直接翻译问题，更是涉及文化背景和使用语境的深层次理解问题。因此，这些学生在理解课堂上用汉语表达的概念时，可能需要更多时间来适应和理解。

再次，教师在使用标准汉语进行教学时可能不充分考虑学生的语言背景，导致教学方式和反馈内容对于少数民族学生来说过于复杂或难以理解。教师可能使用对汉语为母语的学生来说很自然的比喻和例子，但这些对于少数民族学生来说可能完全是陌生的。此外，如果教师在解释概念时过分依赖汉语特有的表达方式，如成语、俗语或特定的语言结构，那么这些内容对于以少数民族语言为母语的学生来说可能难以把握。

最后，这种语言差异导致的理解障碍不仅限于语言本身，更深层次地影响到了学生的学习动力和自信心。当学生在课堂上频繁遇到理解障碍时，他们可能会感到沮丧和失落，认为自己无法与其他学生保持同步，从而影响他们的学习积极性。长期以往，这种情况可能导致学业成绩的下降，甚至影响学生的整体学习态度和未来的教育机会。

解决广西地区少数民族学生在语言理解上的障碍，不仅是一项语言教学上的挑战，更是一项涉及教育公平和文化多样性的重要任务。这要求教育工作者不仅要关注语言教学本身，更要深入理解学生的文化和语言背景，采取更为包容和多元的教学方法。例如，教师可以尝试结合学生的母语背景进行教学，或者使用更多贴近学生生活实际的例子和比喻，以促进学生对汉语教学内容的理解和吸收。同时，学校和教育部门也应该重视多语种教育环境的建设，提供给少数民族学生更多学习汉语的支持和资源，帮助他们在多元语言环境中更好地成长和发展。

2. 文化背景与反馈接受方式

文化背景不仅塑造了个人的价值观、信仰和行为准则，还深刻地影响了人们对信息的解读和反应方式。尤其在教育环境中，不同的文化背景会导致对反馈的不同理解和反应，这种差异在教育交流中尤为显著。

在某些文化中，尊重和谦逊被视为核心价值。在这些文化背景下长大的学生可能习惯于间接和婉转的沟通方式。当面对直接和开放的批评时，这些学生可能会感到不适应甚至是受到冒犯。例如，在东亚文化中，直接的批评有时被看作对个人尊严的不尊重。在这种文化背景下的学生可能更倾向于接受建议性或隐晦的反馈，而不是直截了当的批评。相反，在一些西方文化中，直接性和明确性通常被看作沟通的重要方面。在这些文化中长大的学生可能更习惯于直接的反馈和明确的指导。他们可能认为直接的批评是建设性的，能帮助他们快速了解问题所在并进行改进。在这种背景下，间接或含蓄的反馈可能被误解为不清晰或缺乏诚意。此外，不同文化对权威的态度也影响着学生对反馈的接受方式。在一些文化中，教师或长者的话语被视为绝对权威，学生往往不会质疑或反驳。在这种文化背景下，学生可能会默默接受所有反馈，即使他们内心不同意或不理解。而在另一些文化中，提倡批判性思维和个体主义的文化背景中，学生可能更愿意对反馈进行质疑和讨论，甚至有时会挑战教师的观点。

理解这些文化差异对于教师来说至关重要。教师需要意识到，同样的反馈方式在不同的文化背景下可能产生截然不同的反应。为了使反馈更加有效，教师需要采取更加灵活和包容的方式，考虑到学生的文化背景和个人偏好。例如，对于那些习惯于间接沟通方式的学生，教师可以使用更多的正面语言，轻柔地引导他们理解需要改进的地方。对于习惯于直接沟通的学生，教师则可以更直接地指出问题所在，同时提供具体的建议和指导。除此之外，教师还可以通过培养跨文化交流能力来提高反馈的有效性。这包括了解和尊重不同文化的沟通习惯，以及学习如何调整自己的沟通方式以适应不同的文化背景。通过这种方式，教师不仅能提高自己的教学效果，还能帮助学生在多元文化的环境中更好地学习和成长。

文化背景对学生接受和处理反馈的方式有着深远的影响。教师需要了解并尊重这些文化差异，通过适应不同学生的需求和偏好来提高反馈的有效性。这不仅是对教学方法的改进，也是对多元文化理解和尊重的体现。通过这样的努力，可以促进更为包容和有效的教育环境，让所有学生都有机会在尊重和理解的氛围中学习和成长。

3. 传统观念与反馈态度

在不同的文化背景中，教育体系和学习方法各异。其中，传统文化观念在某些地区对学生的学习态度和方法产生了深远的影响。这些传统观念强调尊重权威、遵守规范，以及接受既定的知识。在这样的教育环境中，学生通常被鼓励去接受教师的指导和知识的传授，而非挑战或质疑它们。这种倾向不仅反映在课堂教学中，也体现在对教师反馈的接受方式上。

在传统的教育背景下，学生往往被视为知识的"容器"，教师的角色是将知识"填充"到这些"容器"中。在这种模式下，学生的主动性和批判性思维能力往往不被重视或培养。因此，当面对教师的反馈时，这些学生可能更倾向于被动地接受，而不是积极地反思和吸收。他们可能会把教师的评价和建议看作权威的命令，而不是成长和学习的机会。

这种被动接受信息的态度，在一定程度上限制了学生从反馈中学习和改进的能力。在现代教育理念中，反馈被视为一个互动的过程，学生不仅要理解反馈的内容，还需要能够据此调整自己的学习策略和方法。然而，在传统观念的影响下，学生可能缺乏将反馈转化为行动的动力和方法。他们可能不习惯于，也不擅长于主动探究和质疑，这使得他们在学习过程中可能错过了重要的自我提升机会。这种文化背景下的学生在面对批判性反馈时可能感到不适。在一些文化中，直接的批评可能被视为不礼貌或攻击性的，因此学生可能不习惯于接受直接的或看似负面的反馈。这可能导致他们在面对批判时感到防御或焦虑，而不是把它作为一个学习和进步的机会。

此外，这种对传统文化观念的依赖，也可能影响学生对创新和创造性思维的态度。在强调遵循规则和尊重既定知识的教育环境中，学生可能缺乏挑战现状和探索新领域的勇气和兴趣。他们可能更偏向于遵循传统的方法和思维方式，而不是尝试新的方法或探索未知的领域。

传统文化观念对学生的学习态度和方法产生了深远的影响。这种文化背景下的学生可能更倾向于被动接受信息，而不是主动探究和质疑。这不仅限制了他们从反馈中主动学习和改进的能力，也可能影响他们对创新和批判性思维的态度。为了促进学生的全面发展，教育者需要认识到这种文化影响，并采取措施鼓励学生发展更为主动和批判性的学习态度。

4. 文化多样性与沟通策略

在教学环境中，尤其是多元文化的背景下，教师的反馈方式对于学生的学习和成长具有深远的影响。在这样的环境中，学生们带着不同的文化和语言背景进入教室，这些差异不仅丰富了学习的内容和过程，也带来了特殊的挑战。对教师来说，理解和适应这种多样性，使用恰当的沟通策略，成为提高教学效果的关键。

当教师在提供反馈时，他们首先需要意识到，不同的文化对于沟通和反馈有着不同的理解和期望。在某些文化中，直接和坦率的反馈可能被视为高效和有益的，而在其他文化中，这种方式可能被视为粗鲁和不敬的。因此，教师需要灵活地调整他们的沟通方式，以适应学生的文化背景。这不仅表现在语言的选择上，更在于教师如何表达他们的想法和评价。例如，对于那些以汉语为第二语言的少数民族学生来说，使用简洁明了的语言可以更有效地传达信息。复杂的句子结构和难以理解的术语可能会导致误解或沟通障碍。在这种情况下，教师可以通过简化语言、使用常见词汇和短句，以及避免使用难以理解的俚语和成语，来提高沟通的有效性。此外，视觉辅助材料在跨文化沟通中扮演着重要角色。图表、图像、视频和其他视觉元素可以帮助解释复杂的概念，提供清晰的示例，以及增强学生对反馈内容的理解。对于那些视觉学习风格更为突出的学生，这种方法尤其有效。通过将文本反馈与视觉元素结合，教师能够创造一个更加全面和包容的学习环境，让所有学生都能从中受益。

其次，在多元文化的教学环境中，教师也需要意识到，学生可能因为文化背景的不同而对反馈有不同的反应。有些学生可能习惯于开放和直接的批评，而其他学生可能更习惯于温和和间接的反馈方式。教师需要敏感地观察学生的反应，理解他们的偏好，并据此调整沟通策略。这种个性化的方法不仅有助于建立学生的信任和尊重，也有助于他们更好地接受和利用反馈来改进学习。

最后，教师在多元文化背景下提供反馈时，还需要考虑到学生的文化和语言差异，采用适当的沟通策略。通过使用简洁明了的语言、结合视觉辅助材料以及敏感地适应学生的文化背景，教师可以更有效地传达他们的反馈，促进所有学生的学习和成长。这种多元文化教学方法不仅有助于学生的学术成就，也有助于他们在全球化世界中的成功。

5. 双语教学与反馈

在高职院校的教育改革中，双语教学逐渐显现出其独特的优势，尤其是在解决语言障碍问题上。这种教学模式不仅仅是简单的语言转换，它更深层次地涉及文化认同和知识传递的有效性。让我们深入了解双语教学在高职院校中的实施及其对少数民族学生学习的深远影响。

双语教学模式的核心在于将学生的母语和汉语有效结合，以此来构建一个多元化的学习环境。在这种模式下，教师不仅仅是知识的传授者，更是文化的桥梁。通过双语教学，学生能够在母语和汉语之间自然切换，这不仅有助于他们更好地理解学科知识，还能够增强他们的语言能力和跨文化交流能力。

以理工科为例，这类科目通常包含大量的专业术语和概念，对于少数民族学生而言，这是一大挑战。在双语教学模式中，教师可以使用学生的母语来解释复杂的概念和理论，然后逐渐过渡到汉语的讲解。这种渐进式的教学方法不仅能帮助学生在理解上无障碍，还能让他们在学习过程中逐渐适应和掌握汉语。此外，双语教学还注重反馈的多语种交流。在课堂上，学生被鼓励用自己舒适的语言提问和回答，教师则用双语进行反馈。这种互动不仅增加了课堂的活跃度，还促进了学生之间的相互理解和尊重。比如，在小组讨论中，学生可以用自己的母语表达观点，然后其他同学或教师帮助翻译和澄清，这样既保留了思想的原始性，又促进了语言和文化的交流。

实施双语教学的一个关键挑战在于教师队伍的构建。理想的双语教师不仅需要具备专业知识，还需要精通两种语言并了解两种文化。这要求教师在专业培训中不断提高自己的语言技能和跨文化交际能力。为此，一些高职院校开始重视双语教师的培养和发展，通过定期的培训和交流，提高教师的双语教学能力。在评估双语教学效果时，除了传统的考试和成绩评估外，教师还应当关注学生的语言能力提升和跨文化交际能力的发展。通过定期的语言测试和跨文化交流活动，可以更好地衡量双语教学的实际效果。

双语教学在高职院校中的实施对于解决语言障碍、促进少数民族学生的学习和成长具有重要意义。这种教学模式不仅有助于知识的传递，更是一种文化融合和交流的方式。通过不断地优化教学方法和加强教师培训，双语教学有望在未来的教育领域发挥更大的作用。

（四）反馈的态度和动机

1. 个人兴趣与反馈的关联性

在教育的深邃海洋中，学生个人兴趣的作用如同一艘航行的帆船，它决定着学习之旅的方向和速度。个人兴趣不仅是学生学习动力的源泉，而且在他们接受和利用反馈信息时扮演着至关重要的角色。这种关联性，就像是一种无形的力量，悄悄地影响着学生的学习态度和效果。

当学生对某一专业领域产生浓厚兴趣时，他们的学习之路便带有了明确的目标和方向。这种兴趣可以源于多种因素：或许是因为该领域与他们未来的职业梦想密切相关，或许是因为他们在该领域的学习经历中获得了成就感，甚至可能仅仅是因为这个领域的内容让他们感到好奇和兴奋。无论是哪种原因，这种兴趣都像是一盏明灯，照亮了他们学习的道路。

在接受反馈的过程中，这些兴趣驱动的学生表现出更高的敏感度和积极性。他们对于与自己兴趣领域相关的反馈信息会表现出极高的关注。这是因为他们视这些反馈为自己前进的阶梯，每一条建议和指导都被视为宝贵的资源，能够帮助他们更好地理解知识、提高技能，甚至挑战自我，达到新的高度。例如，一个对生物学深感兴趣的学生，在接受到生物实验的反馈时，可能会仔细分析每一点评价，深入探究实验方法的不足，从而在下一次实验中做得更好。相比之下，对于那些他们不感兴趣或不熟悉的领域，学生们往往显示出相对的冷漠。这并不是他们故意忽视或不尊重教师的努力，而是因为他们缺乏与这些领域连接的内在动力。在这些情况下，即使反馈信息质量高、内容详实，学生们也可能因为缺乏兴趣而未能充分吸收和应用这些反馈。例如，对数学不感兴趣的学生可能会对数学作业的反馈不太关心，即使这些反馈可能对提高他们的数学能力大有裨益。

因此，在教育过程中，了解和激发学生的个人兴趣变得极为重要。教师和教育工作者应努力识别每位学生的兴趣所在，尝试将教学内容与学生的兴趣相结合，以此提高他们对学习的热情和对反馈的关注。同时，学生们也应被鼓励去探索和发展自己的兴趣领域，无论是通过学校的课程还是课外的活动。此外，教育者还应注意到，兴趣并不是一成不变的。随着学生知识的增长和经验的积累，他们的兴趣可能会发生变化。因此，教育者需要不断地调整教学方法和内容，以适应学生兴趣的变化，确保学生始终保持对学习的热情。这就像是不断调整帆船的帆，确保它能够顺利航行在学生兴趣的海洋中。

个人兴趣与学生对反馈的接受和利用之间存在着密切的联系。通过理解和激发学生的兴趣，可以大大提高他们对反馈的关注度和应用效果，从而帮助他们在学习之旅中更快地前进。这不仅是对学生个人发展的投资，也是对整个教育过程的优化。在这个过程中，每位学生的兴趣都应被视为珍贵的资源，值得被认真对待和充分利用。

2. 反馈与内在动机的关系

内在动机是指个体出于对某项活动本身的兴趣和满足而参与其中，而非为了外在奖励或避免惩罚。这种动机源自个体的内心深处，与个人的兴趣、价值观和自我实现愿望紧密相关。而反馈，作为一种信息或评价，能够告知个体他们的表现如何，以及如何改进。

在教育环境中，内在动机强的学生往往表现出更强烈的学习热情和探索精神。他们对学习的兴趣不仅仅局限于获得好成绩或通过考试，更在于对知识的深入理解和对技能的掌握。这类学生更倾向于把学习视为一种个人成长和自我实现的途径，而非单纯的任务或义务。因此，当他们接受反馈时，无论是正面的还是需要改进的，他们通常会更加重视这些信息，并将其作为自我提升的工具。

反馈对于内在动机强的学生来说，是一种重要的学习资源。这些学生通常会主动寻求反馈，无论是来自老师、同学还是其他来源，他们都视其为提高自己的一种方式。他们会仔细分析反馈内容，思考如何将其应用于自己的学习过程中。例如，如果老师的反馈指出他们在某个概念上有误解，他们可能会花更多时间去深入理解这个概念，而不是仅仅为了纠正错误。在这个过程中，他们的学习不仅是为了解决问题，而且是为了深化理解和拓宽视野。

此外，内在动机强的学生在处理反馈时，往往能保持较高的自我效能感和积极态度。即使面对负面反馈，他们也不会轻易受挫，而是将其视为成长和进步的机会。他们理解学习是一个不断进步和发展的过程，挑战和困难是这一过程的一部分。因此，这些学生在接受反馈后，更可能保持乐观和积极的态度，继续努力提升自己。然而，值得注意的是，反馈的方式和质量对于激发和维持内在动机同样至关重要。高质量的反馈应该是具体的、相关的，并且是建设性的。当学生感觉到反馈是为了帮助他们成长和进步，而不是仅仅为了评判他们时，他们更可能从中受益。此外，鼓励和正面的反馈可以进一步增强学生的内在动机，让他们感受到自己的努力是有价值的。

内在动机与反馈之间存在着密切的联系。内在动机强的学生更倾向于利用反馈进行自我提升，他们将学习视为一种探索和成长的过程，而反馈则是这个过程中不可或缺的一部分。对于教育者而言，理解这一点至关重要，因为它意味着通过提供高质量的反馈，他们可以有效地支持和促进学生的内在动机，从而促进更深层次的学习和个人发展。

3. 文化因素对反馈态度的影响

文化背景对个体对反馈的态度产生显著影响，这种影响在教育环境中尤为突出。不同的文化传统对沟通和反馈的方式有着各自的看法和习惯，这些差异在学生对教师或同伴的反馈反应中表现得淋漓尽致。

在某些文化中，尊重长者和权威是核心价值观之一。在这样的文化背景下，学生可能习惯于接受权威人士的指导，而不太可能质疑或反驳这些意见。例如，在东亚文化中，尊师重道的传统使得学生往往期望老师提供指导性的反馈，而不是寻求对话或讨论。在这种情境下，老师的反馈被视为权威的指导，学生的角色更多是接受和吸收，而非参与和质疑。相比之下，在西方文化中，鼓励独立思考和批判性对话的传统可能导致学生对反馈有不同的期望。在这些文化中，学生可能更倾向于看到反馈作为一种对话的开始，而不是权威的最终裁决。他们可能期望反馈是开放的、双向的，甚至可能包含挑战或辩论的元素。在这样的环境中，直接和开放的反馈不仅被接受，甚至是被期望的。

然而，这种文化差异也可能导致一些挑战。对于那些习惯于非直接或更为委婉的反馈方式的学生来说，直接的批评可能被视为攻击性的或不尊重的。这不仅可能影响他们对反馈的接受程度，还可能影响他们的自我感知和学习动力。例如，在一些集体主义文化中，面子和群体和谐被高度重视，直接的负面反馈可能被视为对个人尊严的侵犯，从而引起防御性反应。

在多元文化的教育环境中，理解并尊重这些文化差异变得尤为重要。教师需要意识到，不同的学生可能对反馈有不同的期待和反应方式。因此，调整和沟通反馈的方式以适应学生的文化背景是有效教学的关键。例如，教师可能需要在提供批评性反馈时采用更为委婉和间接的方式，或者在讨论中鼓励学生表达自己的观点，同时确保他们感到被尊重和支持。此外，文化差异还可能影响学生间的互动和对同伴反馈的接受。在一些文化中，学生可能不习惯于在同伴中表现出显著的能力或知识差异，因此可能对同伴的批评性反馈持谨慎态度。而在另一些文化中，同伴间的开放讨论和直接反馈可能被视为学习过程的重要部分。

文化背景在塑造学生对反馈的态度方面扮演着关键角色。教师和学生都需要意识到这些差异，并在沟通和反馈的过程中考虑到文化敏感性。通过这样做，可以创建一个更加包容和有效的学习环境，其中每个学生的文化背景都能得到尊重和考虑。

第四节　混合式教学立体反馈模式构建

（一）多元化反馈渠道的设计

1. 面对面个性化反馈

在混合式教学模式的背景下，面对面个性化反馈的重要性越发凸显。这种教学方式独特的地方在于，它将传统的课堂教学与现代的网络学习相结合，旨在提供更加灵活和个性化的学习体验。在这样的教学环境中，教师不仅是知识的传授者，更是学习的引导者和促进者。他们通过直接与学生面对面的互动，能够更深入地了解学生的学习需求和挑战，并据此提供定制化的反馈和指导。

面对面个性化反馈的核心在于它的即时性和针对性。当学生在课堂上遇到难题或者表现出学习上的困惑时，教师可以立即做出响应。这种即时的反馈不仅有助于解决学生的疑惑，还能激发学生的学习兴趣和积极性。比如，在一个混合式的数学课堂上，一名学生可能对某个数学概念感到迷惑。教师可以立即在黑板上演示相关的解题步骤，同时鼓励学生提出问题和想法，从而使得学生能够在互动中深化理解。

除了课堂上的即时反馈，面对面个性化反馈还可以在课外进行。教师可以安排办公时间，让学生有机会进行一对一的交流。在这种环境中，学生可以更加自由地表达自己的困惑和需求，而教师则可以根据每个学生的具体情况，提供更加深入和详细的指导。这种个性化的指导对于那些在大班课堂环境中不愿意提问或者需要额外帮助的学生尤为重要。更进一步，面对面个性化反馈还能够促进教师对学生学习状况的深入理解。通过直接观察学生在课堂上的表现和与学生的一对一交流，教师能够更准确地把握学生的学习进度、理解能力和兴趣点。这种深入的理解使得教师能够更有效地调整教学方法和课程内容，以适应不同学生的需求，从而提升教学效果。

在混合式教学模式中，线上学习提供了灵活性和广泛的资源，而面对面个性化反馈则为学习体验增添了人性化和针对性的元素。这种结合使得学生不仅能够通过网络自主学习，还能从教师那里获得必要的指导和支持。因此，面对面个性化反馈在混合式教学模式中发挥着不可替代的作用，它不仅增强了学生的学习体验，还提高了教学的有效性和效率。

2. 在线实时反馈系统

在线实时反馈系统是教育技术领域的一项重要创新，它极大地改善了学习过程的互动性和效率。通过这种系统，教师能够利用在线学习管理系统（LMS）或各种教育平台，为学生提供实时的、具体的反馈，这对学生的学习进程和成果产生了深远的影响。

想象一下，一个典型的在线学习环境，学生通过电子设备接入互联网，进入虚拟的教室。在这里，他们不仅可以接触到丰富多样的教学资源，还能够参与在线测试、提交作业，甚至在论坛上与同学进行讨论。在这样的环境中，实时反馈系统的作用变得尤为重要。教师可以通过这个系统即时地检查学生的作业和测试答案，对学生的表现进行评估，并提供详细的反馈。这些反馈不仅仅是简单的对或错，更包括对答案的深入分析、解题方法的讲解，甚至是对学生思维过程的指导。

在线实时反馈系统最大的优势在于其即时性。在传统的教学模式中，学生在完成作业或测试后，常常需要等待数天甚至数周才能收到教师的反馈，这种延时使得学生难以迅速了解自己的不足，也不利于他们及时调整学习策略。然而，在线实时反馈系统能够在学生提交作业的瞬间，或者在他们参与测试的过程中，立即提供反馈。这种即时回馈机制让学生能够在犯错的第一时间就意识到问题，并在教师的帮助下快速改正。此外，这种系统还增加了学习的互动性。在论坛讨论中，学生可以针对特定的话题发表自己的看法，教师和其他同学可以即时回应这些观点，形成一种类似于面对面交流的环境。这种实时的互动不仅能够激发学生的思考，还促进了他们对知识的深入理解。

实时反馈系统也使得个性化学习成为可能。每个学生的学习能力、知识背景和兴趣点都不尽相同，传统的一刀切式教学往往难以满足每个学生的需求。而在线实时反馈系统则可以根据学生的表现提供定制化的指导和建议，帮助他们在自己的学习路径上更加高效地前进。

在线实时反馈系统在教育领域中的应用为学生和教师之间的交流提供了一个更加高效、互动和个性化的平台。它不仅提升了学习的效率，更重要的是，通过即时的反馈和互动，激发了学生的学习兴趣，帮助他们更好地理解和掌握知识。随着技术的不断进步，这种系统无疑将在未来的教育领域中扮演更加重要的角色。

3. 视频和音频反馈

视频和音频反馈在教学过程中发挥着越来越重要的作用，尤其是在解释复杂概念和展示具体技能方面。与传统的书面反馈相比，这种形式的反馈更为生动和具体，能够更好地抓住学生的注意力，提高学习效率。

当教师选择使用视频反馈时，他们可以通过视觉和听觉的双重刺激来传达信息。例如，在演示数学问题的解决过程中，教师可以一边解释一边在黑板上写出每一步，使学生不仅能听到解释，还能看到问题的具体步骤。这种方法尤其适合视觉学习者，因为他们可以通过观察教师的动作和表达来更好地理解内容。

音频反馈也有其独特的优势。例如，在语言学习中，教师可以录制自己的发音，让学生听到正确的发音和语调。这对于学习外语的学生尤其重要，因为他们可以反复听录音，模仿并改进自己的发音。此外，音频反馈对于那些阅读困难或视力不佳的学生来说是一种很好的替代方式，因为他们可以通过听觉来接收和理解信息。

使用视频和音频反馈的另一个重要优势是它增加了教师与学生之间的互动性。在视频中，教师可以直接对学生进行指导，甚至可以使用图表、动画或其他视觉辅助工具来增强解释。这种直接的视觉联系可以帮助学生感觉到更加个性化和参与感，从而激发他们的学习兴趣。此外，视频和音频反馈也为教师提供了更多展示自己个性和教学风格的机会。通过视频，教师可以展示他们的幽默感、热情和创造力，从而建立起与学生之间更加亲密的关系。这种个性化的交流方式可以促进学生与教师之间的情感联系，从而提高学生的学习动力。

在实际应用中，教师可以通过多种方式利用视频和音频反馈。例如，他们可以录制课后总结视频，对课堂上讲解的内容进行回顾和强调，或者录制针对个别学生的反馈视频，解释他们在作业或考试中的具体错误。此外，教师还可以创建互动式视频，让学生在观看时回答问题或参与讨论。

视频和音频反馈是现代教育中一种非常有效的工具。它不仅可以增强信息的传递和理解，还可以提高学生的参与度和兴趣。通过利用这些工具，教师可以更好地适应不同学生的学习风格，创造更加动态和互动的学习环境。

4.社交媒体互动反馈

在数字化时代，社交媒体已成为教育领域的一种新兴工具，为教师和学生之间的互动带来了革命性的变化。在这个多元化的社交网络时代，像微博、微信这样的平台，它们不仅仅是社交的工具，更成为了教育交流的新领域。在这些平台上，教师和学生可以进行更为非正式的互动和反馈，这种方式大大促进了师生间的沟通，使得教学过程中的反馈变得更加轻松和开放。

首先，社交媒体打破了传统教室的物理界限。在这些平台上，教师可以通过发布教学内容、互动讨论和即时反馈，让学习不再局限于教室。学生可以在任何时间、任何地点接触到教学资料，与同学和老师交流想法。这种灵活性对于提高学习效率和积极性有着不可忽视的作用。

其次，社交媒体提供了一个更为轻松的交流环境。传统的教学环境往往较为正式，一些学生可能会因此感到紧张，不敢表达自己的观点。而社交媒体上的非正式交流氛围，使得学生能够在一个更加放松的环境中表达自己的看法，促进了思想的自由交流。教师也可以利用这种环境，更加真实、更具个性化地了解学生的需求和反馈。此外，社交媒体增强了教学的互动性。在这些平台上，教师不仅可以发布教学内容，还可以通过问答、讨论组等方式，促进学生之间的互动。这种互动不仅限于学生和教师之间，学生之间也可以通过评论、分享等方式进行交流，从而增强学习的社群感和归属感。

社交媒体还提供了一个即时反馈的渠道。在这些平台上，教师可以迅速了解学生对教学内容的理解和反应，及时调整教学策略。学生也可以快速获得教师的反馈，这对于提高学习效率和质量是非常有帮助的。当然，使用社交媒体进行教学交流也存在一定的挑战。例如，保护隐私和个人信息的安全、维护网络环境的健康和秩序等。因此，教师在使用这些工具时需要谨慎，确保既能有效利用社交媒体的优势，又能避免潜在的风险。

社交媒体已成为教育交流的重要平台。它不仅打破了传统教育的界限，提供了一个更加灵活、轻松和互动的学习环境，还能够提供即时的反馈和支持。随着技术的不断发展，社交媒体在教育领域的应用将会更加广泛和深入，成为推动教育创新和发展的重要力量。

（二）即时反馈机制的整合

1. 在线测验系统

在当今的教育领域，混合式教学模式正逐渐成为主流，其中在线测验系统的应用起到了至关重要的作用。这些系统不仅仅是技术的展示，更是教育方法论的一次革命。它们通过提供即时的评分和反馈，极大地促进了学生学习效率的提升，尤其是在帮助学生及时掌握特定知识点方面展现了无可比拟的优势。

考虑到混合式教学中在线和线下教学环节的有机结合，这些在线测验系统的设计和实施尤为关键。以具体操作为例，学生在学习一定的课程内容后，通常会通过这些系统进行一系列的在线多项选择题测试。这不仅仅是对学生知识掌握情况的一次检测，更是对其学习方法和思维模式的一次锻炼。

在线测验系统的最大特点在于其即时性。学生完成测试后，系统能够立即给出评分，并配以详细的答案解析。这种即时反馈机制对于学生来说具有极大的吸引力和实用价值。它不仅能够帮助学生立即发现自己的不足，更重要的是能够即时纠正错误，加深对知识点的理解和记忆。更为重要的是，这种评估方式极大地提高了学习的互动性和趣味性。在传统的教育模式中，学生往往在课堂结束后，甚至是学期结束时才能收到反馈，这种延迟反馈往往导致学习效率的低下。而在线测验系统则完全改变了这一现状。学生可以在完成每一个知识点的学习后立即进行测试，不仅增加了学习的即时性，还提高了学生对知识的掌握度。

此外，这种在线评估方式还具有极大的灵活性和个性化。不同于传统的统一试卷，在线测验系统可以根据每个学生的学习进度和水平，提供个性化的测试题目。这不仅有助于学生根据自己的实际情况进行学习，还能极大地提升教学的有效性。在实施过程中，教师也能从中获益匪浅。通过在线测验系统，教师可以实时了解学生的学习情况，及时调整教学策略和内容。此外，这种系统还能为教师提供大量的数据支持，帮助他们更好地理解学生的学习习惯和需求，从而进行更有效的教学设计。

在线测验系统在混合式教学中扮演了不可或缺的角色。它们不仅提高了学习的效率和趣味性，还增加了教学的互动性和个性化。随着技术的不断发展和完善，我们有理由相信，这种教育模式将在未来展现出更加广阔的发展前景。

2. 学习管理系统 (LMS) 的反馈工具

学习管理系统如 Moodle 和 Blackboard 已经成为现代教育体系中不可或缺的组成部分，尤其是在实现有效的学生参与和学习进度跟踪方面。这些系统中内置的反馈工具对于教师和学生来说，是一种重要的沟通和评估手段。在这个数字化的教学环境中，教师能够通过各种方式，包括文字、音频、视频，甚至交互式的评注，来提供实时反馈，这不仅增强了学生的学习体验，而且还提高了他们的参与度和学习效果。

首先，LMS 提供的最大优势之一是其实时性。在传统的教学模式中，学生提交作业后，往往需要等待几天甚至几周才能收到反馈。然而，在 Moodle 或 Blackboard 等平台上，教师可以迅速查看和回应学生的提交物。这种迅速的反馈循环对于学生来说极其有价值，因为它允许他们立即了解自己的表现，并在必要时进行调整。例如，一个学生可能在数学作业中犯了一个基本的错误，通过即时的反馈，他可以迅速纠正，而不是在错误的理解上继续前行。

其次，LMS 中的反馈工具允许教师采用更个性化的方法。在传统的教室环境中，教师往往难以为每个学生提供量身定制的反馈，但在 LMS 平台上，他们可以根据每个学生的具体需求和表现来调整反馈内容。这不仅包括作业的评分，还包括对学生在论坛讨论中的参与、他们在课堂上的表现以及他们在各种活动中的互动情况的评价。教师可以通过这些平台提供的数据分析工具，更好地理解学生的学习习惯和成绩趋势，从而提供更有针对性的支持。LMS 反馈工具的另一个关键优势是其多样性。在 Moodle 或 Blackboard 等平台上，教师不仅可以提供文字反馈，还可以利用视频和音频工具来更直观地展示某些概念或过程。例如，在解释一个复杂的科学实验时，教师可以通过视频演示实验步骤，并在其中加入解释性的文字。这种多媒体反馈方式对于不同学习风格的学生特别有用，因为它结合了视觉、听觉和阅读学习元素。

再次，LMS 的互动性也为学生提供了反馈的新途径。例如，学生可以通过平台上的讨论论坛和同伴互动，从而得到同伴的反馈和支持。此外，一些 LMS 平台还支持同伴评审功能，学生可以互相评价对方的作业或项目。这种方法不仅增强了学生间的合作，还帮助他们从不同的视角理解和掌握课程内容。然而，虽然 LMS 提供了这些先进的反馈工具，但其有效性仍然取决于教师如何使用这些工具。有效的 LMS 反馈策略需要教师不断更新他们的技能和方法，以确保学生能从这些工具中获得最大的收益。例如，教师需要学会如何制作高质量的视频反馈，如何利用数据分析工具来监控学生的进度，以及如何设计互动性强的在线活动来促进学生的参与。

最后，LMS 中的反馈工具为教师和学生提供了一个强大的平台，以促进更有效的学习和沟通。通过这些工具，教师可以提供实时、个性化、多样化且互动性强的反馈，从而促进学生的学习和发展。然而，为了最大化这些工具的潜力，教师需要不断地探索和适应这些技术的新方法和最佳实践。通过这样做，LMS 将继续在提高教育质量和效率方面发挥关键作用。

3. 自适应学习平台

自适应学习平台的出现是教育技术领域的一次重大变革，其核心在于提供定制化的学习体验，以满足不同学习者的独特需求。以 Khan Academy 和 Coursera

为代表的这类平台，运用先进的算法和大数据技术，深入挖掘每个学生的学习特点和进度，实现了教育内容的个性化推送和学习路径的优化。

在这些平台上，每位学生接受的教育并非一成不变。相反，系统会根据他们的答题情况、学习速度以及答题模式来实时调整所提供的教学内容和难度。例如，当学生在某一知识点上表现出掌握困难时，系统会自动提供额外的教学材料和习题，以加强对该知识点的理解和掌握。相反，如果学生在某一领域显示出较强的掌握能力，系统则会推荐更高难度或更深层次的学习内容，以保证学习的挑战性和有效性。

这种个性化的学习方法在很大程度上改变了传统的"一刀切"式教学模式。在传统教学中，所有学生通常需要遵循相同的教学计划，而无法考虑到他们个体之间的差异。自适应学习平台则通过精准的数据分析，确保每位学生都能在适合自己的节奏和水平下学习，从而大大提高了学习效率和效果。

更为重要的是，这种学习方式能够激发学生的学习动机。由于学习内容是根据学生的实际情况定制的，学生更容易感受到学习的成就感和进步，这反过来又进一步促进了他们的学习兴趣和主动性。特别是对于那些在传统教学模式下感到挫败或无聊的学生，自适应学习平台提供了一种新的可能，使他们能够在自己的节奏下学习和成长。此外，自适应学习平台还具有强大的可扩展性。它们不仅适用于学校教育，也适用于个人自学、职业培训等多种场景。无论是基础教育还是终身学习，这些平台都能提供相应的资源和支持，帮助学习者达到他们的学习目标。然而，自适应学习平台也面临着一些挑战和问题。例如，如何确保学习数据的安全性和隐私保护，如何避免学生过度依赖技术而忽视批判性思维和创造力的培养等。为了解决这些问题，学术界、教育工作者以及技术开发者需要共同努力，不断优化自适应学习平台的设计和应用，确保它们能在尊重个体差异和保护隐私的前提下，为更多学习者提供高效、有趣且富有成效的学习体验。

自适应学习平台代表了教育技术的一个重要发展方向。它们通过精确的数据分析和个性化的教学内容，不仅为学生提供了更加符合个人需求的学习体验，也为教育者提供了更加高效的教学工具。随着技术的不断进步和教育理念的更新，我们有理由相信，自适应学习将在未来的教育领域发挥越来越重要的作用。

4. 互动式白板和应用程序

在当代教育领域，技术的融合已成为一种不可逆转的趋势。特别是互动式白板和教学应用程序的使用，已经极大地改变了传统的课堂教学模式。互动式白板不仅仅是一个简单的展示工具，它实际上已经成为教学和学习过程中的一个核心组件。这种白板通过与学生的个人设备相连接，为学生提供了一个更为动态和参与性的学习环境。

例如，一个装备了最新技术的教室，中央位置放置着一个巨大的互动式白板。教师通过这个白板展示各种教学内容，包括动态图表、视频甚至实时的数据流。学生们不再是被动的听众，而是变成了积极参与者。他们可以通过各自的平板电脑或智能手机与白板互动，这种互动不仅限于回答问题，还包括对教学内容的即时反馈。例如，在进行数学题目解答时，学生们可以直接在自己的设备上完成答题，这些答案随即被传送到白板上，教师可以实时看到全班学生的答案分布。

这种方法的好处在于，它能够即时地揭示出学生们对课堂内容的理解情况。如果大部分学生的答案是错误的，教师可以立即调整教学策略，重新解释概念或者提供额外的练习。这种即时反馈机制对于教师来说是一个宝贵的资源，因为它减少了学生在错误理解上的停留时间，加快了学习过程的调整。

除了实时反馈，互动式白板和应用程序还提供了多样化的教学工具。通过使用这些工具，教师可以创建更加生动和互动的课堂活动。例如，他们可以利用虚拟现实（VR）应用，让学生在化学课上"亲身经历"化学反应过程，或者在历史课上"穿越"到古代文明中去探索。这样的体验不仅增强了学生的学习兴趣，还提高了他们对复杂概念的理解能力。此外，教学应用程序还可以根据学生的学习进度和能力进行个性化设置。这意味着每个学生可以按照自己的节奏学习，强化那些他们觉得困难的领域。这种个性化的学习方法对于满足不同学习风格和能力水平的学生需求是极其有效的。

互动式白板和应用程序在教育领域的应用，不仅仅是技术的简单应用，它们实际上是在重塑教育的未来。通过提供实时反馈、增强互动性和支持个性化学习，这些技术为创建更加包容、高效和动态的学习环境提供了可能。随着这些技术的不断发展和完善，我们可以期待一个更加互联、互动和智能的教育生态系统的出现，这将为学生提供更加丰富和深入的学习体验。

（三）个性化反馈策略的开发

1. 学习风格识别

在教育领域，开发个性化反馈策略首先需要深入了解每个学生的独特学习风格。这个过程不仅仅是对学生学习方式的一种分类，更是对他们个性和认知模式的全面洞察。每个学生都有自己偏好的学习途径，比如有的学生更偏好视觉学习，他们通过观看图表、图片和视频等视觉材料来更好地理解和记忆信息。而另一些学生可能更倾向于听觉学习，他们通过听讲座、讨论和听故事来加深理解。还有一些学生则可能是动手操作型学习者，他们通过实践操作、实验和亲身体验来获得知识。

其次，理解每个学生的学习风格后，教师就可以根据这些信息来定制他们的教学方法和反馈策略。例如，对于视觉学习者，教师可以在课堂上使用更多的图形、图表和其他视觉辅助工具，以及通过与视觉相关的作业和活动来加强学生的学习。对于听觉学习者，教师可以采用更多的口头讲解和讨论，以及利用音频材料和口头报告来促进学生的学习。而对于动手操作型学习者，教师可以设计更多的实验、实地考察和模拟活动，让学生通过实际操作来学习。最后，了解学生对不同教学方法的反应也同样重要。有的学生可能对传统的讲授式教学反应良好，而有的学生则可能更喜欢互动式或探究式的学习环境。这就要求教师在教学过程中灵活多变，能够根据学生的需要和反馈调整教学策略。例如，一位倾向于自主学习的学生可能更适合通过网络课程和自我引导的学习项目来获得知识，而一位需要更多指导和支持的学生则可能从小组工作和教师的直接指导中受益更多。

实施个性化的反馈策略不仅可以提高学生的学习效率，还可以增强他们的学习动机和兴趣。当学生感觉到教学方法与他们的学习风格相匹配时，他们更有可能积极参与学习过程，并在学习中取得更好的成绩。此外，这种策略还能帮助学生发展更加全面和平衡的学习技能，让他们能够在不同的环境和情境下有效学习。

通过识别和适应每个学生的学习风格，教师可以更有效地支持学生的学习过程，同时也能帮助学生培养出更加坚实和灵活的学习能力。这种个性化的教学和反馈策略不仅对学生在学校的学习有益，也为他们未来的教育和职业生涯打下坚实的基础。

2. 目标导向的反馈

目标导向的反馈是一种根据学生的个人学习目标和期望量身定制的教育方法。在实施这种方法时，教育者不仅要仔细倾听学生的声音，理解他们的个性化需求，还要对学生的学习进程和结果进行细致的观察。这种反馈方式的核心在于强调与学生目标的一致性，以及如何通过反馈促进学生朝着这些目标前进。

以职业技能课程为例，学生可能对于某个特定技能如编程、设计、会计等有着明确的提升需求。在这种情况下，教师的反馈就应该直接针对这些技能的学习过程和结果。这可能包括对学生操作的实时点评、提供改善技巧的具体建议，或是通过示范和实践活动来加深理解。例如，如果学生在学习编程时遇到困难，教师不仅可以提供代码错误的具体反馈，还可以引导学生学习如何调试、如何优化代码结构，以及如何编写更加高效的代码。

对于那些深入理论研究的学生，特别是在哲学、文学、社会科学等领域，反馈的侧重点则大不相同。在这些领域中，学生的目标往往更加侧重于扩展知识视野，培养批判性思维和分析能力。因此，教师的反馈就会更多聚焦于推动学生思考的深度和广度。这可能包括挑战学生的观点，引导他们考虑问题的不同角度，或是提供更广泛的文献资源来帮助他们建立更加坚实的理论基础。通过这样的方式，学生不仅能够在知识上有所收获，更能在思维方式上得到锻炼和提升。

无论是针对职业技能还是理论研究，目标导向的反馈都强调了个性化和精准度。教师需要根据学生的具体情况，设计出最合适的反馈策略。这可能意味着对于不同的学生，即便是在同一课程中，所接受的反馈内容和形式也会大相径庭。在这个过程中，教师的灵活性和创造性被大大地考验。他们需要不断调整自己的教学方法，确保每一次反馈都能够有效地促进学生的学习。

目标导向的反馈是一个既需要教师精心设计，又需要与学生进行充分沟通的过程。通过这种方式，反馈不再是一种单向的教学行为，而是一个双向的互动过程。在这个过程中，学生的个人目标得到了尊重和重视，他们的学习也因此变得更加有目的性和效率。随着教育实践的不断进步和发展，目标导向的反馈无疑将在提高教学质量和学生满意度方面发挥越来越重要的作用。

3. 利用技术进行个性化

利用技术进行个性化教学是当今教育领域创新的一个重要方向，它可以显著提高学习效率和教学质量。在这个过程中，学习管理系统和其他教育技术工具扮演了关键的角色。它们不仅仅是信息和资源的存储库，更是连接教师和学生、优化学习体验的桥梁。

现代课堂中，学生们通过各自的电子设备接入学习管理系统，开始他们的学习之旅。这些系统能够记录学生每一次点击、每一份作业提交的时间、每一个测试的答题情况，等等。所有这些数据，看似琐碎，却能被学习分析工具转化为有意义的信息。这些信息经过深度分析后，能够揭示学生的学习习惯、知识掌握情况以及潜在的学习障碍。这些分析结果将被用于生成个性化的反馈报告。不同于传统的一对多教学模式，这里的反馈是一对一的，针对每个学生的具体情况进行量身定制。如果一个学生在某个特定的领域表现不佳，系统会自动推荐相关的学习资源和练习，甚至可能调整接下来的学习路径。对于那些表现出色的学生，系统同样能够提供更高难度的材料和挑战，以保持其学习的兴趣和动力。

此外，教师们也能通过这些反馈报告获得宝贵的洞察，帮助他们更好地理解学生的需求和优化教学策略。他们可以看到哪些教学内容学生掌握得好，哪些需要再次强调，从而做出相应的调整。这种数据驱动的方法使得教学更加精准有效，同时也减轻了教师的工作负担。然而，要实现这样的个性化教学并不是没有挑战。数据的收集和处理需要强大的技术支持，保护学生隐私和数据安全也是一大关注点。此外，教育工作者需要相应的培训来理解和利用这些工具，这需要时间和资源的投入。

尽管如此，随着技术的不断进步和教育理念的更新，利用学习管理系统和其他教育技术工具进行个性化教学的前景是明朗的。它们正在逐渐改变传统的教学和学习方式，使教育更加符合个体的需要，更加灵活和高效。通过持续的创新和改进，未来的教育将更加个性化，能够满足每个学生的独特需求，帮助他们实现最佳的学习成果。

4.动态调整反馈策略

在教育领域，个性化反馈策略被视为促进学生学习的重要工具。它涉及根据学生的特定需要、能力和进度来调整和提供反馈，这种做法可以极大地增强学习体验的有效性和效率。为了实现这一目标，动态调整反馈策略成为一个核心要素，它要求教师不仅仅是在教学过程结束后给予一次性的评价，而是在整个学习旅程中不断观察、分析并适时调整其反馈。

动态调整意味着教师需要成为观察者、分析师和行动者。作为观察者，教师需要密切注意学生在各种学习活动中的表现，这包括他们对课程内容的掌握程度、解决问题的能力，以及对挑战的反应等。这种持续的监测不仅仅聚焦于错误和不足，更重要的是要识别学生的进步和成功，从而提供正向激励。

作为分析师，教师需要利用收集到的信息来理解学生的学习模式和需求，分析哪些方法有效，哪些需要改进。这可能包括对比不同时间点的学生表现，分析学生对特定教学方法的响应，或者评估不同类型的反馈对学生学习动机和成果的影响。通过这种深入分析，教师可以获得宝贵的洞察力，这些洞察力将指导他们调整教学和反馈策略。

而作为行动者，教师需要根据分析结果做出响应，调整他们的教学方法和反馈方式。这可能意味着对某些学生需要采用更多鼓励性的反馈，对另一些学生则可能需要更频繁和具体的指导。在一些情况下，教师可能需要重新设计课程活动，以更好地适应学生的学习方式和速度。动态调整也意味着教师需要灵活、能够迅速响应学生的变化和新出现的学习障碍。此外，动态调整反馈策略还包括与学生的持续对话。这种对话使学生能够反映和表达他们对学习材料的理解、对教学方法的感受以及他们的个人学习目标。教师可以利用这些信息进一步个性化他们的教学和反馈策略，同时也帮助学生发展自我评估和自我调整的能力。通过这种方式，学习过程变得更加双向和互动，学生被赋予更大的责任和主动性，而教师则能更精确地满足每个学生的需求。

动态调整反馈策略是一个多维度的过程，要求教师持续监测、深入分析和灵活应变。通过这种方式，反馈变得不仅仅是评价学生的一种方式，而且是一个动态的、互动的过程，能够根据每个学生的独特需求和进步来调整。这种策略的实施，能够极大地提升教学的有效性，促进学生的个性化学习，帮助他们更有效率地达到学习目标，并在学习旅程中发展必要的技能和自信。

（四）反馈与自我评估的结合

1. 自我评估的重要性

教育的主要目的之一是培养学生的自主学习能力，使其能够在未来的学术探索和职业生涯中独立地解决问题。自我评估作为一种自我引导的学习过程，能够有效地促进这一教育目标的实现。它涉及学生对自己的学习进行持续、反思性的审视，这不仅仅是对学习成果的回顾，更重要的是对学习过程的深入理解和评价。

在混合式教学模式中，自我评估尤为重要。这种模式结合了传统的面对面教学和现代的在线学习，旨在通过灵活、个性化的学习路径提高教育的有效性和效率。在这样的教学环境中，学生往往需要在老师的直接指导和网络资源的自主探索之间转换，这就要求他们能够自觉地监控和评估自己的学习进度和质量。自我评估在此过程中发挥着至关重要的作用，它不仅帮助学生识别自己在学习过程中的优势和劣势，还促使他们思考如何利用个人优势和克服挑战，以优化学习策略和提高学习成效。

具体来说，自我评估能够使学生深入反思学习目标和学习成果之间的关系。通过这种反思，学生可以更清楚地了解自己在特定学习任务中的表现如何，以及这种表现与既定学习目标之间的差距。这种自我认知的提升，使学生能够更加明智地调整学习计划和策略，以更有效地达到学习目标。此外，自我评估还能促进学生的元认知能力发展，即关于认知的认知。元认知能力是指个体对自己的认知过程和状态的知觉以及管理能力，包括自我监控和自我调节等方面。通过自我评估，学生不仅能够更加清楚地认识到自己在哪些领域需要更多的努力，还能够学会如何有效地分配时间和资源，如何在遇到困难时寻求帮助，以及如何在学习过程中保持动力和兴趣。

然而，要实现自我评估的所有这些益处，学生、教师和教育机构必须共同努力。对学生而言，需要培养对自我评估的正面态度，认识到自我评估是一种提高学习成效的工具，而非简单的自我批判。同时，学生也需要被教授如何进行有效的自我评估，包括如何设定合理的学习目标，如何收集和解读关于自己学习的信息，以及如何根据自我评估的结果做出调整。对教师而言，应该通过设计合适的教学活动和评估任务来促进学生的自我评估能力发展，并提供必要的指导和支持。教育机构则应该提供一个支持性的环境，包括相应的政策和资源，以鼓励和促进自我评估的实践。

自我评估在混合式教学中的重要性不容小觑。它不仅能够提升学生的学习效果，还有助于培养他们的自主学习能力和元认知能力，为他们未来的学习和生活打下坚实的基础。通过对自我评估的持续实践和反思，学生可以变得更加自信和自主，更加能够适应不断变化的学习环境和生活挑战。因此，教师、学生和教育机构都应该认识到自我评估的价值，并将其作为教学和学习过程的核心部分予以重视和推广。

2. 结合教师反馈的策略

教师反馈的策略是构建学生认知框架和促进学术成长的关键因素。该策略不仅仅是一个简单的评价过程，而且是一种综合性的教学法，它涉及教师的专业知识、学生的自我认知以及二者之间的互动。

从教育心理学的角度来看，学习是一个涉及认知、情感和行为的复杂过程。在这个过程中，教师的反馈起到了桥梁的作用，连接了教学内容和学生的思维方式。这种反馈策略要求教师不仅要关注学生的知识掌握情况，更要关注他们的思考过程、学习态度和学习策略。教师的反馈应当是具体、及时且建设性的，它应当指出学生在学习中的具体问题，并提供解决问题的策略，同时鼓励学生进行自我反思和自我调整。

结合学生的自我评估，这一过程变得更加深入和全面。自我评估是学生对自己的学习过程和结果的评价，它促使学生从参与者变为自我教育的主体。在自我评估中，学生不仅要反思自己的学习成果，还要反思学习过程，包括他们对学习材料的理解、使用的学习策略以及遇到的障碍等。当教师反馈与学生自我评估相结合时，它们形成了一个互补和增强的关系。教师的专业反馈能够帮助学生在自我评估中发现那些他们自己可能没有意识到的问题和盲点，同时也能够增强学生解决这些问题的能力和信心。

为了使反馈策略有效，教师需要采取一系列具体的行动。首先，教师需要确保反馈是即时的，这样学生就能在还记得相关学习活动时反思和修正。其次，反馈应该是针对性的，关注学生的具体任务和学习目标，而不是泛泛而谈。最后，有效的反馈还应该是双向的，不仅仅是教师对学生的评价，学生也应该有机会对教师的教学提出反馈，这样可以促进教与学的双向交流和持续改进。在这个基础上，教师可以使用各种工具和策略来提供反馈，例如口头评论、书面评论、评分标准、示例作品等。使用多种反馈方式可以满足不同学生的需要，有些学生可能更喜欢直接的口头反馈，而有些学生可能更偏好详细的书面评论。无论采用哪种方式，关键是要确保反馈是建设性的，能够激发学生的积极性和改进的愿望。

结合教师反馈和学生自我评估的策略是一个动态的、互动的过程，它要求教师具备深厚的专业知识，了解学生的需要和特点，同时也要求学生积极参与到自我学习过程中来。通过这种方式，反馈不再是一种单向的评价，而是一个促进学生深度学习和个人发展的动力机制。这种策略不仅提高了学生的学习效果，也促进了教师的教学反思和专业成长，从而实现了教与学的双赢。

3. 发展自我评估技能

在教育实践中，培养学生的自我评估技能被视为一种至关重要的方法，它旨在促进学生对自身学习的深刻理解和持续改进。自我评估是一个反思性过程，通过这一过程，学生能够批判性地审视自己的学习经历，识别优势和弱点，并据此做出相应调整。为实现这一目标，教师可以采取多种策略和活动，引导学生逐步掌握自我评估的技能。

首先，教师可以设计和实施一系列的教学活动，使学生能在实际操作中体会和掌握自我评估的技能。这些活动可能包括定期的学习日志编写，要求学生反思每天或每周的学习过程和成果，从而促进他们对学习进展的连续性认知。通过学习日志，学生能够记录和分析他们的学习策略、时间管理、知识掌握和情感态度等各方面，逐步建立起对自己学习的深入理解。

其次，自我检查清单作为一种工具，可以帮助学生具体化和量化他们的学习目标和成就。教师可以引导学生制定清晰的学习目标，然后依据这些目标创建清单，包括学习任务、技能掌握程度等方面。在学习过程中，学生可以不断回顾这些清单，评估自己在各个方面的表现，识别出需要进一步改进的地方。这种方法有助于学生维持对学习的主动性和自觉性，使他们成为自己学习的负责人。

最后，自我评估问卷或调查也是一种有效的工具，它可以帮助学生进行更加全面和系统的自我评价。这些问卷通常包含一系列关于学习态度、策略、成效和感受的问题，鼓励学生从多个角度审视自己的学习。通过回答这些问题，学生不仅能够进行自我反思，还能够发现自己可能忽视的问题或潜在的学习障碍。教师可以根据学生的反馈调整教学策略和内容，使之更加符合学生的个性化需求。

在这一过程中，教师的角色是至关重要的。教师不仅需要设计和指导这些自我评估活动，还需要建立一个支持性的学习环境，鼓励学生开展诚实和深入的自我反思。这可能包括定期的反馈和讨论会，让学生有机会分享自我评估的体会和成果，相互学习和启发。同时，教师也需要通过持续的观察和评价，识别学生在自我评估能力上的进步和挑战，提供必要的指导和支持。

通过自我评估技能的发展，学生能够更加主动地参与学习过程，提高学习效率和成效。他们学会了如何设定合理的学习目标，如何监控和调整学习策略，以及如何对学习成果进行反思和评价。这些技能不仅在学术学习中极为重要，也将伴随学生终身，成为他们个人和职业发展的宝贵资产。因此，教师在教学设计和实践中应当重视自我评估技能的培养，通过各种策略和方法，帮助学生构建和完善这一能力，为他们的未来成功奠定坚实的基础。

4. 反馈与自我评估的互动

在混合式教学环境中，教师反馈与学生自我评估的互动是推动学生自主学习和深度思考的重要机制。这种互动不仅涉及信息的传递，更是一种教学策略和学习过程的共同构建。在这个过程中，教师的反馈起着至关重要的导向作用，它不仅仅是对学生学习成果的一种评价，更是一种促进学生深层次理解和自我反思的工具。教师可以通过具体、建设性的反馈，帮助学生识别和理解他们在学习过程中的强项和弱点，引导学生进行深入的自我探索和修正学习策略。

学生的自我评估则是一个内省和自我监控的过程，它使学生能够对自己的学习进行审视，识别自己的学习需求和进步空间。当学生进行自我评估时，他们不仅需要回顾和反思所学知识，还需要评价自己的学习方法和过程。这种评价不仅仅是对知识掌握的回顾，更是对自己学习态度、学习策略和时间管理等方面的全面审视。

在混合式教学中，教师反馈和学生自我评估的互动可以通过多种方式实现。例如，教师可以要求学生在学习某个单元后提交自我评估报告，报告中不仅应包含对知识掌握程度的评价，还应包含对自己学习策略和学习态度的反思。教师收到报告后，可以针对学生的自评进行点评，指出学生在自评中的洞察力，强调正确的自我评估部分，并对不足之处提出建议和指导。教师的反馈可以是书面的，也可以是面对面的讨论，重点在于指导学生如何更有效地进行自我评估，并根据评估结果调整学习计划和策略。此外，教师的反馈应当具有时效性和持续性，即不仅在学生提交自评报告后及时给予反馈，还应在整个学习过程中不断观察学生的学习状态，及时提供指导和支持。教师还可以利用技术工具收集学生的学习数据，如在线学习平台上的互动记录、测试成绩和作业提交情况等，这些数据可以为教师提供更全面的信息，帮助教师更准确地了解学生的学习状况，从而提供更有针对性的反馈。

教师反馈与学生自我评估的有效互动不仅促进了学生对学习内容的深入理解，也培养了学生的自主学习能力和批判性思维能力。它要求学生不断地参与学习的每一个环节，从而使学习过程变得更加透明和可控。同时，这种互动也为教师提供了宝贵的教学反馈，使教师能够根据学生的具体需要调整教学策略，实现更为个性化的教学。从长远来看，这种基于反馈和自我评估的互动模式有助于构建一个以学生为中心、不断追求卓越和创新的学习环境。

5. 培养反思性学习习惯

在现代教育领域，培养一种反思性学习习惯成为提升教学质量和学生学习效率的关键策略。反思性学习文化的核心在于促使学生深入探索、理解并评价自己的学习经历，进而构建更加深刻和持久的知识理解。这一习惯的建立并非一朝一夕之功，而是需要教师在课堂教学中持续不断地努力和创新。

在这样的教学模式下，教师不再是简单的知识传授者，而是成为引导者和促进者。他们通过各种教学策略，如案例研究、小组讨论、角色扮演等，激发学生的思考和讨论。更为重要的是，教师通过示范反思性思考，向学生展示如何回顾过去的学习经历，分析当前的学习状态，以及规划未来的学习路径。这种模式鼓励学生提出疑问，对已知知识进行质疑，并在探索中建立个人的见解和理解。

为了有效地培养这种学习习惯，教师需要设计开放性问题和活动，让学生在回答和参与过程中，进行深层次的思维和反思。这些问题和活动不仅仅聚焦于具体的学科知识，更重要的是关注学生的学习策略、情感态度以及个人成长。通过这样的练习，学生能够逐渐认识到自己在学习过程中的优势和劣势，理解不同情境下的学习需求，并学会调整自己的学习方法和策略。

此外，教师应该鼓励学生在课堂外继续进行反思性学习。这可以通过维护学习日志、参与在线讨论论坛或是进行同伴互评等形式。这些活动使学生能够在不同的环境和社交背景下，持续地进行反思和学习，从而更加深入地了解自己的学习习惯和风格。然而，培养反思性学习习惯也面临着挑战。学生可能对于深度反思感到不适或缺乏兴趣，特别是在面临紧张的课程和考试压力时。因此，教师需要创造一个安全、支持的学习环境，让学生感到舒适并愿意分享他们的想法和感受。此外，教师需要对每个学生的独特需要有足够的了解，并提供个性化的支持和引导。

反思性学习习惯的培养是一个复杂但极为重要的过程。它要求教师具备高度的教学专业性和敏感性，同时也需要学生愿意参与并投入这一持续的学习和成长过程中。通过共同的努力和持续的实践，反思性学习习惯可以极大地提升教学和学习的效果，为学生的终身学习和个人发展奠定坚实的基础。

第四章　混合式教学立体反馈模式的构建案例

　　混合式教学立体反馈模式在实际教学中的应用和成效得以通过具体案例得到展示和验证。例如，在研学旅行课程中，这种教学模式融合了传统课堂教学和实地体验学习，为学生提供了一个丰富多元的学习环境。这样的课程设置不仅加深了学生对理论知识的理解，而且通过实地体验，让学生能够将所学知识应用于现实情境中。教师在这种模式下能够提供即时的反馈，帮助学生在学习过程中进行自我调整和提升。同样地，在商务礼仪课程中，混合式教学模式的应用更侧重于职业技能的培养。结合线上学习平台和面对面教学，这种课程设计有效地结合了理论学习与实践操作。学生通过角色扮演和模拟商务场景等活动，得以在实际操作中锻炼和展示其职业技能。在这个过程中，教师的立体反馈机制发挥了关键作用，包括传统的成绩评价和对学生实际表现的即时反馈，以及通过线上平台进行的互动式反馈。这些具体案例不仅验证了混合式教学立体反馈模式在不同教学场景中的有效性，也为教育工作者提供了宝贵的实践经验和启示。通过这些实例，我们可以看到如何有效地结合线上线下资源，以及如何利用多维度反馈机制来促进学生的学习和发展。

第一节 混合式教学立体反馈模式构建案例分享 研学旅行课程

（一）课程设计与目标

1. 课程设计理念

在当代教育领域，研学旅行课程的设计与实施成为提升教学效果与学生互动性的重要策略。该课程是一种创新的教育实践，它融合了混合式教学模式和立体反馈机制，旨在构建一个综合性、动态适应的学习生态系统。通过这种方法论的应用，课程不仅仅限于传统的课堂教学，而是拓展到线上与线下相结合的多维度学习环境，实现了教学资源的最大化利用和学习效果的优化。

混合式教学模式是研学旅行课程设计的核心，它通过线上和线下活动的有机结合，提供了一个更加灵活和个性化的学习空间。在线上环节，学生可以通过访问虚拟课堂、观看教学视频、参与讨论论坛等方式，自主获取知识和信息。这部分学习不受时间和地点的限制，极大地提高了学习的可及性和便捷性。线下环节则侧重于实地考察、互动体验和团队合作，通过直接参与和实践活动，学生能够深化对知识的理解和应用，同时培养解决问题和团队协作的能力。

立体反馈模式是该课程另一个创新点，它关注的是学习过程中的实时反馈和动态调整。在这个模式下，教师和学生之间形成了一个互动的反馈循环。教师不仅提供学习内容和指导，还通过观察和分析学生的学习行为和表现，及时给出反馈和建议。学生则根据反馈调整自己的学习策略和进度，这种双向互动保证了学习路径和内容能够不断优化，更贴合学生的个人需求和偏好。此外，研学旅行课程注重学生体验和感悟的深度，鼓励学生在旅行中进行深入的思考和探索。通过实地考察、文化体验、社会实践等多样化的活动，学生不仅能够获得知识和技能的提升，还能够培养跨文化交际能力、社会责任感和终身学习的意识。这种教学理念的实现，依赖于一系列精心设计的课程活动和资源，包括但不限于讲座、研讨会、工作坊、实地考察、项目制作等。

研学旅行课程通过混合式教学和立体反馈模式的应用，为学生提供了一个多元化、互动性强和个性化的学习环境。这种教学模式不仅促进了学生知识的广泛获取和深入理解，还强调了学生能力的全面发展和个性化成长。随着教育技术的不断进步和教学理念的创新，研学旅行课程无疑将继续发展和完善，为更多学生提供富有成效和意义的学习体验。

2. 学术知识掌握

在课程设计中，讲座通常作为引入新知识和理论的主要手段。教师通过讲座传授专业知识，同时也借此机会激发学生的学术好奇心和探索欲。然而，单向的知识传授并不能完全满足学生对知识深层次理解的需求。因此，研讨会作为一种互动性更强的学习方式，被广泛应用于教学中。在研讨会中，学生不仅有机会展示自己对特定主题的理解和见解，还能通过与同学和教师的讨论，对知识进行更深层次的探讨和批判。此外，实地考察作为一种实践性学习活动，为学生提供了将理论知识应用于实际情境中的机会。通过亲身体验和观察，学生能够更直观地理解理论知识在现实世界中的应用和意义。这种学习方式不仅增强了学生对学科知识的实际理解，而且还培养了他们的观察力、批判性思维能力以及解决实际问题的能力。

在整个学术知识掌握的过程中，批判性思维的培养是一个不可或缺的环节。学术课程强调对知识的深入分析和批判，鼓励学生不仅要接受现有的知识，也要主动质疑、探索和重构知识。这种教学理念促使学生在学习过程中形成自己的见解和理解，从而实现从知识的被动接受者转变为主动的知识探索者。

学术知识的掌握不仅仅是对知识本身的理解，更重要的是学会如何将这些理论知识应用于实际情境中，解决实际问题。这一过程要求学生具备将理论与实践相结合的能力，以及在实践中不断地反思和修正理论的能力。因此，课程设计需要提供充足的机会让学生在实践中学习，在学习中实践，通过不断的循环往复，达到理论知识与实践技能的有机结合。

学术知识的掌握是一个动态的、多维的过程，它涉及知识的接收、理解、批判和应用等多个方面。通过讲座、研讨会和实地考察等多样化的教学方法，学生不仅能够深化对特定学科领域的理解，而且还能学会如何将理论知识应用于实际情境中。在这一过程中，批判性思维的培养和理论与实践相结合的能力的提升是至关重要的。只有这样，学生才能真正地掌握学术知识，并将其转化为解决现实世界问题的工具。而研学旅行课程设计注重文化敏感性和理解的培养。学生将有机会接触和学习不同的文化背景，通过观察、交流和反思，提高跨文化沟通能力，增进对多样性的尊重和理解。

3. 社会实践能力

研学旅行课程设计在当代教育中被高度重视，其核心在于通过直接接触，让学生深刻理解和体会不同的文化背景，从而培养其文化敏感性和理解能力。在这一教育模式中，学生不仅是知识的接受者，更是文化体验的参与者，他们被鼓励去观察、交流和反思，这一过程不仅拓宽了学生的视野，更加深了他们对人类多样性的尊重和理解。

在设计研学旅行课程时，教育者需细致规划，确保课程内容丰富且实践性强，能够涵盖不同的文化特征，包括语言、艺术、宗教、习俗和社会行为等多个方面。学生们在旅行过程中，不是单纯的旁观者，而是积极的参与者，他们通过与当地人的直接交流，参与文化活动，甚至是日常生活体验，从而获得沉浸式的文化教育。这种亲身体验使得文化差异和社会多样性的理解不再是抽象的概念，而是具体且生动的经历。同时，这样的课程设计也强调了反思的重要性。通过日记记录、讨论会或是影像制作等方式，学生被引导去主动思考和整理自己在旅行中的所见、所闻、所感，这不仅帮助学生从个人角度深化了对特定文化的理解，也促进了他们批判性思维和自我意识的发展。在这一过程中，学生学会了如何更加敏感和尊重不同的文化背景，了解到即便在看似不同的文化中，也能找到共性和相互理解的可能。

为了确保研学旅行的效果，课程设计中还应该包括前期的准备和后期的反馈环节。前期准备包括对目的地文化背景的研究，学生预先获取的信息和知识将作为他们理解和适应新环境的基础。同时，也应该训练学生在文化交流中的基本技能，比如语言表达、非语言沟通等。旅行结束后，组织学生进行分享和讨论，让他们将个人体验与理论知识相结合，进一步深化对所学文化的理解。此外，研学旅行课程还应该考虑到多元化和包容性的问题。每个学生的背景和经历都不相同，他们对文化的感知和理解也会有差异。因此,课程设计需要尊重每个个体的差异,提供多种学习路径和体验机会,以满足不同学生的需要。同时,也应该鼓励学生之间的交流和互助,通过分享各自的体验和感受,增进彼此的理解和尊重。

研学旅行课程设计旨在通过实践活动培养学生的文化敏感性和理解能力。通过深入不同的文化环境,学生能够直观地感受和体验文化多样性,而课程中的观察、交流和反思环节则进一步加深了他们的文化理解。这种教育方式不仅有助于学生的个人发展,也为构建更加开放和包容的社会奠定了基础。

4. 团队合作精神

合作精神的深远意义不仅仅是共同完成任务的能力,更是一种综合了沟通、协作、创新与领导的复杂能力。团队合作在学术领域的重要性体现在多个层面,其中最为关键的是它培养学生的社会互动技能,加深了对于集体智慧的理解和应用,同时也锻炼了个体在多元文化和思想交汇中的适应能力。

在多样化的团队中有效沟通是团队合作精神的基石。学生们在团队项目中学习如何清晰地表达自己的思想,倾听并理解他人的观点,通过对话和讨论达成共识。这种沟通能力的培养,不仅仅是语言的交流,更是包括了非语言交流的各个方面,如身体语言、视觉表达等,这些都极大地增强了团队成员之间的相互理解和信任。

团队合作同时也意味着共同解决问题。在合作学习中,学生被鼓励思考并提出解决方案,不仅要考虑个人的独立思考,更要学会倾听和整合团队成员的想法和资源。这种协作过程中,每个成员的独特背景、技能和视角都被视为宝贵资源,共同推动团队向着目标前进。这不仅促进了学生的创新思维,也强化了他们在面对挑战和不确定性时的适应能力。

完成共同任务是团队合作的直接体现。通过分工合作,每个团队成员都在贡献自己的力量,同时也在依赖他人的专长和贡献。在这一过程中,学生学习如何设定集体目标,制订计划,监督进度,并且共同庆祝成功。这种经历不仅提升了他们完成复杂任务的能力,更重要的是,它培养了学生的责任感和承诺,使他们认识到个人的努力是团队成功的重要因素。此外,团队合作精神还密切相关于领导能力的培养。在团队合作中,学生有机会担任不同的角色,包括领导者的角色。

作为领导者，学生需要学习如何激励团队成员，协调不同的意见和利益，确保团队的目标得以实现。通过这些实践，学生不仅提升了自己的领导技能，更重要的是，他们学会了在领导和被领导的不同角色中灵活转换，理解并尊重多种领导风格和团队运作方式。

团队合作精神是一种多维度的能力，它涉及了沟通、协作、创新和领导等多个方面。在教育领域，通过团队项目和合作学习，学生不仅能够提升这些技能，更能在实践中体会到团队合作的价值和乐趣。这种教育方式为学生未来无论是在学术还是在职业生涯中，都奠定了坚实的基础，使他们能够在多元复杂的世界中有效地工作和生活。

（二）前置在线学习和反馈

1. 在线理论学习的构建

在线理论学习的构建是一个深入的过程，旨在通过数字化平台增强学生对即将进行的研学旅行的理解和参与度。这种教育模式通过集成历史、文化和社会环境等多方面内容的详细资料，不仅仅传递知识，更在学生心中种下了对目的地的深厚兴趣和认识的种子。

首先，这个过程开始于对目的地历史背景的深入挖掘。在线平台提供的资料不仅仅局限于通常的历史年表和重大事件，而且包括了该地区历史发展的深层次解读，如重要历史人物的生平故事、历史变革的社会背景等。这使得学生能够从宏观和微观两个角度理解历史，而不是单一地记忆历史事实。

其次，课程内容扩展到文化特色的探讨。这不仅包括艺术、音乐、文学等传统文化元素，还深入饮食习惯、民间传说、语言文字等更为生活化的文化层面。在线学习平台通过互动式教学，如视频讲解、文化游戏、模拟体验等方式，使学生能够在不知不觉中吸收这些文化知识，建立起对目的地的文化认同和情感联系。

再次，社会环境的了解则是在线理论学习的另一个重要组成部分。这包括了解目的地的政治体系、经济发展、教育状况以及居民的日常生活等。通过对这些社会结构的学习，学生不仅能够在宏观上了解该地区的运作模式，还能够深入了解当地居民的生活状态和社会问题。这样的学习不仅为学生提供了丰富的知识背景，更加深了他们对社会多样性和复杂性的理解。

最后，这一在线学习过程还特别强调学生的主动参与和反思。学习平台通常会设置讨论区和互动环节，鼓励学生就学到的内容进行深入讨论，甚至与目的地的学生或专家进行远程交流。这种互动不仅增强了学习的趣味性，更重要的是培养了学生的批判性思维能力和沟通技巧。而在理论学习的最后阶段，学生将被引导进行总结和展望。他们需要反思在线学习过程中获得的知识，并思考这些知识如何与即将进行的实地考察相结合。学生被鼓励制定出自己的学习目标和期待，为接下来的实地探索做好准备。

在线理论学习的构建不仅仅是一个知识获取的过程，更是一次深度学习和思考的旅程。通过对历史背景、文化特色和社会环境的全方位了解，学生们能够以更加开放和成熟的心态，去面对和体验即将到来的研学旅行。这样的教育模式不仅提高了学生的学术素养，更重要的是培养了他们的国际视野和终身学习的能力。

2. 互动性学习材料的应用

在当今的教育领域，技术的融合已经成为一种不可或缺的趋势，特别是在在线学习这一方面。其中，互动性学习材料的应用尤为重要，它们通过集成多样的多媒体元素和交互式活动，极大地丰富了学习的内容和形式，激发了学生的学习兴趣，提高了他们的参与度和学习效果。

互动性学习材料主要包括视频讲座、文本资料、图像、地图等多种形式。视频讲座使得知识传授不再局限于文字，生动的图像和声音更易于吸引学生的注意，同时也方便学生随时回放，加深理解。文本资料则提供了更详细的知识点阐述和理论支撑，便于学生深入研究。图像和地图等视觉元素则直观地展示了复杂的概念或数据，帮助学生更好地理解抽象或复杂的信息。

除了这些基础的学习材料，互动性学习活动是在线学习体验中不可或缺的一部分。在线讨论允许学生在虚拟空间中进行思想交流，不仅提高了他们的沟通能力，也加深了对学习内容的理解和记忆。通过在线论坛或即时消息工具，学生可以互相提问、讨论问题，甚至可以与全球各地的学生交流，拓宽视野。此外，虚拟现实（VR）技术的应用使得学习体验更加沉浸和生动。学生可以通过VR体验历史事件、探索远程地理位置或进行科学实验等，这些经历通常是在传统教室环境中难以实现的，大大增强了学习的趣味性和实效性。

这种多元化的学习方式不仅适应了不同学生的学习习惯和偏好，也促进了批判性思维和创造性思维的发展。通过多媒体元素的综合运用和交互式活动的参与，学生不再是被动接受知识的容器，而是成为积极探索和构建知识的参与者。他们学会了如何独立思考，如何与他人协作解决问题，以及如何利用现有资源创造新的解决方案。

然而，有效整合这些互动性学习材料并不是一项轻松的任务。它需要教育工作者不断探索和实践，了解学生的具体需求，选择合适的技术工具和方法，设计符合教学目标的互动环节。同时，也需要考虑到技术的可获取性和学生的技术能力，确保所有学生都能平等地访问和参与这些活动。

互动性学习材料的应用极大地丰富了在线教育的内容和形式，提高了学习的趣味性和有效性。它们通过多样的多媒体元素和交互式活动，激发了学生的兴趣，增强了他们的参与度，促进了知识的深入理解和应用。随着技术的不断进步和教育理念的不断创新，互动性学习材料将继续在提升教育质量和效果中发挥重要作用。

3. 初步反馈的重要性

在当代教育生态中，初步反馈的概念演绎成为一个核心组成，特别是在以技术为导向的学习环境中。教师通过在线平台的利用，不仅拓宽了教学的边界，更有效地构建了一个持续互动的教学模式。在这种模式下，学生的学习进度和理解程度得到了实时的监控和评估，这种评估的实时性和动态性是传统教学所不具备的。

在线教育平台上，教师通过各种互动方式，如在线讨论、定期测验及互动式作业，不断地提供反馈。这些反馈以多样化的形式存在，既有即时的指导，又有周期性的评估，使得学生能够及时了解自己的学习状态和知识掌握情况。这种及时反馈机制极大地促进了学生学习动力的提升。同时，通过对反馈的分析和反思，学生能够识别自身知识的薄弱环节，及时进行针对性的强化学习。

此外，初步反馈的重要性还体现在教师教学策略的调整上。通过对学生反馈信息的分析，教师能够洞察学生的学习需求和偏好，据此调整教学内容和方法，使之更加符合学生的实际情况。这种基于反馈的教学调整不仅提高了教学的有效性，也使得学习路径更加个性化，学生能够根据自己的节奏和兴趣进行学习，从而获得更为深入和持久的知识理解。

在初步反馈的过程中，重要的是建立一种积极的反馈文化。教师的反馈应当鼓励和具体，而非笼统和负面，这样能够激发学生的内在动机，促进他们的积极参与和持续改进。同时，教师也应鼓励学生之间的互相反馈，通过同伴评价等方式，不仅可以提高学生的批判性思维能力，也能促进学生之间的交流和合作。

初步反馈在在线教学中占据了举足轻重的地位，它不仅影响学生的学习效果和动力，还影响教师的教学设计和实施。通过有效的反馈机制，可以建立一个更加互动、个性化和自主的学习环境，从而促进教与学的有效结合，实现教育的最大化效果。故此，无论是在教学策略的制定还是在教学实践的执行中，都应充分认识到初步反馈的重要性，并不断探索和优化反馈机制，以适应不断变化的教育需求和挑战。

4. 基础知识框架的建立

在线学习作为现代教育体系的一个重要组成部分，其在研学旅行的前期准备中起到了至关重要的作用。研学旅行，作为一种富有教育意义的实践活动，旨在通过真实的环境和实地考察，使学生能够亲身体验和深入了解特定的学术或文化主题。然而，要想让研学旅行达到预期的教育效果，单靠短暂的实地考察是远远不够的。因此，在线学习在此过程中承担了建立学生基础知识框架的重要任务，这一框架是学生在研学旅行中深入学习和批判性思维的基础。

在线学习环境通过提供多媒体教学材料、互动讨论区和个性化学习路径等功能，使学生能够在研学旅行开始之前，对旅行的主题有一个全面而深入的了解。这种预学习不仅仅是对事实和基本概念的记忆，更重要的是培养学生的批判性思维能力和解决问题的能力。例如，通过在线课程，学生可以了解到旅行地的历史背景、文化特点、社会现状等信息，同时也能通过课程中的案例分析和问题讨论，提前锻炼其分析问题、提出假设、解决问题的能力。

当学生在研学旅行中亲身踏入这些他们已经在线上了解过的地方时，他们不再是空白的画布，而是带着一定预知和问题意识的探究者。这种基础知识框架的建立，使得学生能够在旅行过程中更加主动地寻找信息，更深入地参与到讨论和活动中去。他们可以将所见所闻与之前在线学习的内容相比较，从而进行更深层次的思考和理解。此外，这种预学习也极大地提高了学生在实地考察中的吸收能力，因为他们已经具备了辨别重要信息、提出问题和进行深入分析的基本技能。

在这一过程中，教师的角色也非常关键。教师不仅需要在在线学习阶段为学生提供资料、指导讨论和评估学习成果，更需要在研学旅行中根据学生的基础知识框架，设计出更有针对性的实地学习活动。例如，教师可以根据学生在线学习的反馈和成果，调整旅行的行程，安排更多与学生兴趣和学习需要相匹配的活动。同时，教师也需要在旅行中引导学生将在线学习的内容与实地观察结合起来，促进学生的深入学习和反思。

在线学习在研学旅行中建立基础知识框架的作用不可小觑。它不仅提高了学生的信息接受能力和批判性思维能力，而且通过与实地考察的结合，极大地提升了研学旅行的教育效果。未来，随着技术的进步和教育理念的更新，在线学习和研学旅行的结合将会更加紧密，为学生提供更加丰富、深入的学习体验。

（三）实地体验与即时反馈

1. 实地体验的定义与重要性

实地体验作为一种教育方法，其定义根植于对学习过程的深化理解和对教育环境的拓展。该方法涉及学生在教师的指导下离开传统的教室环境，进入更为广阔的实际应用领域，直接参与到与其学习内容相关的环境中，进行观察、操作、反思与交流。这种学习方式突破了传统教室的空间限制，使学生能够在真实或模拟的工作场景中将理论知识与实践相结合，通过直接体验，加深对知识的理解和应用能力。

首先，实地体验的重要性体现在其对知识理解的促进作用上。通过将抽象的理论知识与实际情境结合，学生能更直观、深入地理解复杂概念和原理。例如，在自然科学教育中，通过实地考察生态环境，学生不仅能够直观地了解生态系统的工作原理，而且能够理解人类活动对环境的影响。在社会科学教育中，通过参与社区服务或访问历史遗址，学生能够深入了解社会结构、文化传统及其变迁。

其次，实地体验通过提供真实的学习情境，极大地提升了学生的参与度和动机。当学生意识到所学知识与现实世界的直接关联时，他们的学习兴趣和积极性会显著提高。这种情境学习不仅仅是知识的传授，更是一种能力的培养，包括问题解决能力、批判性思维能力和创新能力。通过处理实际问题，学生不仅学会了如何应用知识，更重要的是学会了如何学习，如何在未知和复杂的情况下做出判断和决策。

再次，实地体验还促进了跨学科学习和团队合作。在实地学习的过程中，学生往往需要运用来自不同学科的知识和技能，这促使他们发展跨学科思维。同时，大多数实地体验项目都需要团队合作，学生在与同伴的协作中学习沟通、协调和领导技能，这些技能对于他们未来的学术和职业生涯都是极其宝贵的。

最后，实地体验的重要性也体现在其对个体全面发展的贡献上。这种教学策略不仅关注知识和技能的传授，更关注情感、态度、价值观的培养。通过身临其境的体验，学生能够更加深刻地体会和理解社会责任、环境伦理等重要议题，促进了他们作为一个全面发展的个体的成长。

实地体验作为一种富有成效的教育手段，通过将学生置于真实或模拟的环境中，不仅加深了他们对知识的理解，提升了解决问题的能力，而且培养了批判性思维、跨学科思维和团队合作能力。这种教育方式的深远影响不仅限于学术成就的提升，更关乎学生个性的全面发展和未来社会角色的有效担当。因此，实地体验的价值和重要性不容忽视，应当成为教育实践中不可或缺的一部分。

2. 实地体验的实施方式

实地体验作为一种教育手段，其实施方式涉及一系列富有策略性的活动，旨在通过直观、参与性的学习环境促进知识的深化与内化。其中，参观历史遗址和与当地居民互动是两种最为常见且有效的方法。这些方式通过物质文化和社会互动的融合，不仅构建了学习的背景和情境，而且激发了学习的动态性和互动性。

当谈及参观历史遗址时，这不仅仅是一次简单的参观旅行，更是一种沉浸式的学习过程。学生在导师的引导下，可以直接接触和观察历史的痕迹，从而更加生动和具体地理解历史事件和文化背景。这种亲身经历使得知识不再是书本上抽象的概念，而是转化为了一种实实在在的体验。通过亲眼见证历史遗迹的壮观，听闻往昔的故事，学生的历史感和时代感得以极大的增强，从而在心智上留下了深刻的印象。

与此同时，与当地居民的互动提供了一种活生生的文化交流方式。在这个过程中，学生不仅能够学习和观察当地的风俗习惯、语言和生活方式，而且还能通过问答、对话甚至参与当地的日常活动，来深入理解不同文化背景下人们的生活态度和思维方式。这种深度的文化交流和参与，有助于学生建立跨文化的理解和同情心，同时也是对自我认知的拓展和深化。

重要的是，这些实地体验活动不是孤立进行的，而是需要教育工作者精心设计和组织的，确保每一次活动都有明确的学习目标和反思过程。在参观历史遗址时，可能会配合专题讲座、小组讨论或写作任务，让学生从不同角度和层面去理解和消化所见所闻。在与当地居民互动的过程中，也可能通过角色扮演、情景模拟等方式，让学生更加深入地体会和理解当地文化。所有这些活动，都旨在通过实践和体验，促进学生的全面发展，包括知识、技能和情感的成长。

实地体验的实施方式通过结合参观历史遗址和与当地居民的互动，形成了一种多维度的学习模式。这种模式不仅深化了学生对知识的理解，增加了学习的趣味性和实践性，而且还促进了学生情感、社会性和文化意识的发展。通过这样的学习方式，学生能够获得更加深刻和持久的学习印象，为他们的未来学习和生活打下坚实的基础。

3. 即时反馈的定义与作用

即时反馈，作为教育技术与心理学交叉领域的核心概念，涉及教师或同伴在学习活动发生时对学生展示的行为、理解或技能进行的实时响应和评价。这种反馈机制在教学场景中的运用，源于对学习过程即时性调整的需求，旨在为学生提供一个立足点，从而可以立即识别并纠正错误，加深对材料的理解，并提高将新知识应用于实际情境的能力。

在探讨即时反馈的作用之前，理解其构成要素至关重要。即时反馈通常包括指示性或更正性信息，可以是口头的、书面的或通过其他媒介如数字工具传递。其核心在于其时效性，即信息反馈要紧跟学习活动，确保学习者能在最短时间内获得并处理这些信息。此外，有效的即时反馈应是具体的、针对性的，并且能够引导学习者理解为何某个答案是错误的，如何改进，以及正确答案背后的逻辑。

即时反馈的作用体现在几个层面。首先，即时反馈能显著提升学习效率。通过即时了解自己的表现，学习者可以快速调整学习策略，减少重复错误的时间，从而更高效地掌握知识与技能。其次，即时反馈通过揭示学习过程中的具体错误与不足，帮助学生形成对自己认知过程的深入理解和自我监控能力。这种自我调节的能力是元认知技能的重要组成部分，对终身学习具有深远影响。

最后，即时反馈还能增强学习动机。当学生看到自己的进步并及时获得正面的确认时，他们的学习积极性会被显著激发。这种正面循环可以促进更深层次的学习投入，学生不再仅仅是为了完成任务而学习，而是为了掌握知识，并享受学习过程本身。同时，即时反馈还可以构建一个积极的学习环境，其中包括教师与学生之间的及时沟通和同伴之间的支持，这对于建立学生的自信心和归属感非常重要。

在教育实践中，实施即时反馈需考虑多种因素，如反馈的频率、质量以及学生的接受度。有效的即时反馈应当避免泛泛而谈，而是要针对学生的具体表现提供具体、建设性的指导。此外，教师应鼓励学生对反馈进行反思，将其视为学习过程的一部分，而不仅仅是结果的评价。随着技术的发展，数字工具和平台为提供及时、个性化的反馈提供了更多可能，从而使得即时反馈更加便捷、有效。

即时反馈作为一种教学策略，不仅提高了学习效率和动机，还促进了深入的学习理解和自我调节能力的发展。其在现代教育中的应用，特别是结合了最新的技术手段，正在重塑教与学的方式，提升教育质量，培养适应快速变化世界的终身学习者。

4. 即时反馈的实施方法

即时反馈是教育实践中一项至关重要的技术，它旨在增强学习过程的质量和效率，特别是在促进学生理解和掌握新知识方面。在教育环境中，反馈通常是指教师或同伴对学生的学习表现提供的信息，这些信息旨在修正学生的理解，增进其技能或调整其学习策略。有效的即时反馈不仅能够促进学生的认知发展，还能激发其内在动机，提高学习的自我效能感。

在实施即时反馈时，教师和同伴通常采用多种方式，包括但不限于口头评论、行为指导及展示模范行为。口头评论是最常见的反馈形式，它可以是正式的评价，也可以是非正式的即兴讨论。优质的口头反馈应当是具体的，能够明确指出学生表现的优点和需要改进的地方，而不是仅仅给出模糊的评价或者泛泛的表扬。例如，教师可以指出学生在解决数学问题时采用的特定策略的有效性，而不是简单地说"做得好"或"需要改进"。

行为指导则涉及指导学生如何调整其行为以达到更好的学习效果。这可能包括提供策略性的建议，如如何组织学习时间，如何有效记录笔记，或者如何进行深入的问题分析。在行为指导中，教师和同伴扮演的角色更像是一个引导者，他们通过示范或讨论各种行为模式，帮助学生识别和采纳更有效的学习方法。

展示模范行为是一种更为直观的反馈方式，教师或同伴通过示范正确或理想的行为模式，使学生能够直接观察并学习到应该如何执行特定的任务或活动。这种方式特别适用于技能学习，如体育活动、艺术创作或实验操作等领域。通过观察模范行为，学生不仅能看到理论知识的实际应用，还能立即纠正自己的错误，提高学习效率。

不论采用何种方式，重要的是反馈应当是及时的，这意味着它应当紧跟学生的表现之后提供，以确保学生能够在还记得其行为详情时接收到改进的信息。及时反馈的另一个重要方面是针对性，即反馈应当与学生的具体行为或表现直接相关，而不是泛泛而谈。具体、针对性的反馈能够更有效地指导学生认识到自己的长处和短板，从而在未来的学习中做出适当的调整。

即时反馈的实施还需要考虑到反馈的方式和内容对学生心理的影响。教师和同伴在提供反馈时，应当采取鼓励和支持的态度，避免使用负面或批评性的语言，这样不仅能够减少学生的防御性心理，还能提高他们接受和采纳反馈的意愿。同时，反馈应当是建设性的，提供明确的改进方向或解决策略，而不是仅仅停留在问题的指出上。

即时反馈是一个多维度的过程，它涉及反馈的时效性、针对性、具体性以及对学生心理的考量。通过有效的即时反馈，可以极大地促进学生的学习动机，加深理解，提升问题解决能力，最终达到提高整体教育效果的目的。因此，教师和同伴在实施反馈时应当综合考虑各种因素，不断优化反馈的内容和方法，使其成为促进学习和教学的强大工具。

5. 理论与实践的结合

理论与实践策略不仅仅是将抽象的理论知识简单地应用于具体实践活动中，而是一个更为复杂和动态的交互过程。这个过程中，理论知识和实践活动相互渗透、相互启发。在这一过程中，教师扮演着至关重要的角色，他们不仅是知识的传授者，更是引导者和激发者，他们的任务是搭建起理论与实践之间的桥梁，使学生能够在实践中深化理论知识，同时在理论学习中寻找实践的意义和价值。

在具体实施时，教师应当首先确保学生具有坚实的理论基础，这包括对相关概念、原理、理论框架的深入理解。其次，教师需要设计与课堂理论相联系的实践活动，这些活动应当旨在解决实际问题，能够激发学生的思考和创新。在这些活动中，学生不仅仅是知识的应用者，更是知识的探索者和创造者。他们在实践中遇到的问题和挑战，将迫使他们回顾和反思理论知识，从而达到对理论的深入理解和应用。

最后，理论与实践的结合还要求一个反馈和调整的机制。教师应收集学生在实践活动中的表现和反馈，包括他们的成功、挑战、疑惑和新发现等。这些信息对于教师调整教学策略、完善理论教学内容、优化实践活动设计都至关重要。同样，学生也应该被鼓励进行自我反思，理解在实践中应用理论的经历如何帮助他们更好地理解理论本身，以及如何在未来的学习和工作中更有效地运用这些理论知识。

理论与实践的结合不是一个单向的从理论到实践的过程，而是一个动态的、双向的、互动的过程。它要求教师具有深厚的理论知识和丰富的实践经验，能够设计创新的教学活动，并能灵活地根据学生的反馈和学习情况进行调整。同时，它也要求学生积极参与、深入思考和自我反思。通过这种方式，理论与实践的结合可以极大地增强教学的效果，提高学生的理论理解和实践应用能力，为他们未来的学术或职业生涯奠定坚实的基础。

（四）多媒体内容的结合

1. 增强学习体验

在考虑研学旅行课程的设计时，教育工作者面临着一项至关重要的任务：如何有效地提升学生的学习体验。在这个过程中，多媒体内容的使用成为一种创新的教学策略，它通过图像、音频、视频及交互式技术的综合运用，为学习环境注入活力，使得原本可能枯燥的课程内容变得生动和吸引人。

多媒体内容之所以能够增强学习体验，根本在于它满足了多样化学习需求。学生群体中存在着不同的学习风格，包括视觉学习者、听觉学习者和动手操作型学习者等。传统的文本和口头讲解方式往往难以兼顾所有学生的需求。然而，当教师将图表、动画、视频片段以及互动式应用程序融入教学时，不同类型的学习材料可以更好地与学生的个性化学习方式相匹配。例如，视觉学习者可能会对图像和视频有更深的感受，而听觉学习者则可能更倾向于音频材料和讲解。

此外，多媒体内容的使用还激发了学生的学习兴趣和参与度。在动态的多媒体环境中，学生可以通过视频观看历史事件的再现，或是通过虚拟现实技术亲自"体验"科学现象，这些都极大地丰富了他们的感官体验，并激发了探索和学习的欲望。更重要的是，一些多媒体工具还允许学生进行互动，他们可以通过点击、拖拽或是模拟实验等方式，直接参与到学习过程中，从而使得学习活动不再是单向的灌输，而是变成了一种双向的、参与性强的过程。

在实施多媒体教学时，教师同样面临着挑战。他们需要精心设计教学内容，确保多媒体材料的选择和使用既能吸引学生注意，又能有效支持教学目标。此外，教师还需要掌握一定的技术技能，以便能够熟练地操作多媒体设备和软件。同时，考虑到技术设备的可获取性和学校的资源状况，教师需要进行适当的规划和调整，确保所有学生都能平等地访问和利用这些学习资源。

通过融入多样化的多媒体内容，研学旅行课程可以变得更加生动和有效。这种教学方式不仅回应了当代学生群体多元化的学习需求，而且通过提供丰富的视觉、听觉和互动体验，极大地提升了学习的趣味性和参与度。尽管存在一定的挑战，但凭借教育工作者的创新精神和努力，多媒体教学无疑能够为学生带来更加丰富和深刻的学习体验。

2. 丰富理论知识的呈现

在当今信息时代，多媒体内容作为教学资源的应用已成为教育领域的一项创新动力。它利用视觉、听觉和触觉等多种感官方式，转换为一种综合性的信息传递手段，旨在加深学习者对理论知识的理解和记忆。多媒体内容的丰富性和互动性为理论知识的呈现提供了新的维度和深度。

首先，视觉元素，如图表、图片和视频，为理论知识的展示提供了直观的外在形式。例如，在解释复杂的科学原理时，动态图像和模拟实验可以直观地展示原理的运作过程，这对于理解通常难以观察或抽象的概念至关重要。此外，历史事件的视频再现不仅能够再现时代背景，还能激发学生的情感共鸣，使得学生能够更为深刻地理解和记忆历史发展的脉络。

其次，多媒体技术支持的互动功能，如模拟软件、互动白板等，能够吸引学生参与到学习过程中，提高他们的学习积极性。通过这些互动式学习工具，学生可以直接参与到知识的构建中，例如，在虚拟实验室中亲自操作实验，或通过在线测试即时获取反馈。这种主动探索的学习方式能够促进学生对理论知识的深层次理解。

再次，声音和音频的使用也是多媒体内容不可或缺的一部分。通过讲座录音、音效以及音乐的配合，可以增强学习材料的感染力，特别是在描述历史事件或文学作品的情感氛围时，适当的背景音乐和效果音可以大大增强教学的效果。此外，对于外语学习等领域，真实的语言环境模拟和发音示例对于提高学生的语言能力尤为重要。

最后，多媒体内容的灵活性和可访问性也极大地丰富了教学资源。互联网上的开放教育资源和在线课程为学生提供了随时随地学习的可能，他们可以根据自己的学习节奏和兴趣选择合适的学习材料。同时，教师也可以利用这些资源进行个性化教学，根据学生的具体需求调整教学内容和方式。

然而，虽然多媒体内容的引入为理论知识的呈现提供了新的可能性，但也需要注意其在应用过程中的问题。例如，多媒体内容的制作需要大量的时间和资源，且对于教师的技术能力有一定的要求。此外，不当的使用也可能导致学生注意力分散，或者忽视了深入思考和批判性分析。

多媒体内容通过提供丰富的视觉、听觉和互动体验，极大地丰富了理论知识的呈现方式。它不仅帮助学生以更直观、更生动的方式理解和记忆课程内容，还促进了学生的主动学习和深层次思考。尽管其应用存在一定的挑战和限制，但随着技术的不断进步和教育理念的更新，多媒体内容无疑将继续在教育领域扮演重要的角色，为传统的教学方法带来更多的补充和创新。

3.提高学习的参与性和吸引力

在教育领域的革新策略方面，一个不可忽视的方面是提升学习过程中的参与度和吸引力。近年来，教育技术的迅猛发展为传统教学方法带来了颠覆性的改变，尤其是多媒体内容的引入。它不再单一地扮演信息传递者的角色，而是转变为激发学生内在动机的媒介，进而促进知识的深层理解和应用。

多媒体学习材料，如动画、视频、音频和交互式模拟，通过提供丰富的视觉和听觉体验，使抽象概念具体化、复杂内容简单化。这种刺激性的信息传递方式更符合人类的认知特征，使学习者能够更容易地将新知与已有知识结构相连接。更重要的是，多媒体技术提供的互动性使学习过程变得更加动态，学生不再是被动接受知识的容器，而是能够通过实际操作、探索和创造来主动构建自己的知识体系。

在实施多媒体教学时，重要的是要考虑到学习内容的设计和多媒体元素的整合方式。良好的多媒体学习材料应当遵循认知负荷理论，平衡信息的呈现方式和难度，避免过度装饰或不必要的认知负担，确保学生的注意力集中于关键概念上。此外，情境化的学习环境，如模拟真实世界情境的虚拟环境，可以大大增强学习的沉浸感和实践性，使学生能够在类似真实的环境中应用知识，从而提高问题解决和批判性思维能力。

同时，教师的角色也在这一过程中发生了转变。教师不再是知识的唯一源泉，而是变成了学习的引导者和促进者。他们需要掌握如何有效地整合多媒体技术进入教学过程，并能够根据学生的反馈和学习成果不断调整教学策略。这要求教师不仅要具备扎实的学科知识，还要有能力在教学过程中灵活地运用各种教学工具和技术。

此外，评估学生学习成效的方法也应当与这种互动性和参与性的学习方式相适应。传统的考试和测试可能无法全面评价学生在这种学习环境中的表现，因此，更加多样化和创新的评估方法，如项目作业、同行评价和反思性日志，应当被纳入评估体系，以更准确地反映学生的学习进程和深度理解。

通过多媒体技术的引入，学习不再是一种单向的信息接受过程，而是一个动态的、互动的和参与性的过程。这种方法不仅提高了学习的吸引力，更重要的是培养了学生的批判性思维、创造力和终身学习的能力。为了充分发挥多媒体技术在教育中的潜力，教育者、技术开发者和政策制定者需要共同努力，创造一个支持创新和以学生为中心的学习环境。

4. 教师对多媒体内容的策略性使用

在当今教育领域，多媒体内容的融入已成为提升教学质量和效率的关键因素。教师在使用多媒体内容时，面对的主要任务是如何策略性地选择、设计以及整合这些资源，以促进学生的学习和理解。为此，需要教师具备深入的内容知识、教学设计能力以及对学生认知和情感需求的敏感性。

首先，教师需对多媒体内容进行精心选择，这涉及对内容的质量、相关性以及适宜性的综合评估。选择时，教师需确保这些内容不仅与课程目标相契合，而且能够激发学生的兴趣，促进其批判性思维和创造力的发展。例如，利用动画和视频可以直观展示复杂的科学原理，而交互式软件则能够提供模拟实验的环境，增强学生的实践操作能力。其次，教师应当在使用多媒体时设计有效的教学策略。这包括构建整合多媒体内容的教学框架，明确学习目标，以及设计适合的学习活动。例如，可以通过案例研究、小组讨论或角色扮演等方式，让学生在实际情境中应用和反思多媒体内容。最后，教师还需要根据学生的学习进度和理解程度，适时调整多媒体材料的使用，以确保教学的连贯性和有效性。

在多媒体内容的整合过程中，教师还应重视对学生的指导和反馈。这意味着教师不仅要教授学生如何访问和使用这些资源，还要引导他们批判性地分析和评价多媒体信息。例如，可以通过提问、讨论和反思等活动，帮助学生识别信息的来源、意图以及可能的偏见，从而培养他们的信息素养和批判性思维能力。同时，教师需认识到，多媒体内容的使用并非无懈可击，其效果很大程度上取决于学生的个体差异、学习风格以及前知识。因此，在设计和实施多媒体教学策略时，教师需进行持续的观察和评估，以确保所有学生都能从中受益。这可能涉及调整教学方法，提供额外的支持或资源，甚至重新考虑某些多媒体内容的使用方式。

教师对多媒体内容的策略性使用是一个复杂而动态的过程，它要求教师不断更新自己的知识和技能，了解最新的技术发展和学术研究。通过有效地利用多媒体，教师不仅可以增强教学的吸引力和互动性，还可以更好地满足学生多样化的学习需求，最终促进他们的全面发展和终身学习能力。在这个过程中，教师的角色由传统的知识传授者转变为学习引导者、设计者和促进者，这无疑将对未来的教育模式产生深远的影响。

第二节　混合式教学立体反馈模式构建案例分享 商务礼仪课程

（一）课程框架设计

1. 课程设计理念

在当代教育环境中，混合式教学模式逐渐成为优化学习经验和提升教育效果的重要途径。该模式融合了传统面对面教学与现代远程教育技术，致力于创造一个多元化的学习环境。在这一教育理念的指导下，本课程旨在通过立体反馈机制，增强学生对商业交流中礼仪规范和专业行为的理解和应用，从而在理论与实践之间架起一座桥梁。

立体反馈机制是一种综合多方反馈的教学策略，它包括但不限于同伴评议、自我评估、教师评价以及来自实际商业环境的专业反馈。这种机制的核心目的是提供一个全面、多角度的评价系统，让学生能够在一个接近真实商业环境的模拟场景中学习并实践礼仪规范和专业行为。通过这样的方式，学生不仅能够获得关于其表现的即时反馈，而且还能根据反馈进行自我调整和提升。

混合式教学模式在本课程中的应用表现为理论与实践的有机结合。一方面，课程内容围绕礼仪规范和专业行为的理论知识进行系统讲解和分析，确保学生能够理解和吸收核心概念。另一方面，课程通过案例研究、角色扮演、模拟商务谈判等形式，让学生将理论知识应用于实际情境中，从而加深理解并提升实践能力。

在实施这一教学模式的过程中，课程设计者特别强调课程的适应性和灵活性。随着商业环境的不断变化，礼仪规范和专业行为的标准也在演进。因此，课程内容和教学方法均需保持更新，以确保学生所学知识能够反映出当前商业实践的最新趋势。此外，课程还注重培养学生的批判性思维和创新能力，鼓励他们不仅学会如何应对当前的商业挑战，还要能够预见和适应未来可能出现的变化。

本课程通过混合式教学模式和立体反馈机制的应用，旨在培养学生的专业素养和实践技能。课程内容的深度与广度，教学方法的创新性与灵活性，以及对学生全面发展的关注，共同构成了这一教学理念的核心。通过参与这一课程，学生不仅能够提升自己在商业交流中的礼仪规范和专业行为，还能够培养终身学习的能力，为未来在不断变化的商业世界中取得成功打下坚实的基础。

2. 混合式教学模式

混合式教学模式，作为当代教育技术革新的产物，正在逐渐改变传统的学习和教学方法。该模式精心设计，将在线学习材料与面对面的实际情境模拟相结合，旨在提供一个多元且互补的学习环境，以增强学生的知识吸收和应用能力。在这种模式下，课程不仅仅是知识的传递，而是一个综合性的学习体验，涉及知识的探索、技能的培养以及态度的塑造。

在线学习部分，作为混合式教学模式的基础，提供了商务礼仪的原则、文化差异的影响及其在不同商业环境中的应用等理论知识。这些材料通常通过视频讲座、电子书籍、互动式模块和在线讨论等形式提供，允许学生在个人的时间表内自主学习。在线学习不仅扩展了教学资源的边界，还增加了学习的灵活性，使学生能够根据自己的学习速度和风格进行调整。此外，它还通过各种互动工具促进了师生和生生之间的交流，为学生提供了即时反馈和个性化学习建议，从而增强了学习的针对性和效果。

面对面的实际情景模拟则是混合式教学模式中的另一核心组成部分。在这个阶段，学生被引入一个接近真实商务环境的模拟场景，通过角色扮演和模拟练习，他们可以将在线学习部分所获得的理论知识付诸实践。这种方法不仅加深了学生对理论知识的理解和记忆，而且通过亲身体验和实际操作，提高了他们的问题解决能力、决策能力以及在真实环境中应用知识和技能的能力。此外，情景模拟还提供了一个安全的环境，学生可以在其中尝试和犯错，而不必担心实际工作中的严重后果，这对于培养学生的创新思维和批判性思维非常有益。

混合式教学模式的实施，需要教师不仅具备相应的专业知识，还需要掌握在线教学和面对面教学的方法。教师的角色从传统的知识传授者转变为学习引导者和促进者，他们需要设计适合混合式学习环境的教学计划，选择合适的在线学习资源，制定有效的互动策略，并监控学生的学习进度，提供必要的支持和干预。同时，教师也需要不断更新自己的技能和知识，以适应快速变化的教育技术和学生需求。

混合式教学模式是一种革新的教育模式，它通过融合在线学习和面对面的情景模拟，为学生提供了一个更加丰富、灵活和有效的学习环境。通过这种模式，学生不仅能够更好地掌握知识，还能提高自己的实际操作能力和解决问题的能力，为未来的学术或职业生涯打下坚实的基础。然而，要成功实施混合式教学模式，需要教师、学校管理层以及技术提供商的共同努力，不断探索和优化教学方法，以满足不断变化的教育需求和挑战。

3. 立体反馈机制

值得注意的是，反馈的核心目的在于增强学习体验的质量和效果。在商务礼仪的学习过程中，反馈作为一种动态的交流方式，能够为学生提供关于他们学习进度和理解程度的重要信息。通过多维度的反馈，即同伴评价、教师评价以及学生自我反思，学生能够从多个角度收到关于自己表现的信息，这有助于他们从更宽的视角理解课程内容，识别和弥补学习上的不足。

同伴评价作为立体反馈机制的一部分，鼓励学生们相互审视并评论同伴的学习。这种评价方式促进了学生之间的互动交流，使他们能够从同龄人的视角观察和学习，这不仅增强了他们对商务礼仪规范的理解，还激发了批判性思维和自主学习的技能。同伴评价的过程中，学生们不仅学会给予建设性的反馈，也学会如何接受和利用同伴的意见来改进自己的表现。

教师评价则提供了专业和权威的视角，教师不仅可以从专业的角度评价学生的学习成果，还可以提供指导和建议，帮助学生理解更深层次的商务礼仪知识和技能。教师的反馈通常更加全面和深入，能够指出学生可能忽视的问题区域，并提供改善的方向和策略。通过教师的细致指导，学生可以在实践中更加有效地应用商务礼仪的知识，提升个人的专业形象和交际能力。

自我反思是立体反馈机制中的又一重要环节。它鼓励学生进行自我评价和思考，是一种内省的过程，让学生有机会审视自己的学习过程和结果，识别自身的强项和弱点。在自我反思过程中，学生被引导去深入思考如何将商务礼仪的理论与实践相结合，以及如何在未来的学习和职业生涯中应用这些知识。通过反思，学生可以更加明确自己的学习目标，调整学习策略，从而在商务礼仪的学习和应用中取得更好的效果。

综合这三种反馈方式，立体反馈机制创建了一个多角度、多层次的学习和评价环境。在这个环境中，学生不仅能够从他人那里获得宝贵的信息，还能够通过自我探索和教师的指导来不断提升自己。这种机制有助于培养学生的自主学习能力、批判性思维能力以及解决问题的能力。更重要的是，通过立体反馈，学生能够更全面、更深入地理解商务礼仪的要求和精髓，以及如何在不断变化的商业环境中有效地运用这些知识和技能，从而在实际工作中表现出色，达到个人和职业发展的目标。

4. 理论与实践的融合

在当今教育领域，将理论与实践紧密结合的教学模式正变得越来越重要。特别是在商务礼仪课程中，这种教学模式确保学生不仅仅是停留在知识的吸收层面，而且是能够深刻理解并在现实场景中灵活应用这些知识。本文将深入探讨这一模式的内涵、实施策略以及在商务礼仪教育中的重要性。

理论学习是任何教育课程的基础，它为学生提供了必要的知识结构和思考框架。在商务礼仪课程中，理论部分通常包括礼仪的历史、基本原则、不同文化背景下的礼仪差异以及现代商业环境中礼仪的应用等。通过讲授这些理论，学生能够了解商务礼仪的发展脉络，认识到在不同商业场合下应遵循的行为规范。此外，理论学习还包括对相关案例的分析，这有助于学生理解理论知识是如何在实际情境中被应用的，从而提高他们对理论的认识和理解。

　　然而，仅仅掌握理论知识是不够的，实践操作才能使知识活化，变为学生自身的技能和专业性的一部分。因此，在商务礼仪教学中，实践环节同样不可或缺。这通常包括模拟商业会议、餐桌礼仪训练、公共演讲和团队协作练习等。通过这些实践活动，学生能够在控制的环境中进行尝试并允许犯错误，以逐步精练他们的礼仪技能。例如，模拟会议可以让学生体验如何在正式的商业环境中自如交流，而餐桌礼仪训练则教会他们如何在商务宴请中保持职业形象。这些实践环节的设计旨在模拟真实商业环境，让学生在安全的环境中积累经验，增强信心，并在未来的商业活动中能够自如地运用礼仪知识。

　　理论与实践的融合不仅提升了学生的学习效果，更加深了他们对商务礼仪重要性的理解。通过理论学习，学生认识到礼仪不仅仅是表面的行为规范，更是沟通和商业交往的重要工具。而通过实践活动，学生体会到良好的商务礼仪能够如何帮助他们建立专业形象，提升个人魅力，甚至在一定程度上影响商业决策和结果。这种认识的深化无疑会激发学生更加积极地参与到课程学习中，不断提高自己的专业素养和实际操作能力。

　　理论与实践的融合是商务礼仪教育中不可或缺的一环。它通过理论教学为学生构建知识框架，通过实践活动促使学生将理论知识转化为实际能力。这种教学模式不仅增强了学生的学习效果，更加深了他们对商务礼仪重要性的认识和理解。因此，教育工作者应当重视这种融合教学模式的设计和实施，不断探索和创新，以确保学生能够在理论和实践中都获得全面且高质量的学习体验。

（二）在线理论学习与反馈

1. 理论学习阶段

　　在现代教育领域，特别是商务礼仪的学习中，数字化学习平台已成为传授知识的重要工具。这种平台为学生提供了一个便捷、高效的学习环境，使他们能够深入了解商务礼仪的多个方面。在这一学习阶段，学生通过互动式的界面接触到职业着装指南、商务交流技巧以及国际商务礼仪等核心知识。这些内容不仅涵盖了商务环境中的基本行为规范，还深入讨论了在不同文化和国际背景下的礼仪差异，为学生在全球化商业环境中的沟通与行动提供指导。

数字化学习平台通过提供丰富多样的教学材料——包括文字讲义、图解教程和模拟场景视频——使学习过程更为生动和直观。文字讲义通常涵盖了商务礼仪的理论基础，让学生能够系统地了解和掌握必要的知识体系。而图解教程则利用图像和图表清晰地说明复杂概念，使抽象的礼仪规则变得容易理解。模拟场景视频则是一种更为先进的教学方法，它通过模拟真实商务场景，如会议、商务宴请或国际谈判，让学生能够在模拟的环境中学习并实践礼仪规则。这种方法不仅增强了学习的互动性和实践性，也避免学生在安全的环境中犯错，从而更好地准备未来面对真实的商务场合。

此外，这些数字化学习平台通常配备有自适应学习技术，能够根据学生的学习进度和理解能力调整教学内容和难度。这意味着每位学生都可以在适合自己的速度和水平上学习，无论是加深理解还是巩固已学知识，都能获得个性化的学习体验。同时，平台还提供了互动讨论区和实时反馈机制，鼓励学生提问和讨论，促进知识的深入理解和应用。

通过数字化学习平台学习商务礼仪的理论知识，不仅使学生能够灵活地在不同的时间和地点进行学习，还通过多样化的教学材料和互动式的学习方法，大大提高了学习效率和质量。这种教育方式支持了知识的深入理解和长期记忆，同时也培养了学生的自学能力和解决实际问题的能力，为他们日后在复杂多变的商务环境中取得成功奠定了坚实的基础。

2. 互动反馈环节

在现代教育的范畴内，互动反馈环节被赋予了重要的角色，特别是在商务礼仪的学习过程中。该环节的设计旨在强化学生对理论知识的吸收与应用，通过一系列精心策划的在线工具和活动，教育者不仅提供知识，更搭建起一个让学生展示理解、提出疑问并获得个性化反馈的平台。

当学生接触并学习了商务礼仪的理论知识后，他们进入了一个更为实践和互动性强的学习阶段。在这个阶段，教师会运用各种在线工具来实现即时反馈。例如，通过在线测验，这不仅是一个评估工具，更是一个教育互动的环节。这些测验不仅关注学生对知识点的记忆，更重视他们对知识的理解、分析和应用。题目设计往往包含案例分析、情境模拟等形式，目的是让学生在回顾、理解和应用所学知识的同时，也能自我评估其学习效果。

其中，讨论板作为互动环节的另一重要工具，为学生提供了一个表达和交流的空间。在这个平台上，学生被鼓励提出自己对商务礼仪理论的理解、疑惑以及见解。同伴间的回复和讨论促进了知识的深层交流和思维的碰撞。教师在这一过程中扮演着引导者和参与者的角色，他们不仅回答问题，更重要的是引导学生进行深入讨论，挖掘更深层次的知识点和思考角度。

视频教学会议则为教师和学生提供了一个更直接的交流平台。在这些会议中，教师可以对学生的疑问进行即时解答，对复杂或重要的知识点进行重点讲解。这种直接的互动使得学习过程更加生动和个性化，学生可以根据自己的需求获得定制化的帮助。同时，视频会议也增加了学生的参与感和归属感，使他们感觉自己是一个积极学习的社群的一部分。

在整个互动反馈环节中，教师的角色至关重要。他们不仅需要精心设计和实施这些互动活动，更要在活动进行中不断收集和分析学生的反馈，以便调整教学策略和内容。教师的反馈应当具有建设性和指导性，旨在确保每个学生都能够不仅正确理解理论知识，而且能够深入挖掘、批判性思考，并将所学应用于实际情境中。

互动反馈环节作为现代教学策略中的核心部分，其重要性不言而喻。通过在线测验、讨论板和视频教学会议等工具的合理应用，可以极大地提升学生的学习动力和效果，同时也加深了他们对商务礼仪这一实践性很强学科的理解和应用。教师通过这些工具获得的反馈，可以更加精准地把握学生的学习状态，从而不断优化教学方法和内容，实现教与学的最佳互动和效果。

（三）情景模拟与角色扮演

1. 商务会谈模拟

在商务教育和培训领域，模拟商务会谈的活动是培养学生实际商业技能的一种重要方法。这种模拟活动旨在通过创造一个接近现实的商业环境，使学生能够深入体验和学习商务沟通、谈判技巧、决策制定过程以及团队协作的重要性。模拟活动通常包括议题讨论、合作谈判和决策制定等环节，旨在培养学生在真实商业环境中所需的复杂思维和沟通能力。

在这种模拟环境中，学生被分配不同的角色，如公司代表、客户或供应商，每个角色都有其独特的背景、目标和限制。通过这些角色的扮演，学生不仅需要深入理解自己角色的立场和需求，还要学会从对方角色的视角考虑问题，这对于培养有效的沟通和谈判技巧至关重要。在模拟的商务会谈中，参与者将就一系列预设或即兴的商业议题进行讨论，这些议题可能涵盖市场扩张、产品发展、合作协议或供应链管理等领域。

在讨论过程中，学生需要运用批判性思维来分析信息，制定策略，并进行有效沟通。这要求他们不仅要对商业理论有深刻的理解，还要能够将这些理论应用到实际情境中。合作谈判是商务会谈模拟的一个重要环节，学生必须学会如何在维护自身利益的同时寻求共赢的解决方案。这涉及一系列的技能，包括但不限于情报收集、利益评估、策略制定、语言艺术以及非语言沟通技巧。

决策制定是商务会谈模拟中的另一个关键环节。在面对复杂和动态的商业环境时，做出明智的决策要求参与者能够综合分析多方信息，预测各种决策的潜在后果，并能够在限定时间内做出判断。这一过程不仅锻炼学生的逻辑思维和问题解决能力，也培养他们在压力下保持冷静和专注的能力。

整个商务会谈模拟活动是一个动态的学习过程，它促使学生在实践中不断地反思和调整自己的策略和行为。教师或培训师在此过程中扮演着指导和反馈的角色，他们不仅提供关于商业知识和技能的指导，还观察学生的表现，提供实时反馈，帮助学生识别自己的强项和提升点。通过反复的练习和反思，学生能够逐渐提升自己的商务沟通、谈判和决策能力，为将来进入真实商业世界做好准备。

商务会谈模拟是一种高度互动和实践导向的学习方法，它通过模拟真实的商业环境和情境，使学生能够在安全的环境中进行尝试和犯错，从而加深对商业实践的理解，提升实际工作中所需的关键技能。这种方法不仅促进了知识的内化和技能的应用，还激发了学生对商业世界的好奇心和探索欲，为他们的职业生涯奠定了坚实的基础。

2. 客户接待场景

在客户接待场景的教育中，其核心目的是培育未来行业专家在客户服务领域的敏锐技能和高度意识。此模块不仅仅是教授理论，而且通过实践和模拟的方式，使学生能够在真实世界中以最高的专业水准迎接和服务客户。

模块的核心在于建立一个坚实的客户服务文化基础，让学生理解客户服务的重要性和其在商业成功中的作用。学生被引导去识别客户的多样性，理解不同背景、需求和期望的客户如何影响服务的提供。这一点尤为关键，因为在全球化的商业环境中，能够理解并满足多元化客户的需求是成功的关键。

首先，学生被教授如何以专业的态度迎接客户。这涉及身体语言、口头表达和聆听技巧的培养，以确保从第一时间开始就给客户留下积极印象。专业迎接客户不仅限于面对面的交互，还包括电话接待和电子通信等现代通信方式的适当使用，确保无论在哪个接触点，客户都能感受到专业和尊重。

其次，学生将学习如何处理各种咨询，包括对产品或服务的常规查询以及更复杂的投诉或特殊要求。培训着重于解决问题的技巧，鼓励学生运用创造性思维和批判性思维来寻找有效的解决方案。此外，学生还将学习如何记录和追踪咨询，确保每一位客户的需求都得到了妥善的处理和回应。

最后，该模块重点强调在面对不同类型的客户时保持恰当的商务礼仪。这包括对各种商业场合和文化背景下的行为规范有深入的了解。学生将通过角色扮演和案例研究，学习在不同的情境下如何维护专业形象，如何调整沟通策略以适应不同的客户类型，以及如何在压力或冲突情况下保持冷静和专业。

在整个学习过程中，强调反思和持续改进的重要性。学生被鼓励在每次模拟交互后进行自我评估，识别成功的元素和改进的领域。教师和同行的反馈也被用作进一步提升个人技能的机会。通过不断的练习和反思，学生将逐步构建起强大的客户服务技能，为将来在任何行业中提供卓越服务打下坚实的基础。

客户接待场景模块为学生提供了一个全面的学习平台，不仅仅是学习如何执行任务，更是培养一种服务意识，理解客户服务在个人职业生涯和整个企业中的重要性。通过这个模块，学生能够获得宝贵的技能和知识，使他们能够在面对各种客户服务情况时，表现出色并实现个人与企业的成功。

3. 国际交流练习

在当今世界经济的一体化及商务活动的国际化趋势下，重视国际商务交流的能力显得尤为重要。商务人士不仅要在本土市场中竞争，还必须在全球舞台上展示他们的才能，这就要求他们不仅要精通业务知识，还要能够在不同的文化背景中进行有效的沟通和协作。因此，课程设计应当围绕如何在跨文化环境中建立和维护信任，以及如何通过有效沟通促进国际商务活动进行。

首先，理解文化差异在国际商务交流中起着至关重要的作用。每种文化都有其独特的交流风格、商业礼仪和决策过程。例如，某些文化中直接和坦率的沟通方式可能被认为是高效的，而在其他文化中，则可能被视为无礼。因此，商务人士在进入新市场之前，必须对目标文化有深入的了解，并能够调整自己的沟通方式以适应不同的文化环境。其次，跨文化沟通技能的培养是一个动态的过程，它要求学生不断地学习和实践。通过模拟不同文化背景下的商务互动，学生可以在安全的环境中试错，从而逐渐提高他们的跨文化交流能力。这种模拟活动可以采用角色扮演、案例研究或实际的国际项目合作等形式，使学生能够在实际情境中应用理论知识，并学习如何处理实际商务中的跨文化问题。

除此之外，建立信任是跨文化商务交流中的另一个重要方面。在不同文化中，建立和展示信任的方式可能大相径庭。一些文化可能更重视合同和正式协议，而其他文化则可能更看重个人关系和口头承诺。学生需要学会如何在不破坏原有文化规范的前提下，通过适当的沟通和行为来建立信任。这不仅包括学会使用正确的语言和非语言沟通技巧，还包括理解和尊重商业伙伴的文化价值观和商业习惯。

进一步地讲，国际交流能力的培养也离不开语言能力的提升。虽然英语在国际商务中通常被视为通用语言，但能够说一门或多门其他的外语将极大地增强商务人士的竞争力。掌握语言不仅能让交流更加流畅，也是对对方文化的一种尊重和理解，有助于加深双方的联系。而随着技术的进步，数字化交流工具在国际商务中变得日益重要。学生需要熟悉各种在线沟通平台和工具，以适应虚拟团队的工作和远程交流的需求。这包括了解如何有效地在视频会议、电子邮件交流以及社交媒体平台上进行商务沟通。同时，也要意识到技术可能带来的沟通障碍，如语言翻译的准确性问题和信息安全问题。

国际交流练习不仅仅是学习语言或了解不同文化的表面现象，还是一个复杂的、需要综合考虑多种因素的过程。通过持续的学习和实践，学生可以逐步发展成为能够在多元文化环境中自如交流、建立信任和推动商务成功的国际商务人才。这样的能力对于任何希望在全球市场上取得成功的商务人士来说都是不可或缺的。

（四）个性化学习路径

1.选择性课程内容

在现代教育体系中，混合式教学模式作为一种创新和灵活的教育形式，逐渐展现出其独特的优势。该模式融合了传统的面对面教学与现代的远程教学的方法，不仅扩展了教育的边界，还为个性化学习提供了广阔的空间。在这样的教学框架下，选择性课程内容的引入成为一种重要的教学策略，它允许课程内容根据学生的兴趣、需求、学习节奏以及职业目标进行灵活调整，从而实现了教育资源的最优配置和个体学习效果的最大化。

在混合式教学模式下，选择性课程内容的设计和实施通常基于对学生群体多样性的深刻理解和对学科发展趋势的准确把握。例如，在商务教育领域，教育者会精心设计一系列既包括基础知识又涵盖前沿话题的课程模块。对于那些对国际商务礼仪深感兴趣的学生，教师可能会提供一系列涉及国际市场文化差异、商务交际语言及其在不同环境下的实际应用等方面的课程。这些课程不仅介绍了国际商务的基本礼仪，还深入探讨了文化差异对商务交流的影响，帮助学生建立全球化视野，提高在多元文化环境中的交际能力和商业谈判技巧。相对地，那些希望深入了解本地商业文化的学生，则可以选择更多关注于本地市场习俗、商务礼节以及本地企业运作模式的课程。这部分课程内容往往结合了本地市场的实际案例分析，让学生能够深入了解和分析本地企业的成功经验和挑战，同时也能学习到如何在具体的文化和经济环境中进行有效的商务沟通和管理。通过这样的学习，学生不仅能够加深对本地商业文化的理解，还能够培养出适应和影响本地市场的能力。

选择性课程内容的实施，需要教育者在课程设计和教学方法上进行创新。教师需要不断更新教学内容，引入最新的行业动态和研究成果，同时也需要灵活运用多种教学方法，如案例教学、项目式学习、在线研讨等，以适应不同学生的学习风格和需求。此外，教育者还需要建立一个开放、互动的学习环境，鼓励学生提出问题，进行讨论，与同学和教师进行深入交流，通过这种互动式学习，学生可以更深刻地理解和掌握课程内容，更好地将学到的知识应用于实践。

选择性课程内容在混合式教学模式下提供了一种灵活且有效的教育解决方案。通过允许学生根据个人兴趣和需求选择课程，这种模式不仅丰富了学生的学习体验，还促进了学生的主动学习和个性化发展。同时，它也为教育者提供了更多的机会去创新教学方法，使教育更加贴近实际需求，更具前瞻性和实效性。在未来，随着技术的不断进步和教育理念的更新，选择性课程内容的设计和实施将更加多样化和精细化，为学生提供更加丰富和深入的学习体验。

2. 灵活的学习进度

混合式教学模式在教育领域的应用逐渐广泛，它巧妙地融合了线上与线下的教学元素，构筑了一个多元且富有弹性的学习生态系统。在这一模式下，学生被赋予了前所未有的自主权，能够在一个更加个性化和自我驱动的学习环境中发展和成长。本质上，这种教学方法不仅仅是教学内容和技术的简单结合，而且是一种深思熟虑的教育策略，旨在优化学习路径，以适应学生多样化的需求和节奏。

在混合式学习进度的灵活性方面，学生可以根据自己的时间表和学习效率来调整学习节奏。这一点对于学生来说尤为重要，因为它允许他们在完全理解当前材料后再前进到下一个概念，从而确保了学习的深度和质量。例如，一个学生如果在某个主题上遇到困难，可以选择花更多的时间来加深理解，而不是被迫按照传统的、一成不变的课程进度前进。同样，如果学生对某个领域已经有了充分的理解，他们可以选择加速通过，迅速转移到更挑战性或感兴趣的内容上。这种灵活性极大地提高了学习的个体适应性，使教育更加符合每个学生的独特需求。

此外，混合式教学模式的灵活学习进度还体现在它对不同学习风格和能力水平学生的适应上。不是所有学生都以相同的方式学习，他们的背景知识、学习能力和兴趣点各不相同。通过允许学生在掌握知识之后再进一步，混合式学习能够为他们提供一个更加定制化和回应性强的学习环境。这种方法尊重了学生的个别差异，鼓励他们按照自己的步调前进，从而提高了学习的积极性和效率。

在实施层面上，混合式学习进度的灵活性要求教育者进行细致的规划和资源配置。教师需要设计适应多种学习路径的课程内容，并利用技术平台来跟踪和支持学生的个性化学习进程。这可能包括提供丰富的在线资源，如视频讲座、互动式练习和论坛，以及面对面的指导和讨论，以确保学生可以在需要时获得支持。同时，评估和反馈机制也需要灵活多变，以确保能够准确反映学生的学习成果和需求。

混合式教学模式中的灵活学习进度是对当代教育挑战的一种创新回应。它体现了对学习多样性的深刻理解和对个性化教育需求的重视。通过为学生提供一个能够自主调节的学习环境，不仅增强了学习的相关性和吸引力，还促进了更深层次的理解和批判性思维的发展。随着教育技术的进步和教育理念的不断演进，灵活的学习进度将继续在提高学习成效和满足学生个性化需求方面发挥关键作用。

3.多元化的评估方式

在构建个性化学习路径的过程中，评估方法的多元化成为一个不可忽视的要素。这种多样化的评估体系旨在提供宽广的视角，以全面把握和反映学生的学习进展、能力发展及知识应用。在传统教育体系中，笔试和测试长期被视为评估学生学业成就的金标准，然而这种方式往往忽视了学生个体差异，以及创造力、批判性思维和实际应用能力等非智力因素的评估。因此，为了促进学生能力的全面发展，教育工作者和学者们提出并实施了一系列多元化的评估方法。

首当其冲的是项目作业，它通过综合性任务的完成，让学生将课堂所学知识与实际问题结合起来。在项目作业中，学生需要进行信息的搜集、分析、整合，以及解决问题的策划和实施。通过这种方式，学生不仅能够深化对知识的理解，还能够提高解决实际问题的能力。同时，项目作业的评估通常包括过程评价和结果评价两个部分，这不仅能够鼓励学生关注最终产品的质量，也能够促进他们在学习过程中的主动性和参与度。

口头报告则是另一种重要的评估方式，它强调的是学生的表达能力和逻辑思维能力。通过口头报告，学生需要将复杂的信息或观点以清晰、有逻辑的方式进行表达和交流。这不仅能够锻炼学生的口语表达和公众演讲能力，还能促进他们的批判性思维和快速反应能力。此外，口头报告通常需要在同伴或教师面前进行，这种公开的评估形式可以进一步提高学生的自信心和责任感。

实践演练作为一种应用性极强的评估方法，它通过模拟真实场景或进行实际操作来考察学生的实践能力和问题解决能力。无论是科学实验、艺术表演还是工作坊活动，实践演练都让学生有机会将理论知识应用于实际情境中，从而深化理解并提升技能。同时，这种评估方式还能激发学生的探索精神和创新意识，使他们在不断的实践和尝试中学会适应变化、解决问题。

这些多元化的评估方法各有特点，但共同点在于它们都更注重学生的综合能力培养，以及对学习过程的重视。它们突破了传统考试的局限性，为学生提供了展示个人才华和技能的多样平台。当然，这些评估方式的有效实施需要教师的精心设计和灵活运用，以及评估标准的明确和公正。同时，也需要学校和教育机构的支持，为实施这些评估方式提供必要的资源和条件。

第三节　混合式教学立体反馈实训包

（一）实训包概念介绍

1. 组件构成

在现代教育领域，混合式教学模式已逐渐成为主流，它通过结合传统的面对面教学和现代的在线教学方法，旨在提供更加灵活、个性化的学习体验。为了支持和优化这种教学模式，一种多组件的实训包应运而生，它集成了各种教学工具和资源，旨在解决混合式教学过程中遇到的各种具体需求。

这种实训包的核心在于其多样化的组件构成，每个组件都设计有特定的功能和目标。互动式教学活动是其中的一个重要组成部分，这包括了模拟、游戏化学习和实时讨论等多种形式。这些活动不仅能够有效提高学生的参与度，还能激发他们的学习兴趣，使得学习过程变得更加生动有趣。例如，模拟活动可以让学生置身于接近现实的学习场景中，从而更好地理解和应用理论知识；游戏化学习则通过游戏元素的引入，增加学习的趣味性和互动性，而实时讨论则鼓励学生积极发言，促进思想的交流和碰撞。

另一组重要的组件是评估工具，它们包括在线测验、自我评估和同伴评审等多种形式。这些工具的共同目标是及时收集学生的学习反馈，为教师提供宝贵的数据和信息。通过这些评估工具，教师不仅可以了解学生的学习进度和掌握情况，还可以根据反馈调整教学策略和内容，以更好地满足学生的需求。例如，在线测验可以快速检测学生对特定知识点的理解和掌握程度；自我评估让学生有机会自我反思和评价，增强学习的自主性；同伴评审则鼓励学生之间的互相学习和支持。

个性化学习资源也是实训包中另一个关键组件。这些资源包括但不限于定制的阅读材料、视频和练习题，它们旨在满足不同学生的学习需求和偏好。在混合式教学模式下，学生具有不同的背景知识、学习风格和进度，因此个性化的学习资源对于提供支持和帮助每个学生实现其最大潜力至关重要。教师可以根据学生的反馈和学习数据，为他们提供最适合的学习材料和资源，使得学习过程更加高效和目标明确。

2. 混合式教学模式的强化

在当今日益数字化的教育领域，混合式教学模式已经成为一种强有力的策略，旨在通过融合传统的教学方法和现代科技工具来强化学习效果。这种模式充分认识到每个学生的学习方式和节奏是不同的，因此提供了一种多样化和灵活的学习途径，以适应各种学习需求。

混合式教学模式的核心在于实现教学方法的多元化和个性化，它通过结合面对面的传统课堂教学与在线学习资源，创造出一个更加丰富和互动的学习环境。这样的环境不仅为学生提供了即时的反馈和更多的学习材料，还鼓励他们自主地探索和吸收新知识，从而促进深度学习。

在这种教学模式下，传统的教室被视为一个重要的学习空间，教师和学生可以进行面对面的交流和讨论，而在线学习平台则提供了扩展的资源和灵活的学习时间，使学生可以根据自己的节奏进行学习。这种模式特别强调教师的引导作用和学生的主动学习责任，鼓励学生在教师的指导下，自主安排学习计划，积极参与到学习过程中。

在混合式教学模式中，教师的角色也发生了变化。他们不再仅仅是知识的传授者，而是成为学习的促进者和指导者。一方面，教师需要设计适应个体差异的教学计划，利用各种教学工具和资源，帮助学生构建知识体系，并鼓励他们批判性思考和创造性解决问题。此外，教师还需要不断地评估学生的学习进度和理解程度，及时调整教学策略，确保每个学生都能获得最大的学习效果。另一方面，学生在混合式教学模式中承担了更多的自我导向学习责任。他们需要自我管理，制定学习目标，主动寻找资源和解决问题。这种学习方式不仅提升了学生的学习动机和参与度，还培养了他们的批判性思维和问题解决能力，为他们未来的学术和职业生涯奠定了坚实的基础。

为了进一步强化混合式教学模式，学校和教育机构正在不断地探索和实施各种创新策略。这包括开发和采用新的教育技术工具，如虚拟现实、游戏化学习和人工智能等，以丰富教学内容和提高学习互动性。同时，教育者们也在积极寻找有效的课程设计和教学方法，以更好地融合线上和线下学习活动，提升教学效果。

混合式教学模式是一种高效且灵活的教学策略，它通过结合传统和现代教育工具，优化了学生的学习体验。这种模式不仅提高了教学质量，还促进了学生的自我导向学习，使他们能够更加主动和高效地参与学习。随着教育技术的不断发展和教育理念的深入人心，混合式教学模式将继续演进和完善，为学生提供更加个性化和高效的学习途径。

3. 有效反馈交流

在探讨有效反馈交流的范畴内，实训包作为教育技术的一个组成部分，着重于强调反馈的重要性以及其在教育过程中的应用。反馈，被视为一种战略性工具，其价值在于它对于教育成果的深远影响。这种影响不仅限于学习者的认知发展，也涉及教学方法的持续改进和个性化学习路径的构建。有效的反馈交流是一个多维度的概念，包括但不限于即时性、明确性以及建设性三个核心要素。

即时性是有效反馈的首要条件。在学习过程中，即时的反馈能够迅速纠正学生的错误概念，增强学习的连续性，防止错误知识的固化。此外，即时反馈还能激发学生的学习动机，通过即时确认学习成果，鼓励学生继续探索和学习。在实训包中，这种即时性可能通过自动化工具、实时互动平台等技术实现，确保信息的快速传递和处理。

明确性则涉及反馈的具体内容和表达方式。有效的反馈应该是具体的，针对性强，能够明确指出学生的表现，以及如何改进。明确性不仅增强了反馈的可理解性，还提供了明晰的学习方向，帮助学生准确地识别问题和解决方案。在实训包的应用中，明确性可能体现在清晰的评估标准、具体的改进建议，以及可操作的学习资源上。

建设性是反馈交流中不可或缺的一部分，它关注于反馈的正向效果和未来导向。建设性反馈不仅指出了问题，更重要的是提供了改进的方向和方法，鼓励学生从错误中学习，激发其内在的学习动力。这种反馈方式支持错误的正面处理，鼓励探索和创新，而不是简单的错误指正。实训包通过提供多样化的教学资源和策略，支持教师实施建设性反馈，如案例研究、同行评审以及自我反思等方法。

在具体实践中，实训包通过集成的工具和资源促进了有效反馈的实施。例如：通过在线平台，教师可以实时监控学生的学习进度，即时提供个性化反馈；通过互动讨论区，学生和教师可以进行深入的交流，共同探讨学习中遇到的问题和挑战；通过数据分析工具，教师可以了解学生学习的整体趋势，从而调整教学策略，提供更有效的指导。此外，实训包还可能包含专门的培训模块，教育教师如何给出高质量的反馈，以及如何根据反馈调整教学方法。

有效的反馈交流在教育过程中扮演着举足轻重的角色，是提高学习效果和教学质量的关键。通过实训包的应用，教育者能够更好地实施及时、明确和建设性的反馈，创造一个互动、反思和持续改进的学习环境。这种以反馈为中心的教学方法，不仅提高了学习者的成就感和满意度，也促进了教师的专业成长和教学创新。

4. 灵活性和可适应性

在教育领域，实训包的设计理念源自对教学环境多样性的深刻理解与对学习个体差异的敏锐洞察。这种设计哲学认识到，有效的学习并非单一模式的复制，而是需要一个高度灵活与可适应的教学工具来满足多变的教学需求。实训包的灵活性和可适应性表现在它能够被个性化地调整和配置，以符合不同教学环境的具体要求，同时也能够满足学生群体在能力水平、学习风格和兴趣点等方面的多样性。

首先，灵活性体现在实训包的结构设计上。传统的教育材料往往采用固定、一致的结构，这在某种程度上限制了教师根据课堂实际情况进行教学调整的可能性。而实训包则通过模块化的组件提供了更为灵活的教学资源配置。教师可以根据学生的具体需要，选择合适的模块组合使用，或者调整模块之间的顺序和使用方式。这种设计不仅使得教学内容和方法能够更加贴合学生的实际水平和学习状态，也增强了教学活动的互动性和趣味性。其次，实训包的可适应性体现在它能够兼容并适应不同的教育环境。不论是设备完备的现代化教室，还是资源相对匮乏的远程乡村学校，实训包都能够提供适宜的教学资源和策略。这得益于其设计中对不同教学环境条件的深入考虑和预设，确保了即便在设备或资源受限的情况下，教师和学生仍能获得满意的教学与学习体验。例如，一些实训包组件可能专门设计为低成本、易于获取的材料，确保在资源有限的环境中也能被有效利用。

实训包的设计还考虑到了教师个人的教学风格和专业发展需要。每位教师都有其独特的教学理念和方法，实训包通过提供多样化的教学工具和资源，支持教师根据自己的专长和喜好进行教学设计。这不仅有助于提升教师的教学动力和专业满足感，也使得教学活动更加贴近教师的个人特色，从而提高教学效果。同时，实训包还特别强调对学生学习差异的适应。学生群体在知识水平、认知能力、学习兴趣等方面存在着显著的个体差异。一个高度灵活和可适应的教学资源能够为不同水平和需求的学生提供适宜的学习内容和路径。实训包通过包含不同难度级别的材料、提供多种学习方式的选择等策略，确保所有学生都能在适合自己的节奏和风格中学习和进步。

实训包的设计充分体现了现代教育理念中对灵活性和可适应性的高度重视。通过灵活的结构设计、环境适应性的策略、对教师个性的支持以及对学生差异的深入考量，实训包成为一种能够在多样化教育环境中发挥重要作用的教学工具。它不仅提升了教学活动的质量和效果，也为教师和学生带来了更加丰富、有效和愉悦的学习体验。

（二）数字化反馈工具

1. 在线调查工具

在线调查工具的引入标志着教育评估和反馈机制的一次显著变革，其在现代教学实践中的应用日益广泛。在信息技术迅猛发展的背景下，这些工具以其高度的灵活性和效率性，不仅重塑了教师与学生之间的互动模式，而且优化了教学质量的持续改进过程。在线调查工具的核心价值在于其能够快速创建和部署问卷，这一点对于追求教育教学创新的现代教育工作者来说具有不可小觑的吸引力。教师可以根据课程内容、教学方法或其他教学活动的具体需要，设计多样化的问题，这些问题既可以是选择题的形式，以便于量化分析，也可以是开放式的问题，以收集更深入、个性化的反馈。此外，在线调查工具的即时性为教学过程提供了实时的反馈渠道。学生能够在任何时间、任何地点访问并完成这些问卷，这不仅极大地提高了参与度，也确保了数据的时效性和相关性。在传统的纸质问卷调查中，数据的收集、整理和分析往往耗时且效率低下。而在线调查工具通过自动化的数据处理功能，能够即时收集反馈，迅速生成报告，从而使教师能够快速洞察学生的学习状况和需求，及时调整教学策略和内容。

匿名功能的设置是在线调查工具另一突出的优势。匿名性鼓励学生提供更真实和直接的反馈，尤其是在评价教学效果和教师表现时。在匿名的保护下，学生往往更愿意表达真实的感受和批判性的意见，这为教师提供了宝贵的第一手资料，以便更准确地识别和解决教学中的问题。匿名反馈还有助于营造一个开放而尊重的学习氛围，学生不必担心个人意见会影响教师对他们的评价或学业成绩。

然而，尽管在线调查工具带来了种种便利和效益，其有效运用仍然需要教师的细致规划和管理。设计问卷时，问题应当清晰、具体且目的明确，避免造成误解或不必要的负担。同时，教师应当考虑如何激励学生参与问卷调查，例如通过将其纳入课程学习的一部分，或是提供额外的激励措施。在收集和分析数据时，教师需要具备一定的数据分析能力，以确保能够准确理解和应用反馈信息。

2. 反馈应用程序

在现代教育技术的蓬勃发展中，反馈应用程序已经成为教师与学生交流的一个重要纽带，它们的设计宗旨在于简化并优化反馈的收集与分发过程。这些应用程序通过各种方式改善了传统反馈机制的局限性，如时间延迟、格式单一和交流不便等问题，使得教育过程中的反馈更为及时、个性化且多样化。

教师利用这些应用程序能够提供即时的、针对性的反馈，这些反馈可以是文字描述、语音说明或视频演示等多种形式。文字反馈允许精确而详细的说明，语音反馈增添了个人化的温度和即时解释的便利，而视频反馈则能够展示更加复杂的过程或演示，让学生能够清晰地看到实际操作或表达的细节。这种多媒体的结合大大增强了反馈的效果，让学生能够从不同维度理解和吸收教师的指导。

学生在接收这些即时反馈的同时，也能够通过应用程序的互动功能对反馈进行回应。他们可以提出问题、请求进一步的解释或是对反馈内容进行讨论，这不仅仅是一个单向的接受过程，而是形成了一种双向的、互动的学习对话。这种持续的交流不仅增强了学生对反馈内容的理解，而且还激发了他们的思考和进一步的学习兴趣。

进一步来说，这些应用程序往往配备有管理功能，教师可以轻松地追踪反馈的发送和学生的接收状态，甚至分析反馈的效果。同时，学生的回应和进展也可以被系统记录和追踪，形成一种学习历程的档案，这对于个性化学习路径的规划和调整极为有利。此外，一些应用还支持群体互动，允许班级内的学生相互查看、讨论反馈，从而建立起一种协作和分享的学习氛围。

反馈应用程序通过其即时性、多样性和互动性，极大地丰富了教学反馈的维度和深度。它们不仅提高了教学效率，更加强了教与学的连接，使得学习过程变得更加生动、高效且个性化。在未来，随着技术的不断进步和教育理念的深入发展，这些应用程序的功能和影响力将会进一步扩展，成为教育领域中不可或缺的一部分。

3. 互动白板

互动白板，这一科技创新的产物，已逐渐渗透至教育领域的各个角落。它不仅仅是一个简单的展示平台，更是一种集交流、协作、创新于一体的多功能教学工具。这种工具超越了传统黑板的局限性，为教学和学习提供了一个动态、互动的空间。

在详细探讨互动白板的功能和应用之前，要先来定义它的基本构成。互动白板通常由触控屏幕、投影仪、计算机系统组成，将传统写作、绘图与高科技的数字媒体整合在一起。通过这些技术的结合，教师与学生可以在一个虚拟的画布上进行书写、绘图、播放视频和展示各类数字内容。更重要的是，它支持多点触控技术，多人可以同时在白板上协作，极大地促进了互动性。

互动白板的教学应用是多元化的。在课堂上，教师可以利用这一工具展开集体讨论，通过直观的图示和动态的内容展示来吸引学生的注意力，激发他们的学习兴趣。例如，在进行复杂概念的讲解时，教师可以实时绘制思维导图或流程图，帮助学生理解和记忆。在探究性学习或项目式学习中，教师还可以将案例研究、实验过程或研究结果通过互动白板进行演示，让学生在视觉和听觉上获得全面的信息输入。

学生也可以通过互动白板进行小组合作或个人作业的展示。在小组讨论或项目合作中，学生可以共同在白板上书写、绘图和编辑，实时共享他们的想法和进展，促进了知识的共建和技能的交叉学习。个人作业展示时，学生可以利用丰富的多媒体资源，制作内容丰富、形式多样的演示文稿，提高了学习成果的展示效果。此外，互动白板的实时共享和远程编辑功能，使得远程教学和协作变得更加高效和动态。在网络教育和远程学习日益普及的今天，教师和学生可以不受地理位置的限制，通过互联网连接到同一个白板，进行实时的交流和协作。这不仅为教育资源的均衡分配提供了可能，也为那些地理位置偏远或受身体条件限制的学生提供了接受高质量教育的机会。

然而，值得注意的是，尽管互动白板带来了诸多便利和创新的可能，但其效果的发挥还需要依赖于教师的专业素养和学生的积极参与。教师在使用互动白板时，需要设计合适的教学活动，引导学生进行深入的思考和有效的互动。同时，学生也需要具备一定的数字素养，能够熟练地操作和应用这一工具，才能真正从中获益。

互动白板作为一种先进的教学工具，它通过提供一个多功能、互动的学习环境，为现代教育带来了革命性的变化。它不仅改变了教学的方式，更促进了学习方式的变革，为培养创新思维、批判性思维和协作能力等21世纪所需的核心素养提供了有力的支持。随着科技的不断进步和教育理念的不断更新，互动白板的应用将会更加广泛和深入，为教育的未来开辟更加宽广的道路。

（三）在线协作平台

1. 文件共享与管理

在线协作平台作为当代组织结构中信息技术的重要组成部分，它不仅改变了团队成员的工作方式，也重新定义了文件共享与管理的模式。在这个数字化迅速发展的时代，这些平台提供了一个集中化的虚拟空间，其中团队成员可以上传、编辑和共享文档及其他重要文件，从而推动了信息的无缝流动和知识的集体智慧。

首先，考虑到文件管理的核心功能，这些平台通过其用户友好的接口简化了文档的存储和检索过程。成员可以轻松上传文件，并将其分类到相应的文件夹中，这些文件夹可以根据项目、部门或任何其他组织需求进行定制。一旦文件被上传，它们即可供团队中的所有成员访问，这不仅提高了资源的可利用性，也加速了工作流程，因为成员无需跨过复杂的沟通障碍即可获取他们需要的信息。

其次，这些平台通常配备了权限管理功能，使组织能够控制不同成员对文件的访问权限。这种精细化的控制不仅保护了敏感信息不被未授权成员访问，还确保了信息的正确分发，从而维护了数据的完整性和安全性。例如，领导层可以访问所有文件，而项目团队成员可能只能访问与他们直接相关的文档，这种权限设置可以根据团队的具体需求灵活调整。

最后，还有一个值得关注的特点是版本控制。在多人协作编辑文档时，跟踪每一个更改尤为关键。版本控制系统记录了文件的每次修改历史，允许团队成员查看过去的版本，并在需要时恢复到任何先前状态。这不仅有助于防止数据丢失，还提供了一个清晰的变更日志，团队成员可以通过它追踪每个更改的来源和原因，有效地减少误解和错误。此外，某些系统允许同时协作编辑，多个用户可以同时在同一文档上工作，系统会实时显示每个人的更改，这大大提升了团队协作的效率。

在安全性方面，许多在线协作平台都采用了高级加密技术和严格的数据保护措施。数据在传输过程中加密，并在安全的云服务器上存储，确保信息免受外部威胁。此外，定期的备份和灾难恢复计划确保即使在极端情况下，重要文件也不会永久丢失，团队能够迅速恢复正常运作。

在线协作平台在文件共享与管理方面的发展体现了信息技术领域的一大进步。它们通过提供集中化的文件存储、精细的权限设置、高效的版本控制以及坚固的安全保障，极大地提升了组织的协作效率和信息处理能力。随着这些技术的不断完善和普及，我们可以预见，未来的工作环境将更加依赖这种高效、安全且灵活的协作模式。

2. 实时讨论与沟通

在当今数字化时代，实时讨论与沟通技术在教育和工作实训领域发挥着至关重要的作用。这些技术通过在线协作平台集成，为用户提供了一个多功能的环境，其中包括即时消息、论坛讨论区以及视频会议功能，致力于打造一个无缝的、互动性强的学习和工作空间。在线协作平台的设计初衷是为了模拟传统工作环境中的沟通与合作，同时加入了数字化的便利和效率。

在实训包的应用场景中，即时消息功能使团队成员能够进行快速的信息交换和意见反馈。与传统的电子邮件相比，即时消息更加灵活和即时，它可以减少等待时间，使信息流动更为高效。团队成员可以实时分享文件、反馈和进度更新，确保每个人都能及时获得项目的最新动态。此外，即时消息还支持一对一或群组对话，使讨论更加灵活和有针对性，从而满足不同场景和需求。

论坛讨论区则提供了一个更为结构化的交流环境，适用于更深入、更有组织的讨论。与即时消息的短暂和快速不同，论坛讨论区允许成员发表更长的帖子，进行详细的讨论和分析。这种模式适合处理复杂问题，或需要集体智慧和多角度思考的议题。论坛的帖子通常可以被归档和搜索，使得重要信息和知识可以被保存和回顾，增强了学习和协作的持续性。

视频会议功能则是在线协作平台的另一核心组成部分，它通过提供视频和音频通信，让远程团队成员能够进行面对面的交流。在视觉和听觉的帮助下，视频会议使沟通更为直观和人性化，有助于增强团队成员之间的联系和信任。此外，许多视频会议工具还提供屏幕共享、虚拟白板和实时投票等功能，进一步促进了互动和协作。

实时讨论与沟通工具的应用不仅限于信息交换，它们还在增强团队凝聚力和合作精神方面发挥着重要作用。通过这些工具，团队成员可以更好地了解彼此的工作和思考方式，形成有效的工作关系和团队文化。在面对紧急问题或挑战时，实时讨论功能确保团队能够快速响应，集中智慧和资源，共同寻找解决方案。然而，实时讨论与沟通的成功实施需要考虑到技术、文化和组织等多方面因素。首先，平台的技术性能和稳定性至关重要，它需要能够支持高效的信息交流和大量用户的并发使用。其次，团队成员需要有足够的技术熟练度和沟通意愿，以充分利用这些工具的功能。最后，组织文化和管理方式也需要支持开放和协作的沟通环境，鼓励团队成员积极参与和贡献。

实时讨论与沟通技术通过提供即时消息、论坛讨论区和视频会议等功能，极大地促进了信息的快速交换、问题的有效解决和团队的紧密合作。在未来，随着技术的不断进步和应用场景的不断拓展，这些工具将继续演化，为用户提供更加丰富和高效的协作体验。

3. 项目进度跟踪

项目进度跟踪是确保团队合作有效性和项目按时完成的重要组成部分。它涉及的不仅是任务的分配和监控，还包括了一系列复杂的动态管理活动，其核心在于精确地把握项目的当前状态与预期目标之间的关系，并据此进行调整和优化。在这个过程中，在线协作平台发挥着至关重要的作用，它通过集成的工具和服务，如任务分配、进度条和截止日期提醒等功能，为项目管理提供了一个动态、交互式的环境。

首先，这些平台通过分配任务给团队成员，确保每个人都对自己的责任和待完成的工作有一个清晰的认识。每个任务通常都会附带具体的描述、预期结果和完成的时间框架，这有助于团队成员理解他们的工作如何与整体项目目标相联系。此外，任务分配还促进了资源的有效分配，确保团队中的每个人都能在其擅长和负责的领域发挥作用。

其次，进度条和其他视觉化工具为项目进度的监控提供了直观的界面。这些工具可以实时显示任务完成的百分比、剩余工作量和预期目标之间的差距，使团队成员和项目管理者能够迅速把握项目状态。这种即时反馈机制对于维持项目的动态调整至关重要，因为它允许团队在遇到延误或其他问题时，迅速识别并采取措施。

最后，截止日期提醒等功能帮助团队成员意识到时间的紧迫性，并鼓励他们按时完成任务。这些提醒可以是电子邮件通知、应用内提示或其他形式的提醒，它们确保团队成员始终意识到即将到来的关键时间点和里程碑。通过这种方式，团队成员可以更好地管理自己的时间和工作量，从而避免最后时刻的紧张和匆忙。

除了上述功能，在线协作平台还提供了各种各样的工具和服务来支持项目进度跟踪，包括文件共享、实时沟通、反馈循环和报告生成等。这些工具不仅促进了信息的透明度和共享，还增强了团队内部的协作和沟通。例如，实时沟通工具允许团队成员即时讨论任务和问题，文件共享功能确保所有人都可以访问最新的文档和资料，而定期的进度报告则帮助整个团队和其他利益相关者保持对项目状态的全面了解。

项目进度跟踪不仅仅是关于工具和技术的运用，它更关乎于建立一种文化，一种所有团队成员都参与监控和推动项目向前进展的文化。在这种文化中，透明度、沟通和协作是基本原则，每个人都清楚自己的角色和责任，同时也了解如何通过共同的努力来解决问题和克服挑战。通过这种方式，项目进度跟踪成为不仅确保项目按时完成，也促进团队成长和发展的关键机制。

本章小结

混合式教学模式作为一种创新的教育方法，近年来受到了广泛的关注和应用。这种模式有效地融合了线上与线下教学的优势，旨在全面提升学生的学术理解、实践技能和综合素质。在本章的分析中，我们通过具体案例探索了混合式教学模式在不同课程中的应用，并对其效果进行了综合评价。

在研学旅行和商务礼仪课程这两个案例中，混合式教学模式的应用展示了其在理论与实践结合方面的独特优势。在研学旅行课程中，学生通过实地考察，将课堂上学到的理论知识与实际情况结合起来，从而更深刻地理解和消化这些知识。这种直接的体验不仅加深了学生对学科知识的理解，还激发了他们对学习的兴趣。例如，当学生们亲自访问历史遗址时，他们不仅能够亲眼看到历史的痕迹，还能够通过亲身体验来理解历史事件的影响和意义。这种互动式的学习方式使得理论知识不再是抽象和枯燥的，而是变得生动和有意义。同样，在商务礼仪课程中，混合式教学模式通过情景模拟和角色扮演等方法，使学生能够在模拟的商业环境中实践和应用所学知识。这些活动不仅加强了学生的专业技能，还提高了他们解决实际问题的能力。通过这样的实践，学生能够在安全的环境中犯错并从中学习，这对于他们未来在职场上的表现至关重要。例如，在一个模拟的商务谈判中，学生需要运用他们对商务礼仪的理解，来确保谈判的顺利进行。这种实践不仅加强了他们的沟通技巧，还教会了他们如何在专业环境中表现得更加得体和有效。

混合式教学模式中的反馈机制同样值得关注。这种模式提供了多样化的反馈方式，包括即时反馈、视频分析和互动论坛讨论，这些机制共同构成了一个全面和细致的学习指导体系。即时反馈机制的应用允许教师在学生学习过程中及时地识别问题，并给予相应的帮助和指导。这种反馈方式的重要性在于，它使得学生能够立刻了解到自己在学习过程中的不足之处，从而快速调整学习策略。例如，教师可以在学生完成一个特定任务后立即提供反馈，指出学生的错误并解释正确的方法，这样学生就可以即时吸收和理解这些反馈，从而有效避免重复错误。

视频分析工具作为另一种关键的反馈手段，在混合式教学中发挥着重要作用。通过这一工具，学生能够观看并分析自己在模拟活动或实际操作中的表现。这不仅有助于学生自我评估，还能让他们识别自己的强项和弱点。例如，在一个商务演讲模拟中，学生可以回看自己的演讲视频，分析自己的语言表达、身体语言和内容组织，从而更好地了解自己在哪些方面表现优秀、哪些方面需要改进。此外，教师也可以利用视频分析来提供更具体和个性化的反馈，帮助学生针对性地提高自己的表现。

互动论坛讨论在混合式教学模式中也起着不可或缺的作用。这种平台为学生提供了一个交流思想、分享经验和观点的空间，不仅增强了学习的深度，还拓宽了学习的视野。在互动论坛上，学生可以相互讨论课程内容，分享学习方法和心得，甚至可以提出问题，寻求同学或教师的帮助。这种形式的学习不仅促进了学生之间的交流和合作，还激发了他们对学习的积极性和主动性。例如，学生可以在论坛上发起关于课程主题的讨论，通过不同的视角和意见，加深对课程内容的理解。

　　技术工具在混合式教学中的应用同样不可忽视。通过各种模拟软件、视频工具和在线协作平台，学生得以接触丰富的学习资源和实践机会。这些工具不仅提高了教学互动的质量，还增强了反馈的效率，从而使学生能够更有效地吸收和应用新知识。例如，模拟软件能够创造出接近真实的工作或商务环境，使学生可以在其中进行角色扮演和情景模拟。这种模拟不仅使学生能够在安全和控制的环境中学习和练习，还能让他们在实际工作场景中应用所学知识和技能。例如，在一个模拟的商务谈判中，学生可以练习谈判技巧，学习如何在商业环境中有效沟通和解决问题。

　　视频工具的应用也极大地促进了学习的效率。学生和教师可以利用视频工具来回顾课堂表现或模拟活动中的表现，从而提供具体和针对性的反馈。例如，学生可以通过观看自己的演讲或表演视频来分析自己的表现，教师也可以通过这些视频来指出学生的不足之处和改进空间。此外，视频工具还可以用于记录和分享最佳实践和成功案例，这对于激发学生的学习热情和鼓励学生学习优秀表现非常有帮助。

　　在线协作平台的应用则使学习过程变得更加互动和有趣。这些平台为学生提供了一个合作和交流的空间，使他们可以在学习过程中相互支持和激励。学生可以在这些平台上共同完成项目，分享资料和信息，甚至可以在线协作解决问题。这种形式的学习不仅促进了学生之间的合作，还增强了他们对课程内容的理解和应用。例如，学生可以在在线协作平台上共同完成一个团队项目，通过这种方式，他们不仅可以学习如何在团队中有效沟通和协作，还能够更好地理解和应用课程中的知识和技能。

　　最后，教学模式的持续优化是保证教学效果的关键。混合式教学模式的一个重要特点是灵活性和适应性。根据学生的反馈和教学效果，对教学方法、课程内容和反馈策略进行不断调整，是实现教育目标的有效途径。这种持续的优化过程不仅满足了学生的学习需求，也促进了教育质量的整体提升。例如，如果学生在某个课程模块中普遍表现不佳，教师可以根据学生的反馈对该模块进行修改和调整，以确保所有学生都能理解和掌握相关知识。同样，如果学生对某个教学方法特别感兴趣，教师也可以考虑在未来的课程中增加类似的教学活动。

　　综合来看，混合式教学模式在多个方面展现了其独特的优势。通过理论与实践的结合、多样化反馈机制的应用、技术工具的有效运用以及教学模式的持续优化，这一模式为现代教育提供了新的视角和方法。无论是在提高学生的学术理解、实践技能还是在提升他们的综合素质方面，混合式教学模式都显示出了巨大的潜力。这一模式的成功实施不仅有助于学生的个人发展，也为教育领域带来了革新和进步。随着教育技术的不断发展和完善，我们有理由相信，混合式教学模式将在未来的教育实践中发挥更加重要的作用。

第五章 混合式教学立体反馈模式的效果验证

混合式教学立体反馈模式，作为一种创新的教学方法，其效果的验证至关重要。在实际应用中，如研学旅行课程和商务礼仪课程，提供了这一模式成效的直观展示。研学旅行课程中，混合式教学的应用不仅加深了学生对理论知识的理解，还增强了他们的实践技能。通过具体的活动参与和反馈分析，可以观察到学生如何将课堂学习与现实世界的体验相结合，从而获得更全面的教育体验。同样，商务礼仪课程中混合式教学的应用也展示了其在职业技能培训方面的有效性。在线学习平台与面对面教学的结合，不仅提供了理论知识，还通过实际演练和模拟情境训练，帮助学生掌握必要的商务礼仪技能。在这一过程中，反馈机制起到了至关重要的作用，帮助学生及时调整学习策略和行为，从而提高学习成效。这些案例的深入分析，不仅验证了混合式教学立体反馈模式的有效性，还提供了对其优化和改进的有力见解。这种模式的成功实施展示了教学方法创新的巨大潜力，为未来教育实践提供了宝贵的经验和启示。

第一节 混合式教学立体反馈模式效果验证分享研学旅行课程

（一）学生参与度的评估

1. 在线学习平台活动监测

在线学习平台的迅猛发展催生了一种新型教育模式，这在全球范围内已被广泛采纳。这些平台通过其精细化的数据跟踪和分析能力，提供了一个前所未有的机会，用于监控学生学习行为和参与程度，从而促进教育的个性化和精准性。通过实时捕捉和分析学生对教学内容的互动，如登录频率、页面浏览时间、视频观看进度以及交互式资源的使用情况等，教师能够获得关于学生学习模式和需求的深入洞见。

这些数据的详尽程度为教师提供了一种手段，使他们能够细致入微地观察每个学生的学习轨迹，并据此调整教学策略。例如，如果数据显示某个学生在理解某个特定概念上遇到困难，教师可以及时干预，提供额外的资源或者个别辅导来支持该学生。同样，如果整个班级在某个环节的参与度不高，教师可以推断出内容可能过于枯燥或难度过大，并据此调整课程设计，如通过引入更有吸引力的多媒体元素或者简化复杂的概念来提高学生的参与度。

这种数据驱动的方法还促进了教学的连续性和适应性。随着学生行为模式的变化，教师可以持续地监测这些变化并适时调整教学计划，保证教学内容始终与学生的当前需求相匹配。这种方法尤其在远程教学环境中显得至关重要，因为物理上的隔离使得传统的观察和反馈机制变得不可行。然而，虽然在线学习平台的活动监测为个性化教学提供了强大的工具，但同时也带来了关于数据隐私和合理使用的问题。因此，教育者和平台开发者需要确保在收集、处理和分析数据时遵守严格的伦理标准和法律规定，保护学生的隐私权益，同时确保所提供的数据能够被透明且负责任地用于提升学习体验和效果。

在线学习平台活动的监测通过提供深入的数据洞察，为教育者提供了优化教学策略和促进学生成功的强大工具。这些平台的综合性数据分析能力标志着教育技术领域的一个重要进步，它不仅改变了教学和学习的方式，更为实现真正个性化、高效和包容的教育体验提供了可能。然而，随着这种能力的提升，对于如何合理地处理和使用这些数据的讨论也变得尤为重要，这要求所有利益相关者共同努力，确保科技进步能够在尊重个人隐私和促进教育公平的基础上进行。

2. 讨论板互动次数分析

讨论板作为一种网络教学环境中的互动工具，其在教育领域的运用已成为评估学生学习参与度和促进知识交流的重要手段。在这个数字化学习的时代，教师和学者们越来越依赖于这些虚拟交流平台来监测学生的学习进度，理解学生对于特定学科主题的认识深度，以及判断他们的批判性思维能力。

讨论板上的帖子数量可以作为衡量学生参与度的一个直观指标。一个活跃的讨论板，充满了学生的发帖和回复，意味着学生们积极参与了课程内容的讨论。首先，通过统计和分析帖子的数量，教师可以大致了解课堂上的参与氛围，识别出参与度较低的学生，并进一步探索促进他们参与的策略。其次，回复频率和回复间的时间跨度是另一种评估交互质量的重要维度。高频率的回复通常表明讨论话题引起了学生的浓厚兴趣，他们愿意花时间回复他人的帖子，形成了良好的互动。此外，快速的响应时间可能表明了学生对于讨论话题的积极态度和即时反应能力。

讨论的质量是评估讨论板活动中最核心的部分。这不仅仅体现在参与的数量上，更重要的是内容的深度和广度。高质量的讨论往往包含对课程材料的深入理解、批判性分析、不同观点的比较和综合等。教师可以通过评估帖子的内容深度、逻辑性、创新性以及是否引用了课程材料或其他相关资源来判断讨论的质量。例如，一个对课程概念有深入讨论和批判的帖子，往往比仅仅重复课件内容的帖子表现出更高的思考水平和学习深度。

在实践中，教师可以运用各种工具和技术来分析讨论板的互动次数。这包括但不限于使用统计软件来追踪帖子数量和回复频率，运用文本分析工具来评估讨论的内容质量，以及设置相关的评估标准来指导学生如何进行高质量的讨论。同时，鼓励学生对同伴的帖子进行有建设性的回复，不仅能增加讨论的深度，也能建立学生间的学术共同体，促进知识的共享和创新。此外，教师应当意识到，虽然讨论板提供了一个方便的平台来监控和促进学生互动，但也存在一些挑战。例如，如何确保所有学生都能公平地参与讨论，如何管理和引导在线讨论的方向，以及如何确保评价的公正性等。因此，在利用讨论板进行教学时，教师需要设计周到的指导策略和评估机制，确保讨论活动能够有效地促进学生的学习和发展。

讨论板互动次数的分析是评估和提升教学质量的一项重要工作。通过细致的量化分析和深入的内容评价，教师不仅能够理解学生的学习状态，更能够根据分析结果调整教学策略，优化课程设计，最终提升整个学习过程的质量和效果。故此，讨论板作为一种教学工具，其价值不仅仅在于提供一个交流平台，更在于它作为连接教师与学生、学生与学生之间沟通的桥梁，促进了知识的深入交流和理解。

3. 课堂积极程度评估

课堂积极程度评估是一个多维度的、动态的过程，涉及多种参与形式和评估方法。在传统的面对面教学环境中，教师通过直观的观察和结构化的评估方法来感知并评价学生的课堂参与度。学生的参与度是衡量教学效果和学生学习深度的重要指标，它影响着课堂氛围、教学质量以及学生的综合能力发展。

参与度本身包含了各种形式的学生活动，如提问、参与讨论、小组合作与交流，以及对课堂内容的吸收和反馈。每一种活动都是学生积极程度的体现，它们共同构成了一个全面的评估体系。例如，学生在课堂上提问不仅表明了其对内容的兴趣和好奇心，也反映了其批判性思维和理解能力的水平。同样，参与讨论和小组活动不仅能提升学生的沟通技能，也促进了知识的深入理解和长期记忆。

在评估学生的课堂积极程度时，教师需要综合考虑多种因素。一是学生的行为表现，包括出席率、课堂互动频率以及小组活动中的参与程度。通过这些直观的表现，教师可以大致判断学生的积极性水平。二是学生对课程内容的理解和吸收，这通常通过作业、测验和课堂反馈来评估。学生的表现不仅反映了其学习效果，也体现了其对课程的投入和兴趣。三是学生的情感态度，包括对学习的热情、对课程的态度以及与师生的互动质量，这些通常通过观察和非正式的交流来评估。然而，评估课堂积极程度并非没有挑战。首先，参与度的评估主观性较强，不同教师可能会有不同的评价标准和期望。其次，学生的表现可能受到外部因素的影响，如个人性格、文化背景或者课外压力等，这些因素都可能影响学生在课堂上的表现。因此，教师在评估过程中需要保持灵活性和开放性，综合考虑各种因素，做到公平、客观地评价。

课堂积极程度评估是一个复杂而重要的任务。它要求教师不仅仅关注学生的行为表现，更要深入理解学生的学习过程和心理状态。通过综合多种评估方法和适时的反馈，教师可以更有效地促进学生的积极参与，进而提高教学质量和学生的学习成效。同时，这一过程也为学生提供了自我反思和成长的机会，使他们能够在学习过程中不断进步和发展。

4. 成果展示与反思日志

在教育领域，成果展示与反思日志的应用是一种深化学生学习体验和提升教学质量的重要手段。这种方法要求学生提交与课程内容相关的成果或反思文本，通常包括但不限于项目、报告、演讲或其他形式的创造性作品。该过程不仅仅是完成任务的简单过程，而是一种深层次的认知活动，要求学生整合所学知识、技能以及个人经验，以独特而深入的方式展示其学习成果。

在成果展示中，学生被引导去整合课程知识与实践操作，将理论知识运用到实际问题解决中。例如，在一个设计课程中，学生可能需要提交一个实际的产品设计方案；在历史学课程中，学生可能需要进行一场关于特定历史事件的模拟演讲。这些成果不仅展示了学生对学科知识的掌握程度，而且还体现了他们的创造力、批判性思维能力和问题解决能力。

反思日志则是一个更为内省和自我评估的过程。它要求学生回顾整个学习过程，分析和评估自己的理解、情感反应和学习策略。通过写作反思日志，学生不仅回顾了自己的学习历程，还有机会识别自身的优势和不足，从而调整他们的学习方法和策略。这种自我反思对于培养终身学习的态度和技能至关重要。

实施成果展示与反思日志的过程也鼓励了教师与学生之间的互动。教师可以通过学生的提交物了解每个学生的学习状态，识别学习障碍，并提供个性化的反馈和支持。同时，这一过程也为教师提供了关于教学效果的宝贵信息，帮助他们调整教学策略和内容，以更好地满足学生的需求。

此外，实施成果展示和反思日志的过程还培养了学生的自主学习能力。学生需要自己规划时间，管理项目，决定如何最有效地展示他们的学习。这种自主性是当今快速变化的世界中不可或缺的技能，可以帮助学生在学术和职业生涯中取得成功。然而，要有效实施这种教学方法，教师和学生都需要投入相应的时间和精力。教师需要设计合理的任务，提供清晰的指导和反馈，而学生则需要投入时间和努力去深入理解课程内容，创造性地展示他们的学习成果。此外，教育机构也需要提供必要的资源和支持，例如提供平台或工具以方便学生展示他们的作品。

成果展示与反思日志是一种富有成效的教学和学习方法。它不仅提高了学生的参与度和学习深度，而且还促进了他们批判性思维、创造性表达和自主学习能力的发展。尽管实施这种方法有一定的挑战,但其带来的教育效益是显而易见的。通过持续优化和实践,成果展示与反思日志可以成为提高教育质量和学生学习体验的强大工具。

(二)知识掌握程度的测试

1. 在线测试的设计与实施

在线测试作为教育技术领域的一项重要进展,它不仅仅是将传统纸质测试的内容转移到网络平台,而且是利用网络技术的多样性、交互性和广泛覆盖性,为评估学生的学习成果提供了一个灵活、高效并且可以个性化的方式。其核心在于如何设计和实施这样的测试,以达到教学和评估的目的。

首先,设计在线测试要明确的是测试的目标和测试内容,这需要与教学大纲紧密结合,确保测试内容覆盖了必要的知识领域和技能。在题型设计上,不宜单一,应包含多种形式的问题,例如选择题可以快速评估学生对知识的记忆和理解;填空题和简答题能够检验学生的应用能力和理解深度;案例分析和论述题则可以评估学生的综合分析能力和创新思维。

其次,在多样化的题型设计中,要考虑引入开放式问题,鼓励学生进行深入思考,这样不仅能够评估学生的知识水平,还能激发他们的创造力和问题解决能力。

再次,考虑到在线测试的特殊性,应充分利用技术手段提升测试的有效性和参与度。例如,利用多媒体元素,如视频、音频、图片和交互式模块,不仅可以使问题更加生动、有趣,还能更好地模拟实际情况,使测试更加接近实际工作或生活场景。这种情景化的测试可以更好地评估学生的实际操作能力和决策能力。同时,还可以通过数据分析技术来追踪学生的学习进度,分析测试结果,为教师提供关于学生学习状态的反馈,以便于教师调整教学策略。

最后,在实施在线测试时,确保测试的安全性和公正性是极其重要的。由于在线测试允许学生在远程环境下完成,因此需要特别注意防止作弊行为。可以通过设计不可预测的问题顺序、时间限制、监控软件等方式来增加测试的安全性。同时,为了确保所有学生都能公平地参与测试,需要考虑到不同学生的技术设备和网络接入条件，尽可能提供技术支持和指导，确保测试环境的稳定性和可访问性。

在线测试作为一种现代化的教学评估工具，它的设计和实施需要教育者充分考虑教学目标、学生需求、技术条件等多方面因素，通过多样化的题型设计、情景化的问题设置以及严格的安全和公平措施，来实现对学生学习成果的有效评估。通过这种方式，不仅能够提高测试的效率和质量，还能够促进学生的全面发展，为他们未来的学习和工作打下坚实的基础。

2. 课堂测验的运用

课堂测验，作为评估学生知识掌握的一种广泛采用方法，其实质不仅仅在于测量学生对特定知识点的记忆和理解，而且更深层次地关注学生的思维过程和应用能力。不同于在线测试的单向性和时空限制，课堂测验以其即时性和互动性的特点，在教育评估领域占据着不可替代的地位。它通过直观反映学生的即时学习状态，使教师能够迅速捕捉到学生在知识吸收和技能掌握上的盲点和误区，进而及时调整教学方法，优化教学计划。

在实施课堂测验时，教师通常采用多种策略和形式来达到最佳的评估效果和教学反馈。这些形式可能包括但不限于传统的纸笔考试、口头提问、互动式的小组讨论等。无论是形式化的考试还是非正式的即兴提问，其最终目的都是为了促进学生的全面发展，包括知识的吸收、批判性思维的培养以及解决问题的能力。

课堂测验的即时反馈特性为教师提供了一个观察和评估学生学习状态的窗口。通过学生对问题的回应，教师可以判断出哪些概念或理论学生已经掌握得很好，哪些还需要进一步讲解和巩固。这种及时调整的过程，不仅增加了教学的灵活性和针对性，也提高了学生的学习效率。例如，当一个教师在课堂上进行快速测试后发现大多数学生在某个特定概念上存在误解时，他可以立即进行重点讲解，或者安排相关的补充材料和练习，以确保学生能够在继续前进之前掌握核心知识点。

课堂测验也促进了学生的积极参与和自我反思。通过参与测验，学生被鼓励去回顾和思考他们所学的内容，识别自己的强项和弱点。这种参与不仅仅是被动接受知识，而且是一个积极的学习过程，学生通过自我评估，不断调整自己的学习策略和方法。在这个过程中，学生的自我监控能力和自我调节能力得到加强，这对于他们的长期学术成长和个人发展都是极为重要的。同时，课堂测验的设计和实施也需要教师具备相应的专业知识和技能。一个有效的测验不仅要能准确地评估学生的学习成果，还要激发学生的学习兴趣，培养他们的批判性思维和解决问题的能力。因此，教师在设计课堂测验时，需要考虑多种因素，包括测验的难度、形式、内容的覆盖范围以及如何有效地反馈结果等。通过精心设计和实施，课堂测验可以成为促进教学和学习双向发展的强有力工具。

课堂测验作为一种动态、互动和灵活的教学评估工具，其价值不仅仅在于评价学生的学业成绩，更在于促进学生的全面发展和终身学习能力的培养。通过有效的课堂测验，可以建立起一个积极的学习环境，让教学和学习过程更加高效、有趣和富有成效。

3. 理论与实践相结合的测试内容

在教育与评估领域中，将理论知识与实践技能相结合的测试内容构建被广泛认为是提升学生综合能力的重要途径。这种测试方法旨在促进学生深层次的理解和长期的知识记忆，以及在实际情境中灵活运用所学知识的能力。其基本出发点在于教育不仅仅是关于知识的传授，更重要的是能力的培养，包括批判性思维、问题解决和决策制定等。

在设计这种类型的测试内容时，教育者需要确保测试不只是简单地要求学生回忆和重复理论知识。相反，应该通过各种类型的题目，如案例分析、模拟实验、项目设计和实地考察等，来检验学生的理解深度和应用能力。例如，可以提供一个实际问题或情境，要求学生应用其理论知识来分析问题、提出解决策略，并对可能的结果进行预测和评估。这样的测试题目既能考察学生对理论的掌握程度，也能检验他们将理论应用于实践的能力。

为了更有效地整合理论与实践，教育者在设计测试内容时还应考虑以下几个方面：首先，题目需要具有现实世界的相关性，以确保学生学习的内容与他们未来可能遇到的实际问题和情境相关联。其次，应该鼓励学生采用多元化的思维方式和方法论来处理问题，这不仅包括逻辑推理和分析，还包括创造性思维和直觉。最后，测试还应该允许学生展示他们的学习过程和思考路径，而不仅仅是最终答案，这可以通过开放式问题或反思性作业来实现。

实施这种测试内容的挑战在于它要求教育者具有深入的学科知识和实践经验，以及创新和灵活设计测试题目的能力。此外，评估学生答案的质量也比选择题或填空题等传统测试形式更为复杂和耗时，因为它涉及对学生分析、推理和创新能力的主观评价。因此，为了确保评估的有效性和公正性，教育者需要开发明确的评分标准和指导方针，并进行适当的评分者培训。

将理论与实践相结合的测试内容是教育与评估领域的一个重要发展方向。通过这种方式，可以更有效地促进学生的全面发展，提高他们解决复杂问题的能力，并为他们未来在多变的工作环境中的成功奠定基础。尽管实施这种方法存在一定的挑战，但其潜在的教育价值和长远影响是显而易见的，值得教育者和学者们进一步探索和实践。

（三）实地活动表现的分析

1.沟通能力

沟通能力在实地活动中显得尤为重要，它作为衡量学生表现的一项关键指标，蕴含了丰富的维度和层次。在教育和学习的场域里，沟通能力的展现不但是语言的交换，而且是一种多维度的互动和理解。这种能力的培养和评价，不仅涉及语言表达的流畅性和清晰度，这是最基本的，更进一步地，它还包括了非语言沟通的各个方面，如肢体语言、面部表情以及听力理解能力。

语言表达的流畅性和清晰度是沟通能力的基础。这不仅仅意味着学生能够用准确的语言表达思想，更重要的是，这些语言能否被他人理解和接受。一个人可能词汇丰富，语法精准，但如果不能根据听众的背景或需要调整其语言，使之简明扼要且富有说服力，则其沟通能力仍有待提高。在实地活动中，学生经常需要在小组讨论或演讲中表达自己的观点，教师在此时会观察学生是否能够有条不紊、逻辑清晰地表达自己的思想，并能够根据对方的反应灵活调整自己的表达方式。

非语言沟通在实地活动中同样不可或缺。肢体语言，如手势、身体姿态，以及面部表情，往往能传达出语言之外的信息。一个开放的姿态，一个鼓励性的点头，或是一个同情的眼神，都可能在沟通中起到关键作用，增进相互理解和信任。

同时，有效的听力理解能力也是沟通不可忽视的一环。这不仅仅是指听和理解对方的语言内容，更包括理解对方的情绪和意图，以及对话中的隐含意义。在小组讨论中，如果一个学生能够准确地捕捉并回应其他成员的想法和感受，他或她就显示出了优秀的听力理解能力。

在评价沟通能力时，教师会综合观察学生的语言和非语言表达。他们会注意到学生是否能够在小组讨论中有效地发表自己的意见，是否能够理解并尊重他人的观点，以及是否能够在对话中建立共识或达到目标。这种评价不仅仅关注学生的表达技巧，更重要的是，它关注学生如何在实际的沟通场合中运用这些技巧，以及他们如何在不同的社交情境中灵活地调整自己的沟通策略。

沟通能力是一个多层次、多维度的概念，在实地活动中对学生的学习和互动起着至关重要的作用。它不仅包括语言表达的流畅性和清晰度，还包括非语言沟通的各个方面，如肢体语言、面部表情以及听力理解能力。评价沟通能力时，需要综合观察学生在这些方面的表现，以及他们如何将这些技能应用于实际的沟通和学习中。通过这样全面而深入的评价，我们可以更好地理解和培养学生的沟通能力，帮助他们在未来的学习和生活中取得成功。

2. 团队合作

在当今的教育领域中，团队合作能力是被极其重视的一项素质，它不仅体现在学生的集体活动中，更渗透在他们的日常学习和未来的工作中。团队合作能力的培养，是一个涉及多方面能力的综合过程，包括学生在团队中的角色承担、对团队目标的认识与贡献，以及在遇到团队内部冲突时的沟通和调解技巧。

首先，角色承担是团队合作中的一个重要方面。每个团队成员都应有明确的角色和责任，而学生在团队任务中承担的角色能够帮助他们了解自身在集体中的定位和作用。角色的分配通常是根据个人的特长和团队的需求来决定的，学生通过承担不同的角色，能够在实践中学习如何发挥自己的长处，同时也学会尊重和依赖其他成员的专长和贡献。

其次，对团队目标的贡献体现了学生的协作精神和责任感。在团队合作中，每个成员都应当对共同的目标保持高度的认识和热情，通过各自的努力为实现这一目标做出贡献。这不仅要求学生在技能和知识上做出贡献，更要求他们在情感和态度上与团队保持一致，共同面对挑战，分享成功的喜悦。

面对团队冲突时的调解能力也是团队合作能力中不可或缺的一部分。在任何团队活动中，冲突和分歧都是在所难免的。学生在面对这些挑战时，需要学会如何有效沟通，表达自己的观点，同时也要学会倾听和理解他人的意见。通过协商和对话，团队成员可以找到解决问题的方法，达成共识，这不仅有助于解决当前的问题，更能增强团队的凝聚力和合作精神。

在实地活动中，教师的观察和指导对于学生团队合作能力的培养至关重要。教师可以通过观察学生在活动中的表现，了解他们的合作状态和问题解决能力。通过即时的反馈和指导，教师可以帮助学生认识到自己在团队合作中的优势和不足，鼓励他们在未来的合作中发挥更大的作用，同时也指导他们如何更有效地解决团队中的问题。

团队合作能力的培养是一个复杂而深远的过程，它不仅关乎个人的成长和发展，更关乎整个团队的和谐与进步。通过在实践中不断学习和提升，学生可以逐步建立起强大的团队合作能力，这将为他们的学习生涯乃至未来的职业生涯奠定坚实的基础。

3. 问题解决能力

问题解决能力在教育域中被广泛认为是核心素养之一，它涵盖了学生在面对挑战和困难时，有效识别、分析问题和提出解决方案的能力。这种能力的培养并非一蹴而就，而是一个涉及多方面技能和知识整合的复杂过程。在具体实施中，教师通过设计各种实地学习活动，引导学生走出传统课堂，直面实际问题。这些活动可能涵盖了从项目管理到人际交往的多个方面，旨在提供一个充满挑战的环境，促使学生动用和锻炼其问题解决能力。

在实地学习的过程中，学生可能会遇到各种突发事件和难题，如项目执行中的资源调配、时间管理，或是团队合作中的沟通协调问题。面对这些问题，学生需要迅速识别问题的本质，这通常要求他们具备敏锐的观察力和快速的信息处理能力。识别问题之后，分析问题的环节随之展开，学生需要将问题拆解，理清问题的各个组成部分及其相互关系，这一过程往往需要深入的逻辑思维和批判性思维。例如，在项目延期的问题上，学生不仅要看到时间的紧迫，还要能够分析造成延期的各种可能因素，如人力资源不足、计划安排不合理等，并对这些因素进行权重排序，以确定解决方案的优先级。

提出解决方案是问题解决过程中的高潮部分，要求学生综合运用所学知识和创造性思维，设计出切实可行的方案。在这一环节，教师的角色尤为关键，他们不仅要提供必要的指导，帮助学生拓展思路、激发创意，还要教会学生如何评估方案的可行性和效果，如何预见和规避可能的风险。此外，学生还需学会如何表达和呈现自己的方案，这涉及沟通技巧和说服技巧的运用，特别是在团队协作的情况下，有效的沟通协调能力对于方案的成功实施至关重要。

在整个问题解决过程中，教师应当通过不断的反馈和评价，帮助学生认识到自己的长处和短处，鼓励他们在实践中不断尝试和修正，从而提高问题解决的效率和效果。同时，教师还应创造机会，让学生在不同情境下应用问题解决技能，如通过参与社区服务、企业实习等活动，使学生能够在真实的社会环境中检验和深化自己的能力。

问题解决能力的培养是一个动态的、多维的过程，它不仅关系到学生知识和技能的学习，更关系到他们的心理素质、情感态度和价值观的培养。通过有效的实地学习活动，学生在不断的实践中提升自己的问题解决能力，为将来的学习生活和职业发展奠定坚实的基础。

4. 文化和环境敏感度

研学旅行作为一种教育方式，其核心在于通过实地考察和体验来增进学生的学习和理解。在此过程中，文化和环境敏感度成为一个不可或缺的能力，它直接关系到学生能否充分利用这一教育机会，进行深刻的学习和个人成长。文化和环境敏感度涉及对异质文化的认识、理解和尊重，它要求学生在接触不同的文化和环境时，能够显示出敏锐的观察力、开放的心态以及适应能力。

当学生踏入一个全新的地域，面对着陌生的文化和不同的生活方式时，他们的第一反应往往是好奇或者不适。这时，文化和环境敏感度的培养就显得尤为重要。它不仅仅是对外在文化标志的识别，比如语言、服饰、饮食习惯等，更是一种深层次的文化理解和内在的价值观念调整。学生需要学习如何在不违背自己核心价值的基础上，理解并尊重那些与自己不同的文化表现形式，学会在新环境中找到属于自己的位置，同时吸纳不同文化中积极的部分，促进自身的全面发展。

在此过程中，教师的角色至关重要。他们不仅需要在旅行前提供充分的文化背景知识，帮助学生建立初步的文化敏感度，更需要在旅行中持续观察学生的表现，引导他们进行深入的文化体验和自我反思。教师会注意到学生是否能够展现出对当地文化的好奇心，是否在与当地人交流时显示出尊重和兴趣，是否能在遇到文化差异时保持开放和适应的态度。同时，教师也会鼓励学生从每一次经历中学习，无论是对当地文化的深入了解，还是对自我身份的思考。

从长远来看，培养文化和环境敏感度不仅对学生个人成长有益，也对于建设更为和谐的多元文化社会至关重要。在全球化日益加深的今天，人们越来越需要能够理解并尊重不同文化的能力。通过研学旅行，学生不仅有机会亲身体验和学习，更是在不知不觉中培养了这一宝贵的能力。他们学会了如何在多元文化的世界中寻找共性，如何在差异中寻求理解和和谐，这些学习将伴随他们一生，影响他们的世界观和行为方式。

文化和环境敏感度是研学旅行中不可或缺的一部分，它要求学生在新的文化环境中展现出好奇、尊重和适应。通过这一过程，学生不仅能够获得知识和体验，更能在深层次上进行个人成长和价值观的塑造。教育者和学生都应当重视这一点，使研学旅行成为一次真正的学习和成长之旅。

（四）学生自我反思报告的分析

1. 学习体验的综合评估

在当代教育理念的演进中，学习体验的综合评估已经成为教育质量提升的关键要素。在这一过程中，学生的自我反思报告充当了桥梁的角色，连接了课程设计者与实际接受教育者之间的反馈循环。这种自我反思的实践，不仅仅是一种自我审视的过程，更是一种深度的教学互动，它涉及课程内容、教学方法、资源利用和学习环境等多个层面，为教学改进提供了实证基础。

在这种评估模式下，学生被鼓励总结和反思他们的学习经历。这包括对课程内容的消化与理解，对教学方法的适应性和效果的评价，对所提供资源的有效利用，以及对学习环境的舒适度和促进性的认识。这些多维度的反馈形成了一个丰富的数据源，使教育者能够洞悉学生的学习体验，并据此调整和改进课程结构和教学策略。

举例来说，学生可能会在报告中指出某些特定的讲座或讨论课极大地激发了他们的思考，这种反馈直接指向了教学方法的有效性。反之，如果学生普遍反映某些活动或材料缺乏吸引力或实用性，这便是教学改进的信号。这种反馈不仅限于课程内容本身，更涉及教学环境和资源的配备，比如数字学习工具的可获取性，或者学习空间的舒适性等，这些都直接影响学习效率和质量。

值得注意的是，这种综合评估并非单向的教育质量监控，而是一种动态的互动过程。学生在进行自我反思的同时，也在学习如何评价和改进自己的学习策略，这对于培养终身学习能力具有不可忽视的价值。同时，教育者通过这些反馈，不仅可以改进课程，更能在教学实践中不断自我完善，形成一种以学生为中心的教育模式。

学习体验的综合评估是一个多层面、多维度的过程，它涉及学生、教师、教学内容和环境等多个因素。通过这种评估，我们可以系统地收集和分析学生的学习反馈，从而为教育质量的提升提供有力支持。这不仅有助于教育者了解和改进教学实践，更为学生提供了一个表达学习体验和参与教学改进的平台，这对于构建一个互动、反思和进步的学习环境至关重要。

2. 个人成长与发展

知识的吸纳、技能的提升与态度的磨炼如何共同塑造一个人的综合能力。这一过程不仅仅是静态的知识累积，更是动态的能力演进，它要求个体在生活的各个层面进行自我反思与自我超越。

首当其冲的是知识的积累。在这个信息爆炸的时代，学习者需要筛选并吸收有价值的信息，将其转化为自己的知识体系。知识的积累不仅仅是记忆事实和数据，更重要的是理解概念、原理和方法论。这些知识的内化，为批判性思维的培养提供了丰富的土壤。批判性思维是一种评估和分析信息的能力，它要求学生不仅要接受事实，还要质疑、分析和综合信息，形成自己的见解。

沟通能力是个人成长中不可或缺的一环。无论是口头还是书面，有效的沟通能力使个体能够清晰、准确、有说服力地表达自己的思想和感受。在多元化的社会环境中，良好的沟通技能有助于建立人际关系，推进合作，解决冲突。此外，随着社交媒体和数字技术的普及，数字沟通能力也成为个人必须掌握的技能之一。

特定学科知识的提高是个人专业成长的直接体现。无论是自然科学、社会科学还是人文艺术，深入的学科知识不仅能够增进个人的认识能力，还能提高解决实际问题的能力。在此基础上，跨学科的知识整合能力也越来越受到重视，它要求个体不仅要深耕于一门学科，还要能够跨界思考，将不同领域的知识融合应用。

个人成长还包括非技术技能，即所谓的"软技能"的提升。解决问题的能力是其中之一，它不仅需要逻辑和创造性思维，还需要决策和执行的勇气。自我管理则涉及时间管理、情绪控制、目标设定等多个方面，这些能力有助于个体高效、稳定地实现个人与职业发展。团队协作能力强调的是在团队环境中与他人有效合作的能力，包括但不限于沟通、协调、共情和领导力。

在个人成长的旅程中，持续的自我反思至关重要。它不仅帮助个体认识自己的长处和短处，还能激励个体设定新的学习目标，寻找改进的途径。自我反思是一个循环往复的过程，它伴随着个体的每一步成长，不断深化个体的自我认知，提高自我效能感。

个人成长与发展是一个多维度的、动态的过程，它要求个体在知识、技能和态度等多个方面进行持续的学习和提升。通过不断的学习和实践，个体不仅能提高自身的竞争力，还能更好地适应快速变化的世界，实现个人价值的最大化。

3. 利用反馈进行自我改进

在教育的众多构成要素中，反馈机制作为一种重要的教与学互动形式，对学生的学习过程和成果具有深远影响。学生的反思报告，作为这一机制中的一个核心组成部分，不仅是学生对自身学习的回顾和总结，更是对教师反馈、同伴评论以及自我评估的深度吸收和转化的体现。通过对教师反馈的认真分析，学生能够了解自己的学习现状，识别出知识理解和技能应用中的缺失或偏差。同伴的评论，作为一种来自同龄人的视角和理解，为学生提供了另一种思考和评价自己学习的方式。而自我评估，则是学生对自己学习过程和结果进行自主反思和判断的过程。

在整个自我改进的过程中，学生需要将这些多元的反馈融入自己的学习实践。他们可能会根据反馈调整学习目标，改变学习策略，或是修正具体的学习方法和行为。例如，一个学生可能会根据教师的指导，从单一的记忆学习转向更为深入的批判性思维训练，又或者在同伴的建议下，尝试更多的合作学习以提升解决问题的能力。这样的调整和改变不仅需要学生对反馈内容的准确理解，更需要他们能够将这些外部意见转化为内在动机和自我驱动的策略。

自我改进是一个动态的、循环的过程。学生在这一过程中的主动性和自主性尤为重要。他们需要持续监控自己的学习状态，定期进行自我评估，以确保学习目标的实现和学习策略的有效性。同时，他们也应当开放于接受新的反馈，用一个积极的心态去面对可能的批评和建议，将其作为学习的催化剂，而不是障碍。

在学生进行自我改进的同时，教育者的角色同样至关重要。教师不仅要提供及时、具体、建设性的反馈，还要培养学生有效利用这些反馈的能力。这包括教会学生如何解读反馈信息，如何制订实际可行的改进计划，以及如何将这些计划转化为实际的学习行动。同时，教师还需要创造一个支持性的学习环境，鼓励学生在自我反思和改进中采取新的学习措施，尝试新的学习方法，并从中学习和成长。

利用反馈进行自我改进是一个涉及认知、情感和行为多个维度的复杂过程。学生在这一过程中的深度参与，显示了他们对自身学习的责任感和主动性。通过这样的持续努力，学生不仅能够提升自己的学术成绩，更重要的是，他们能够发展出终身学习的能力，为未来的学术探索和职业发展奠定坚实的基础。这一过程同样对教育者提出了更高的要求，即如何有效地设计和实施反馈机制，如何指导和支持学生在反馈中学习和成长，这些都是教育研究和实践中亟待解答的问题。

4. 对课程的整体感受

在评估课程的整体质量和效果时，学生的满意度是一个关键指标，反映了教学设计、内容相关性、互动性和评估策略的综合效力。学生的感受和反馈提供了宝贵的洞察力，可以指导教师优化课程结构，调整教学方法，以及改进资源配置和评估机制。

课程结构的逻辑性、连贯性和灵活性对于学生的学习体验至关重要。一个结构良好的课程可以帮助学生理解学科的框架和核心概念，从而建立坚实的基础知识和批判性思维能力。学生通常对课程的流畅度和阶段性目标的明确性给予高度评价，因为这有助于他们跟踪自己的学习进度，理解各个主题之间的关系，并有效地规划学习时间。相反，如果课程结构杂乱无章，缺乏明确的导向或过度拥挤，学生可能会感到困惑和沮丧，这会影响他们的参与度和学习成果。

教材的相关性和实用性是影响学生满意度的另一个重要因素。当教材与学生的兴趣、职业目标和现实世界的应用相结合时，学生更有可能投入学习，感到满足和受益。他们特别赞赏那些能够提供最新知识、行业案例研究和实践应用的课程。此外，多样化和互动性强的教学资源，如视频讲座、在线讨论和模拟活动，也能显著提高学生的积极参与度和学习动力。反之，过时或与实际脱节的内容可能导致学生的兴趣和参与度下降，从而影响他们对课程的整体评价。

实践活动和项目的整合对于增强学生的实践技能和应用知识非常关键。通过实际操作、案例分析和小组项目，学生不仅可以深化对理论知识的理解，还能培养解决问题、团队协作和创新思维等重要技能。学生通常对那些提供充足实践机会的课程给予积极反馈，因为这些经验使他们为未来的职业生涯和挑战做好了准备。相反，缺乏实践元素的课程可能会被视为缺乏吸引力和应用价值，限制了学生将知识转化为实际技能的能力。

评估方法的公平性、透明性和多样性也是学生满意度的重要组成部分。公平和全面的评估可以确保学生的努力和成就得到恰当的认可，同时鼓励他们全面发展和持续改进。学生通常欣赏那些能够提供多种评估形式、反映个人和团队工作、并考虑不同学习风格的课程。这种方法不仅促进了更加全面和客观的成绩评估，还提高了学生的参与度和满意度。而单一或不透明的评估体系可能会引起学生的不满和焦虑，影响他们的学习动力和课程评价。

通过综合考虑学生对课程结构、教材相关性、实践活动和评估方法的反馈，教师可以更深入地了解课程的优点和不足，从而进行持续改进。这不仅有助于提升学生的学习体验和成就，还能促进教育质量的整体提升。通过不断的调整和创新，教师可以创造一个更加吸引人、高效和有成效的学习环境，满足学生的需求和期望，培养他们成为终身学习者和未来的领导者。

第二节　混合式教学立体反馈模式效果验证分享 商务礼仪课程

（一）学习成果的定量分析

1.测试成绩对比分析

在教育评估的领域中，测试成绩的对比分析显得尤为重要，它作为一种量化工具，能够直观地反映教学策略的成效与学生学习成果的变化。这种分析通常涉及对学生在课程开始前和结束后进行的评估测试成绩进行详尽的对比。通过这种方法，教育工作者不仅能够检视整体教学框架的有效性，还能够针对学生在特定知识点或技能上的进步进行深入分析，为未来的教学提供指导。

首先，基线测试，或称为课程开始前的测试，是建立学生学习起点的重要手段。它为学生的初始知识水平和能力提供了一个量化的参考点，使教师能够了解每个学生甚至整个班级在特定学科的起始位置。基线测试的设计通常涉及广泛的知识点和技能，以确保全面评估学生的初始能力。这一步是至关重要的，因为它确立了一个标准，用于后续的进步和成效评估。

其次，结业测试作为课程结束后的评估手段，其目的在于量化学生在经过一段时间的学习后的知识和技能掌握程度。与基线测试相比，结业测试的成绩反映了学生在课程中的学习成果，包括理解、应用、分析和评价各种知识和技能的能力。这种对比不仅显示了学生在学术上的成长，也为教育工作者提供了反馈，帮助他们评估教学方法的有效性，并在必要时进行调整。

对测试成绩的深入分析通常包括对不同知识点或技能的分项分析。这种方法不仅限于观察总体的成绩提升，而是深入每一个学习领域，细致地分析学生在具体知识点或技能上的表现。例如，数学课程可能包含代数、几何、统计等多个领域，通过对这些领域单独进行分析，教师可以识别出学生掌握良好的领域以及需要额外支持的领域。这种详尽的分析方法使得教育干预更加有针对性，更能有效地提升学生的学习成果。此外，测试成绩的对比分析还可延伸至更广泛的教育评估领域。例如，通过比较不同班级或不同学校的学生群体，教育政策制定者和学校管理者可以评估教育资源的分配是否公平、有效，以及教学方法和策略的普遍效果。这种宏观角度的分析对于提升教育质量、促进教育公平具有重要意义。

在进行测试成绩对比分析时，还需注意的是，单一的测试成绩并不能全面反映学生的学习状态和能力，因此这种分析通常需要与其他形式的评估（如平时作业、课堂表现、项目作品等）相结合，以获得更全面、更准确的教学效果评估。同时，分析结果应以促进学生学习为最终目标，教育工作者需根据分析结果调整教学策略和内容，以满足每个学生的学习需要，促进每个学生的最大进步。

测试成绩对比分析是评价教学效果的直接和基本方法，通过对课程前后测试成绩的详细对比和分析，教育工作者能够量化学生的知识掌握程度，识别教学中的优势和不足，进而为提升教学质量、促进学生全面发展提供科学依据和实践指南。在这一过程中，测试成绩的分析应该是多方面的、深入的，旨在通过持续的评估和改进，实现教育的最优化。

2. 在线活动参与度分析

在混合式教学模式的实施中，线上学习活动成为教学过程中不可或缺的一部分，其重要性日益凸显。这种模式深刻影响了传统的教育教学方法，将学生的学习环境从实体教室延伸至虚拟空间，同时也对教学评估和学习效果提出了新的挑战。其中，在线活动参与度的分析尤为关键，它涉及多维度的数据收集和综合评估，对提高教学质量、优化学习体验具有重要的指导意义。

定量分析作为评估学生在线学习投入的重要手段，首先，学生参与在线讨论的频率、提交线上作业的即时性以及在线测试的完成度等关键数据，为教师提供了量化的参考依据。这些数据反映了学生的学习活跃度和参与深度，通过对这些数据的深入分析，教师可以识别学习过程中的问题点，如某些学生在特定课程内容上的参与度不高，或是在某些时间段内学习活跃度下降的趋势等。

其次，通过跟踪和评估学生的在线学习行为，教师可以从中获取学生学习投入的直观数据。这些数据不仅仅是学习成果的反映，更是学生学习态度和学习习惯的外化。例如，通过分析学生参与在线讨论的内容和频率，教师可以了解学生对课程内容的掌握程度和兴趣点，从而调整教学策略，提供更加个性化的学习支持。同时，学生的互动数据也可以反映出课程设计的合理性和互动性，为课程的持续优化提供方向。

进一步地，分析这些在线学习行为与学习成果之间的相关性是提升教学效果的关键。研究表明，学生的在线活动参与度与其学术成绩存在显著的正相关关系。因此，教师可以根据学生的在线活动数据，预测其学习成果，及时进行干预和辅导。同时，这种相关性分析还可以作为教学改革的依据，帮助教师理解哪些在线活动对学习成果影响最大，哪些可能需要改进或者增强。

然而，进行有效的在线活动参与度分析并非易事，它需要教师具备数据分析的能力，了解如何收集、处理和解读数据。此外，教师还需要意识到数据分析的局限性，诸如数据的代表性、分析的客观性等问题都需要在实践中给予足够重视。同时，教育者和学校管理者应共同努力，建立健全的数据分析体系和隐私保护机制，确保学生信息的安全和教学改革的有效实施。

随着教育技术的发展和在线学习环境的日益成熟，对线上活动参与度的分析将成为混合式教学模式中不可或缺的一环。它不仅能帮助教师更好地理解学生的学习状态，调整教学方法，还能促进教育资源的合理分配和利用，提高教育教学的整体质量和效率。因此，培养相关的数据分析能力，理解并利用这些分析结果，对于每一位教育工作者而言，都是当前和未来教学工作中的重要课题。

3. 课程项目的完成情况分析

项目式学习作为商务礼仪课程的核心教学方法，致力于培养学生的实际操作能力和问题解决能力。这种教学模式不仅促使学生深入理解课程内容，还激发他们将理论知识应用于实践中。在评估学生的课程项目完成情况时，重点关注几个关键指标：项目完成度、项目质量（包括创新性、准确性、专业性）以及项目提交的即时性。这些指标综合体现了学生对商务礼仪这一复杂领域的掌握程度。

项目完成度是衡量学生学习投入和参与度的直接指标。在这一方面，学生需要展示他们如何从项目的起始阶段逐步推进，直至最终完成。这不仅包括任务的完成，还包括对于项目要求的理解和执行。在这个过程中，教师可以观察学生如何分配时间、资源，以及他们在面对挑战和障碍时的应对策略。项目完成度的高低直接反映了学生对于课程目标的达成程度。

项目质量则是更为深入的考量，涵盖创新性、准确性和专业性。创新性反映了学生在解决问题时是否能够跳出传统思维框架，提出独到见解和新颖方法。准确性体现在他们是否能够正确无误地应用商务礼仪的基础知识和原则。专业性则是对学生在项目中展示的商务礼仪专业技能和态度的评价。通过这些维度的综合评估，教师能够洞察学生在理解和应用商务礼仪知识方面的深度和广度。此外，项目提交的即时性也是一个不可忽视的重要方面。它不仅反映了学生的时间管理能力，还体现了他们对于课程和任务的认真态度。及时提交项目的学生通常更能够在紧张的时间安排中有效管理各项任务，这是商务环境中不可或缺的技能。

通过对这些关键指标的定量分析，教师可以全面了解学生在项目式学习环境中的表现。这种分析不仅有助于评估学生对商务礼仪课程内容的掌握程度，还可以为教师提供反馈，帮助他们改进教学方法和课程设计。此外，这些数据还可以作为学生个人能力和技能发展的重要反馈，指导他们在未来的学习和职业发展中更加精准地定位自己的优势和提升空间。

项目式学习在商务礼仪课程中的应用不仅提高了学生的实际操作能力和问题解决能力，而且通过对项目完成情况的综合评估，为教育者提供了一种有效的工具，用以衡量和促进学生在理论与实践结合方面的成长。这种教学方法的有效性在于它不仅注重知识的传授，更重视知识的应用和学生综合能力的培养，为学生日后步入职场打下坚实的基础。

4. 统计和数据挖掘方法的应用

在统计学的领域内，一些基本但强大的工具，如均值、标准差和变异系数，被广泛应用于描述数据集。均值或平均值提供了数据集的中心点，给出了一个总体的概览。标准差反映了数据点之间的差异程度，帮助我们理解数据的分散性。变异系数是一种更加精细的工具，它结合了均值和标准差，提供了数据变异性相对于均值的度量。通过这些统计量，我们可以对数据集进行有效的描述和比较，从而更好地理解数据的本质。然而，仅仅依赖这些描述性统计量是不够的，特别是在处理大规模和复杂的数据集时。这就是数据挖掘技术发挥作用的地方。数据挖掘涉及更为复杂的算法，旨在从大量数据中提取有用的信息和模式。例如，聚类分析是一种常用的数据挖掘技术，它通过将数据点分组成不同的类或簇来寻找数据中的自然模式。这些簇可能代表了数据中的不同子群体，或者揭示了某些未被注意到的趋势。

因子分析是另一种数据挖掘技术，它通过减少数据的维度来揭示隐藏在众多变量之后的少数关键因素。这种方法尤其适用于那些变量众多且相互关联的数据集，因为它帮助我们理解哪些变量是最重要的，以及它们是如何相互作用的。此外，统计和数据挖掘方法的结合使用能够为我们提供一个更全面的数据分析框架。通过统计方法，我们可以对数据集进行初步的描述和推断，而数据挖掘技术则允许我们深入挖掘这些数据，发现更复杂的模式和关联。例如，在市场研究中，统计方法可以用来分析消费者行为的总体趋势，而数据挖掘技术则可以进一步揭示不同消费者群体之间的细微差别。值得注意的是，尽管统计学和数据挖掘方法在技术上各有侧重点，但它们都依赖于对数据质量的严格要求。数据的准确性、完整性和一致性对于任何类型的数据分析都至关重要。此外，选择合适的方法和算法对于获得有意义的结果也同样重要。

统计学和数据挖掘方法的应用在许多领域都是不可或缺的。它们提供了从庞大且复杂的数据集中提取洞察力的工具，帮助我们理解和解释数据背后的模式。通过结合使用这些方法，我们可以更好地利用数据来指导决策、预测未来趋势和优化业务流程。在这个数据驱动的时代，掌握这些方法的能力变得尤为重要。

（二）学生自我评估的收集与分析

1. 设计自我评估工具

设计自我评估工具是一个复杂且富有挑战性的任务，尤其是在商务礼仪知识和技能的学习领域。这种工具的目标是双重的：一方面，它应该帮助学生回顾和评估自己在课程中的表现；另一方面，它应该激发学生对未来学习的深入思考。为此，设计自我评估工具时，应考虑多种形式，如问卷、反思日记、自评表，甚至电子投票系统，这些形式都能以不同的方式帮助学生反思和评价。

问卷是自我评估工具中最常见的一种形式。它可以包含一系列关于商务礼仪知识和技能的具体问题，这些问题应该既具体又深入，以确保学生能够全面地回顾自己的学习过程。例如，问卷中可以包含问题，如"你如何评价自己在商务沟通中展现的礼仪水平？"或者"在处理商务场合的冲突时，你觉得自己的表现如何？"这样的问题不仅促使学生回顾特定的学习内容，还鼓励他们考虑自己的实际应用能力。

反思日记则是一个更为个性化的工具，它鼓励学生记录自己在学习过程中的感受、想法和进步。通过定期写日记，学生可以观察到自己在商务礼仪方面的成长轨迹，并且能够更加深入地理解自己的学习方式和改进的领域。例如，学生可以在学习新的商务礼仪规则后，记录自己对这些规则的第一印象，以及在实际应用中遇到的挑战和成功。

自评表则提供了一种结构化的评估方式。它可以包含一系列关于商务礼仪各个方面的评估标准，如语言使用、身体语言、电子邮件沟通等，学生需要对自己在这些方面的表现进行评分。这种方法不仅帮助学生具体地了解自己在哪些方面做得好，哪些方面还需要提升，而且还可以使他们意识到商务礼仪的多样性和复杂性。

电子投票系统则是一种更现代化的自我评估工具。它可以在教学过程中实时使用，例如，在完成某个课程单元或参与某个活动后，学生可以通过电子投票系统对自己的表现进行评估。这种即时反馈不仅可以增强学习体验的互动性，而且可以帮助学生及时调整学习策略，从而更有效地掌握商务礼仪知识。

无论选择哪种形式的自我评估工具，关键在于确保它们能够引导学生进行深入的自我反思，同时也要能够激发他们对未来学习的兴趣和动力。通过这些工具的有效运用，学生不仅能够提升自己的商务礼仪知识和技能，还能够发展出更加自主和反思性的学习态度。

2. 收集自我评估报告

在教育的领域中，自我评估报告作为一种反馈和成长的工具，对学生和教师都至关重要。当学生完成他们的自评之后，教师面临着收集这些自评报告的任务。这不仅是一个简单的行政过程，而且是一个深刻理解学生自我认知和进步的重要步骤。

学生的自评报告可以以多种形式呈现。有些学生可能更倾向于书面报告，他们在文字中详细地表达自己对于学习成果的思考和评价。这种方式使得学生可以深入地反思，安排自己的思维和表达，形成一个结构化且细致的反馈。书面报告的一个优点是可以留存档案，方便教师日后回顾和比较学生的成长轨迹。另一些学生可能更善于口头陈述，他们通过直接与教师的对话来表达自己的看法。这种方式更加直接和即时，有助于教师捕捉学生的真实情感和即时的想法。口头陈述允许教师通过非语言的线索，如语气、表情和肢体语言，来更全面地理解学生的自评。当然，随着技术的发展，电子格式的自评报告也越来越普及。学生可以通过电子文档、视频或音频等形式提交他们的自评。这种方式不仅方便存储和整理，而且允许更多样化的表达形式，如多媒体的结合，让学生能够以更创新的方式展示自己的学习过程和成果。

在收集这些自评报告时，教师需要确保每位学生的声音都被听到和记录。这意味着教师不仅要关注那些表现出色或积极参与的学生，也要关注那些可能不太愿意表达或表达能力较弱的学生。教师可以通过鼓励、个别指导或提供不同的表达方式来确保每位学生都能够以他们最舒适的方式进行自评。

收集完毕后，教师面临的是如何分析这些自评报告的任务。这不仅是一个量化的分析，更是一个质性的深入理解。教师需要从每份报告中提炼出学生的自我认识、学习过程中的挑战和成就，以及他们对于未来学习的期望和计划。通过这些信息，教师可以更好地了解每位学生的独特需求和潜力，从而为他们提供更有针对性的支持和指导。此外，这些自评报告也为教师提供了反思自己教学方法和策略的机会。通过学生的反馈，教师可以了解自己的教学哪些方面是有效的，哪些方面可能需要改进。这种双向的反馈机制不仅有利于学生的成长，也促进了教师的专业发展。

自我评估报告的收集和分析是一个复杂但极具价值的过程。它不仅涉及信息的收集和整理，更是一个深入理解学生，促进教育质量提升的重要环节。通过这一过程，教师可以更紧密地与学生的学习旅程相连，共同探索和成长。

3. 分析自我评估

在深入分析学生的自我评估时，教师首先要深入理解学生对商务礼仪知识的掌握程度。这一点至关重要，因为商务礼仪作为职场成功的关键因素之一，对学生的未来职业生涯有着不可忽视的影响。要评估学生在这一领域的知识水平，我们需要考察他们对商务礼仪的基本原则、行为准则和实际应用场景的理解程度。这不仅仅是对理论知识的掌握，更重要的是看他们是否能够将这些知识应用到实际情境中，例如在模拟商务会议或网络交流中表现出的礼仪意识和行为。

其次，学生对自己学习进度的看法也是一个重要的考量点。这涉及学生的自我意识和自我评估能力。通过了解学生如何看待自己的学习进程，我们可以获得他们学习动机、自信心以及对挑战的应对能力的重要线索。例如，一些学生可能对自己的进步感到满意，这反映了他们的自信和积极的学习态度，而另一些学生可能对自己的学习进度感到不满，这可能表明他们需要更多的指导和支持，或者需要调整学习方法。

再次，学生识别的学习障碍也是分析的关键部分。这些障碍可能是外部的，如资源限制、课程结构或教学方法的不适应，也可能是内部的，如学习技巧、时间管理或动机问题。通过识别和理解这些障碍，教师可以更有效地支持学生克服困难，实现学习目标。例如，如果学生表示他们因为对商务礼仪的知识缺乏而感到困难，教师可以通过提供额外的资源或安排专题讲座来帮助他们。

最后，考虑学生如何利用课程反馈来指导自我提升同样重要。课程反馈是学习过程中的一个关键环节，它可以帮助学生了解自己的优势和改进点。分析学生对反馈的反应和应用，可以揭示他们的反思能力和愿意接受建议的程度。例如，一个积极利用反馈进行自我提升的学生可能会在后续的课程活动中表现出明显的进步，而不愿意接受反馈的学生可能在学习上停滞不前。

通过这些方面的综合分析，可以揭示学生的学习模式、进步空间及需求，从而为教师提供宝贵的信息，帮助他们调整教学策略和课程内容。这种分析不仅帮助教师更好地理解学生，也促进了学生的自我认识，使他们能够更有针对性地改进学习方法和策略。此外，这也有助于创建一个更加包容和支持的学习环境，其中教师和学生可以共同努力，实现教与学的最佳效果。

4. 反馈与进一步指导

在教育的过程中，教师对学生的自我评估进行分析并提供反馈，是一个至关重要的环节。这一步骤不仅展现了教师对学生学习进程的关注，也是促进学生个性化学习的关键。

当学生完成自我评估后，他们通常会对自己的学习情况有一个基本的认识，包括他们在哪些方面做得好，哪些方面需要改进。这时，教师的角色就显得尤为重要。教师需要仔细分析学生的自评，这不仅包括学生在学业上的表现，还应包括他们的情感态度、学习习惯等多方面的内容。

对于学生自评的分析，首先需要的是对学生的努力给予认可和鼓励。这种正面的反馈可以增强学生的自信心，激发他们继续努力的动力。例如，如果学生在自评中提到了他们在数学课上的进步，教师可以具体指出他们在哪些方面做得好，比如解题速度的提升，或是理解复杂概念的能力的增强。这种针对性的表扬能让学生感受到自己的努力是被看见和赏识的。然而，仅有的赞扬和认可是不够的。

其次，教师还需要提供具体、建设性的建议，帮助学生识别和克服学习过程中的障碍。这需要教师有深入的专业知识和对学生个体差异的理解。例如，如果学生在自评中提到他们在语文阅读理解方面感到困难，教师可以提供一些具体的学习策略，如建议他们在阅读时做笔记，或者是与同学一起讨论文本，以增强理解力。此外，教师也可以推荐一些适合他们阅读水平的书籍，引导他们在课外阅读中提升自己。

最后，教师在提供反馈的同时，也可以根据学生的自评调整教学方法和课程内容。这种灵活性是现代教育中非常重要的一个方面。每个学生的学习方式和兴趣点都有所不同，因此，教师需要根据学生的反馈，调整教学策略，使之更加符合学生的需求。例如，如果多数学生在自评中表达了对实验式学习的兴趣，教师可以增加课堂上的实验环节，让学生通过动手实践来学习科学知识。这种方法不仅能提高学生的学习兴趣，还能帮助他们更好地理解和记忆课程内容。

教师对学生自我评估的反馈和进一步指导是一个多方面、动态调整的过程。它需要教师深入理解学生的需求，通过具体、建设性的反馈来激励学生，同时灵活调整教学方法，以适应学生的个性化学习。通过这样的过程，教育不仅仅是知识的传授，更是学生个性化成长道路上的一盏明灯。

（三）长期学习效果的追踪

1. 追踪设计与实施

追踪设计与实施是教育课程后续效果评估的关键环节，它关乎于理论与实践的有效结合，以及课程内容对学生未来职业发展的实际影响。在课程结束后，设计一个合理的时间框架对学生的发展轨迹进行系统性追踪，显得尤为重要。这一过程不仅涉及对学生在职场中表现的观察，还包括他们是否继续在高级商务礼仪或相关领域进修，以及他们如何将课堂所学知识和技能应用到实际工作中。

为了实现这一目标，首先需要建立一套高效的学生追踪系统。这个系统应该能够覆盖毕业生在不同阶段的职业发展，从而为教育机构提供关于课程效果的反馈。例如，可以在学生完成课程后的六个月、一年和三年等不同时间节点上，对他们的职业发展进行追踪。这种长期追踪可以帮助教育机构了解其课程在不同行业和不同职业路径上的适用性和有效性。

其次，为了更好地收集数据，可以通过不同的方法与学生保持联系。其中一种有效的方法是定期进行问卷调查。这些问卷可以包含关于学生职业发展、继续教育情况以及课程知识应用等方面的问题。通过这些问卷，教育机构可以了解到学生的实际需求和课程内容的实际效果，进而对课程进行必要的调整。除此之外，面对面或线上访谈也是一种重要的追踪方式。通过访谈，教育者可以更深入地了解学生在工作中遇到的具体挑战，以及他们如何运用所学的知识和技能来应对这些挑战。这种个性化的反馈对于改进课程设计具有重要价值。

最后，与学生所在公司的 HR 部门或直属上司建立联系，获取他们对学生工作表现的评价也非常关键。这些来自职场的第一手资料可以为教育机构提供宝贵的外部视角，帮助他们更全面地评估课程的效果。此外，还可以建立一个 alumni 网络，为学生提供一个持续学习和交流的平台。通过这个平台，学生不仅可以分享他们的职业发展经历，还可以就遇到的问题寻求同行的意见和建议。这样的交流对于维持学生与教育机构之间的长期联系，以及推动学生之间的相互学习和成长都大有裨益。

追踪设计与实施是一个多维度、长期的过程，它要求教育机构对学生的职业发展持续关注，并根据收集到的信息不断优化教学内容和方法。通过这样的系统性追踪，教育机构不仅能够提高自身的教学质量，还能够更好地服务于学生的职业发展，实现教育的长远价值。

2. 评估混合式教学立体反馈模式的长期效果

混合式教学立体反馈模式作为一种创新的教学方法，集线上与线下教学活动于一体，并通过多维度反馈机制为学生提供全面的学习支持。这种教学模式的核心优势在于其灵活性和包容性，它不仅适应了数字时代的教育需求，还满足了不同学习风格和需求的学生。

在进行长期效果评估时，首先需要关注的是学生学业成绩的变化。这不仅体现在短期的成绩提升上，更重要的是要观察学生在长期内的知识掌握和应用能力。通过对比使用立体反馈模式的学生群体和采用传统教学方法的群体，可以更加明确地看到混合式教学在提高学业成就方面的效果。其次，学生的学习动机和自我效能感的提升也是评估的重要指标。混合式教学模式通过提供更加个性化和即时的反馈，能够激发学生的学习兴趣，增强他们的自我驱动力，这对于学生的长期学习发展极为重要。

再次，除了学业成绩，混合式教学立体反馈模式对学生的综合能力发展也产生了重要的影响。例如，线上学习环节强调自主学习和信息技术运用能力，而线下教学则侧重于沟通协作和实际应用能力的培养。长期追踪研究应评估这种模式在提升学生的批判性思维、创新能力和团队协作能力方面的效果。

最后，职业发展是另一个重要的评估维度。混合式教学立体反馈模式不仅仅关注理论知识的传授，更强调实践技能的培养和职业素养的提高。通过长期追踪学生的职业路径和成就，可以评估这种教学模式对学生职业准备和适应职场的能力提升的作用。此外，混合式教学立体反馈模式对于教育公平的贡献也不容忽视。它通过线上学习资源的共享和灵活的学习时间安排，为不同背景的学生提供了平等的学习机会。长期效果评估中，了解这一模式如何缩小不同群体间的教育差距，对于指导教育政策和实践具有重要意义。

混合式教学立体反馈模式的长期效果评估应涵盖学业成绩、学习动机、综合能力发展、职业发展以及教育公平等多个维度。通过全面的长期追踪研究，可以深入了解这种教学模式对于学生长期学习和职业生涯的真实影响，为未来的教育改革和发展提供有力的数据支持和理论依据。

3.反馈模式对持续学习的贡献

在当今快速变化的职业环境中，持续学习已成为个人发展和成功的关键。这不仅仅是一种学习新技能的方法，更是一种在整个职业生涯中适应和成长的方式。在这个背景下，评估混合式教学中立体反馈模式对学生持续学习能力的影响显得尤为重要。这种模式不仅关注学生的即时学习成果，还着眼于他们在教育环境之外如何应用所学知识，以及他们如何自我驱动和适应新环境的能力。

立体反馈模式是一种综合的教育方法，它不仅包括传统的成绩反馈，还包括对学生学习方式、策略和动力的持续评估。这种模式鼓励学生反思自己的学习过程，了解自己的强项和待改进之处。通过这种方式，学生能够更好地理解自己的学习风格，从而在未来的学习中做出更有效的调整。

混合式教学环境为这种反馈模式提供了理想的平台。在线和面对面教学的结合不仅增加了教学方式的多样性，还为学生提供了多渠道的反馈。例如，线上平台可以通过实时数据跟踪学生的进度和参与度，而面对面的互动则可以提供更为深入和个性化的反馈。这种多维度的反馈有助于学生更全面地认识自己的学习过程。

在混合式教学的立体反馈模式中，学生学习倾向的评估尤为重要。通过分析学生在课程结束后是否继续学习，可以衡量他们的自我学习动力。这种倾向不仅体现在他们是否主动寻找新的学习资源，还包括他们是否能够在不同的环境和情境中应用所学知识。一个具备持续学习能力的学生通常会展现出对新知识的渴望和对新技能的快速适应能力。此外，立体反馈模式还强调学生在不断变化的环境中适应的能力。这不仅仅是关于学习新知识，更是关于如何在新环境中运用这些知识。例如，在工作场所中，一个学生可能需要将在学校学到的理论知识应用到实际的工作任务中。这种能力的培养对于学生未来的职业发展至关重要。

立体反馈模式在混合式教学中的应用对于培养学生的持续学习能力至关重要。通过持续的、多维度的反馈，学生不仅能够在学术上取得成功，更能在职业生涯中持续成长和适应新挑战。这种教育模式不仅对学生个人的发展有着深远的影响，也为整个教育体系的改进提供了重要的视角。

第三节　本章思考与实训

（一）整体教学模式的反思

在当今的教育领域，混合式教学模式日益受到重视，尤其是在研学旅行课程和商务礼仪课程中的应用。混合式教学，顾名思义，是一种融合了线上与线下教学方法的模式，它不仅注重理论的授课，还强调实践技能的培养。这种模式在研学旅行和商务礼仪课程中的实施，具有其独特的意义和价值。

研学旅行课程是一种新型的教育模式，它通过旅行这一活动方式，让学生在实际的社会环境中学习和体验，从而获得知识和技能。商务礼仪课程则旨在培养学生在商业环境中所需的礼仪知识和交际技巧。这两种课程都强调实践和体验，而混合式教学模式恰好能够很好地支持这一需求。

混合式教学立体反馈模式的核心，在于它不仅提供了传统的课堂教学，还结合了在线学习平台和实地体验活动。这种模式的一个关键特点是其反馈机制。学生可以通过线上平台提交作业和参与讨论，教师则可以实时跟踪学生的学习进度和表现，及时提供反馈和指导。这种即时反馈机制对于学生理解和掌握课程内容非常有效。

在研学旅行课程中，混合式教学模式让学生在出行前通过线上平台学习相关的理论知识，如历史背景、地理环境等。而在实地旅行过程中，学生则可以将所学的理论知识与现实情境相结合，进行深入探索和学习。这种模式不仅加深了学生对知识的理解，也极大地提高了他们的参与度和兴趣。

对于商务礼仪课程而言，混合式教学模式同样展现出其独特的优势。通过线上平台，学生可以学习各种商务礼仪的基本理论，如商务会面礼仪、商务餐桌礼仪等。而在课堂上，教师则通过模拟场景，让学生亲身实践这些礼仪知识，如模拟商务谈判、餐桌礼仪演练等。这种理论与实践的结合，有效地提升了学生的礼仪技能和应对商业场合的能力。

然而，混合式教学模式也存在一些挑战。首先是技术问题。在线学习平台的稳定性和易用性对于教学效果至关重要。如果平台操作复杂或经常出现故障，可能会影响学生的学习积极性和效果。其次，教师的角色也发生了变化。在混合式教学模式下，教师不仅需要掌握传统的教学技巧，还需要能够熟练使用各种在线教学工具和方法。最后，学生的自律性也是一个重要因素。在线学习部分需要学生具有较强的自我管理能力，这对一些学生来说可能是一个挑战。

混合式教学模式在研学旅行课程和商务礼仪课程中的应用表明了其在提高学生参与度、知识掌握程度和技能应用方面的巨大潜力。但同时，为了充分发挥这一教学模式的优势，需要关注并解决技术支持、教师培训和学生自律等方面的问题。未来，随着技术的发展和教育模式的不断创新，混合式教学模式有望在更多领域和课程中得到应用，为教育带来更多的可能性。

（二）教师角色的调整

在混合式教学的立体反馈模式中，教师角色的转变是一个深刻且复杂的过程。这种转变不仅仅是职责和方法的改变，更是教育理念和实践的深刻变革。在传统的教育模式中，教师主要扮演的是知识的传授者，他们是课堂的中心，掌控着教学的进度和内容。学生在这种模式下往往是被动的接受者，他们接受教师提供的知识，然后通过考试来验证他们的学习成果。然而，随着教育理念的发展和科技的进步，这种单向的教学模式已经无法满足现代教育的需求。

混合式教学立体反馈模式的引入，是对传统教学模式的一种重要补充和提升。在这种模式中，教师不再是单纯的知识传授者，而是变成了学习的引导者和协调者。他们的主要任务是创造一个利于学生主动学习和探索的环境，引导学生在学习过程中自我发现和自我成长。这种角色的转变意味着教师需要拥有更多的引导技巧和创新能力，他们需要能够设计和实施各种促进学生主动学习的活动和任务。

在混合式教学中，教师的另一个重要角色是反馈的提供者。在传统教学中，学生通常在学习的最后阶段通过考试来获取反馈，这种反馈往往是单向的和滞后的。而在混合式教学中，教师提供的反馈是即时的、多维度的，更加关注学生学习过程中的具体表现和进步。这种反馈不仅可以帮助学生及时纠正错误，还可以激励他们继续探索和学习。此外，教师在混合式教学中还需要扮演协调者的角色。随着信息技术的发展，教育资源变得越来越丰富，学生可以通过多种渠道获取知识。在这种情况下，教师需要能够有效地整合这些资源，协调线上和线下的教学活动，确保学生能够在不同的学习环境中获得高质量的学习体验。

教师角色的这种转变对教育实践产生了深远的影响。首先，教师角色的转变促使学生从被动接受者变成了主动的参与者。学生在学习过程中更加主动，他们不再仅仅是接受知识，而是通过探索和实践来构建自己的知识体系。其次，这种角色转变也促进了教育的个性化和差异化。每个学生都有自己独特的学习方式和节奏，教师通过个性化的引导和反馈，可以更好地满足不同学生的学习需求。最后，教师角色的转变也推动了教育方法的创新。在这种新的教学模式下，教师需要不断地探索和尝试新的教学方法和技术，以适应不断变化的教育环境和学生需求。

教师在混合式教学立体反馈模式中的角色转变，不仅改变了他们的教学方式，更重要的是改变了教育的本质。这种转变有助于培养学生的主动学习能力和创新能力，为他们未来的发展奠定了坚实的基础。同时，它也要求教师不断地提升自己的专业能力和教学技巧，以适应教育的新趋势。总之，教师角色的这种转变是教育发展的必然趋势，它将对未来的教育实践产生深远的影响。

（三）技术工具的有效运用

在探索混合式教学中技术工具的运用，我们必须深入分析其所带来的变革和挑战。在当前的教育领域，技术的融入已经成为不可逆转的趋势，其中包括在线平台、社交媒体和各类数字工具。这些工具的有效整合不仅能够提高教学和反馈的效率，还能大大提升教育质量。然而，技术的使用同样伴随着一系列的问题和挑战，我们需要仔细考虑并寻找解决方案。

在线平台，作为混合式教学的核心组成部分，极大地扩展了教学的时间和空间界限。通过在线课堂、视频教学和互动教学软件，教师能够向学生提供更加灵活多样的学习方式。这种方式不仅有助于满足不同学习需求的学生，还能激发学生的学习兴趣和自主学习能力。然而，这也带来了对教师技术能力的高要求，以及如何维持在线学习的参与度和互动性的问题。

社交媒体在现代教学中扮演着越来越重要的角色。通过社交媒体，教师可以快速分享教学资源、布置作业和进行即时反馈。学生之间也能够通过这些平台进行知识的交流和讨论，从而构建起一个学习社群。然而，社交媒体的使用也容易分散学生的注意力，且存在信息安全和个人隐私的风险。其他数字工具，如在线测验系统、云端文档共享和虚拟实验室等，为教学提供了更多的可能性。这些工具不仅能够提高教学活动的趣味性和实用性，还能在一定程度上减少教育资源的物理限制。然而，这些工具的有效运用需要教师具备一定的技术知识和创新意识，同时也需要确保所有学生都能平等地访问这些资源。要有效整合这些技术工具，首先需要让教师接受相应的技术培训，以确保他们能够熟练地使用这些工具进行教学。教育机构应该建立相应的技术支持系统，以解决教师和学生在使用过程中可能遇到的技术问题。其次，需要对学生进行网络素养的教育，教会他们如何安全、高效地使用这些工具。

教育者应该根据学科特点和学生需求，选择合适的技术工具。不是所有的工具都适合每一种教学场景，因此教师需要根据教学目标和学生特点，合理选择和搭配使用这些工具。例如，在进行语言学习时，可以利用社交媒体进行语言实践和文化交流，在科学教学中，则可以使用虚拟实验室进行实验演示和操作练习。教育机构应该建立有效的反馈机制，及时收集学生和教师对于技术工具使用的反馈，不断优化和调整教学策略。通过定期的调查和评估，教育者可以了解哪些工具更受欢迎，哪些地方需要改进，从而不断提升教学效果。

技术工具在混合式教学中起着至关重要的作用，但同时也带来了不少挑战。通过对教师的培训、选择合适的工具、建立技术支持和反馈机制，我们可以有效地整合这些工具，提高教学效率和质量，同时解决使用中可能遇到的问题。

（四）学生自主性的培养

混合式教学模式，融合了传统教学和现代技术手段，为学生自主学习能力的培养提供了新的路径。这种教学模式下，学生不再是被动的信息接受者，而是成为积极参与者，他们在教师的引导和网络资源的辅助下，逐步建立起自主学习的能力。

在混合式教学模式中，一个核心要素是立体反馈机制。这种机制不仅包括传统的教师对学生的评价和反馈，还包括学生之间的互动反馈，以及通过网络平台实现的实时反馈。立体反馈模式的优势在于它能提供多元化的学习反馈，帮助学生从不同维度理解和消化学习内容，从而促进他们的自主学习。从教师的角度看，教师反馈在这个过程中扮演着关键角色。教师不再只是课堂上的讲解者，更是学生学习过程中的引导者和帮助者。他们通过观察学生的学习表现，提供针对性的指导和建议，帮助学生识别自己的学习难点和不足。同时，教师的反馈也是激励学生的重要手段。通过表扬学生的进步和努力，教师可以激发学生的学习兴趣和自我驱动力。从学生的角度看，同伴反馈也是混合式教学中不可忽视的一部分。在小组合作学习中，学生之间可以相互讨论、相互评价。这种互动不仅增强了学生对学习内容的理解，还提高了他们的沟通和协作能力。同伴间的正面反馈和建设性批评，能够从同龄人的角度给予支持和激励，这对于学生建立自信和自主学习能力尤为重要。从教学工具的角度看，现代技术手段，尤其是网络平台的应用，在立体反馈机制中起着至关重要的作用。通过线上平台，学生可以获得及时的学习资源和反馈，例如在线测验、互动式学习任务等。这些工具不仅为学生提供了即时的学习反馈，还扩展了学习的时间和空间，让学生可以根据自己的节奏和兴趣自主学习。除了上述机制，评估和支持学生的自主学习进程也是关键。评估不应仅限于最终的成绩，而应包括对学生学习过程的观察和记录。通过记录学生的学习行为、参与度和进步，教师可以更准确地了解每个学生的学习状态，从而提供更有针对性的支持。此外，为了支持学生的自主学习，学校和教师需要提供足够的资源和环境，例如丰富的学习材料、舒适的学习环境和灵活的学习时间安排。

混合式教学立体反馈模式在培养学生自主学习能力方面具有显著效果。通过这种模式，学生不仅在知识掌握上变得更加主动和独立，还在沟通、协作和批判性思维等方面得到了提升。未来，随着教育技术的不断发展，这种模式有望在更多教育领域得到应用，为学生的全面发展打下坚实的基础。

（五）同伴互助和协作学习的促进

在混合式教学模式中，同伴互助和协作学习的作用至关重要。这种教学模式结合了传统的面对面教学和现代的网络学习，创造了一个多元化的学习环境，其中同伴之间的互助和协作成为促进知识交流和学习效率的关键因素。

首要考虑的是，混合式教学模式通过线上和线下相结合的方式，为学生提供了更加灵活的学习机会。在这种模式下，学生可以通过网络平台分享资源、讨论问题，并在课堂上进行面对面的交流和合作。这种结合方式不仅增加了学生的参与度，还促进了同伴之间的交流和合作。例如，学生可以在线上平台上讨论课堂内容，然后在课堂上进行小组讨论，将线上的讨论转化为现实的互动。这种互动不仅帮助学生巩固了学习内容，还增强了他们的沟通和协作能力。

为了进一步促进同伴互助和协作学习，设计合适的小组活动和项目至关重要。通过精心设计的小组活动，学生可以在团队中分工合作，共同完成任务。这不仅可以提高学生的参与度，还能让他们在实践中学习如何协调不同的观点和技能。例如，教师可以设计一个项目，要求学生小组共同研究一个主题，并制作一个展示。在这个过程中，学生需要共同讨论、分工和协调，每个成员都有机会贡献自己的知识和技能。这种活动不仅提高了学生对学习内容的理解，还锻炼了他们的团队协作能力。此外，提供有效的小组反馈也是促进同伴互助和协作学习的一个重要方面。通过对小组活动和项目的定期评估和反馈，教师可以帮助学生识别他们的优势和需要改进的地方。这种反馈应该是具体的、建设性的，旨在促进学生的成长和学习。例如，教师可以在每个小组项目结束后，提供对每个小组成员贡献的评价，指出他们在团队合作中表现出的优点和需要改进的地方。这样的反馈不仅可以帮助学生了解自己的表现，还可以激励他们在未来的学习中更加积极地参与协作。

为了最大限度地发挥同伴互助和协作学习的作用，重要的是要创建一个支持性和包容性的学习环境。在这样的环境中，学生感到自己的意见受到尊重，而且他们愿意与同伴分享知识和经验。教师可以通过鼓励开放的讨论、尊重不同的观点以及提供积极的反馈来营造这种环境。这样，学生就会更加自信地参与小组讨论和合作，从而提高学习效率和效果。

通过设计合适的小组活动和项目，以及提供有效的小组反馈，教师可以促进学生间的互动和知识共享。创建一个支持性和包容性的学习环境对于激发学生的协作精神和提高学习效果也是不可或缺的。通过这些方式，同伴互助和协作学习可以在混合式教学模式中发挥最大的效益，帮助学生达到更高的学习成就。

本章小结

混合式教学立体反馈模式在当代教育领域的应用越来越广泛，尤其是在研学旅行课程和商务礼仪课程中的运用，充分展示了这种教学模式在提升学生学习体验和教学效果方面的独特优势。该模式通过结合在线学习与面对面教学，形成了一种新型的、互动性强的教学环境，有效地促进了学生的积极参与、知识掌握以及实践技能的提高。

混合式教学模式的核心特点在于其创新性的立体反馈机制，这一机制在现代教育领域中显得尤为重要。不同于传统教育模式中学生作为被动知识接受者的角色，混合式教学模式将学生转变为学习过程的积极参与者。这种教学模式通过结合在线学习和面对面教学的方式，鼓励学生主动参与学习，从而提升学习效果和体验。例如，在研学旅行课程中的应用就是一个典型案例。在此类课程中，学生不仅在传统的课堂环境中学习理论知识，还会在研学旅行的过程中亲身体验和实践所学内容。这种结合理论与实践的学习方式，使得学生能够更深刻地理解和消化知识。例如，学生可能在课堂上学习了关于特定地区的历史文化，然后在旅行中实地考察，通过亲身体验来加深对该地区历史文化的理解。这种互动式和体验式的学习方法，使得学习过程更加生动有趣，同时也增强了学生对知识的记忆和理解。

在混合式教学中，技术工具的运用也起着至关重要的作用。在线学习平台、社交媒体和数字化工具的广泛应用，不仅为学生提供了更加丰富和多样化的学习资源，还极大地拓展了师生之间的互动方式。例如，通过在线平台，学生可以观看课程视频，参与虚拟讨论，这些都极大地丰富了学习的内容和形式。社交媒体的应用使得师生和学生之间的沟通变得更加便捷和实时，学生可以通过这些平台提出问题、分享想法和成果，甚至可以进行在线群体学习和讨论。这些技术工具的使用，不仅打破了传统课堂教学的时间和空间限制，还为学生提供了更加灵活的学习方式，使得他们可以根据自己的时间和地点选择合适的学习方式。此外，混合式教学模式中的技术工具使用还带来了学习方式的个性化。学生可以根据自己的兴趣和需求，选择不同的在线资源进行学习，从而实现个性化学习。同时，这种学习方式还促进了学生的自我管理能力。在这种自主学习的环境中，学生需要自己规划学习时间和内容，这不仅提高了他们的学习效率，还培养了他们的自我管理和自我驱动的能力。

在混合式教学模式中，培养学生的自主性和协作学习能力是教学过程的关键环节。这种模式通过多元化的教学方法，如同伴评价和小组合作，极大地促进了学生主动学习的意识和能力。在同伴评价中，学生不仅需要自主地分析和评估同学的工作，还要学会如何接受和利用他人对自己工作的评价，这种过程促进了学生批判性思维的发展和自我反思的能力。而小组合作则要求学生们在团队中分工合作，共同解决问题。这不仅锻炼了他们的团队协作能力，还增强了他们解决实际问题的能力。特别是在商务礼仪等实践性强的课程中，这种教学方法的效果尤为明显。在这类课程中，学生们通过模拟真实的商务场景来学习和实践商务礼仪的知识。这种模拟不仅要求他们理解理论知识，还要求他们在实践中运用这些知识。例如，在模拟商务谈判中，学生需要了解谈判策略，同时还要学会如何在团队中有效沟通和分工。这种实践经历不仅提高了学生的操作技能，还增强了他们在实际工作环境中的应用能力。

此外，反馈策略在混合式教学中占有极其重要的地位。有效的反馈不仅能帮助学生及时了解自己的学习进展，还能指出他们学习中的不足，引导他们进行自我调整和改进。在混合式教学中，反馈的来源多样化，不仅包括教师的指导，还包括同学之间的相互评价和建议。这种多元化的反馈方式极大地丰富了学生的学习体验，使他们能从不同的视角理解和吸收知识。例如，在小组讨论中，学生可以从同伴的反馈中获得新的观点和思路，这不仅能帮助他们更好地理解课程内容，还能激发他们的创新思维。而在混合式教学中，反馈的即时性和相关性也非常关键。即时的反馈可以帮助学生快速纠正错误，提高学习效率，而相关性强的反馈则能更直接地指向学生的具体需要，帮助他们在特定领域取得进步。因此，教师在设计反馈策略时，需要考虑如何使反馈既具有针对性，又能覆盖学生学习的各个方面。而且对学生长期学习效果的持续追踪是混合式教学成功的关键。通过长期追踪学生的学习进展，教育者不仅可以评估教学方法的效果，还可以了解这种教学模式对学生终身学习能力和职业发展的影响。长期追踪的数据还可以为教育者提供反馈，帮助他们不断优化教学方法，更好地适应学生的学习需求。

混合式教学立体反馈模式是现代教育领域的一项重要创新，它结合了传统的面对面教学和现代的在线学习方法，创造出一个多元化、互动性强的学习环境。这种教学模式的核心特点在于其创新性的教学方法和广泛应用的技术支持。通过在线平台、社交媒体和其他数字化工具的有效运用，混合式教学模式不仅显著地提高了学生的学习效率和质量，还极大地促进了学生自主学习和团队合作能力的发展。而且在提高学习效率和质量方面，混合式教学模式使得教学内容更加多样化和个性化。学生可以根据自己的学习节奏和兴趣选择不同的学习资源，这大大提高了他们的学习动机和参与度。同时，通过在线互动和实时反馈，学生能够及时获得教师和同伴的指导和帮助，这不仅加深了他们对知识的理解，还提高了学习的深度和广度。

混合式教学模式在培养学生自主学习能力方面尤为突出。在这种教学环境中，学生被鼓励自主探索和学习，这种自主性不仅体现在选择学习材料上，还体现在学习方式和时间安排上。学生可以通过在线资源自行学习，也可以参与面对面的小组讨论，这种灵活的学习方式使得学生能够根据自己的实际情况制订最适合自己的学习计划。此外，团队协作能力的培养也是混合式教学模式的一大亮点。在这种模式下，学生经常需要在小组项目中合作，这不仅提高了他们的沟通和协作能力，还促进了他们对团队工作的理解和认识。通过这种实践活动，学生学会了如何在团队中发挥自己的作用，如何有效地与团队成员沟通和协作，这对于他们未来的职业生涯是极其宝贵的经验。混合式教学立体反馈模式的成功实施，为现代教育实践提供了新的思路和方法。这种教学模式不仅丰富了学生的学习体验，还为他们的个人成长和职业发展打下了坚实的基础。在这种开放、互动和自主的学习环境中，学生不仅学会了如何学习，更学会了如何在未来的社会和职业生活中不断学习和进步。

　　总而言之，混合式教学立体反馈模式是一种高效、灵活且前瞻性的教学方式。它通过创新的教学方法和技术的应用，不仅改善了学生的学习体验，还培养了他们面对未来挑战所需的关键能力，如自主学习、团队合作和创新思维。这种教学模式的广泛应用，将对未来的教育模式和学生的发展产生深远的影响。

参考文献

[1] 洪杰，尹桂波 . 基于翻转课堂的线上线下混合式课程教学模式构建与实践 [J].
职业技术教育，2017(11).

[2] 赵自云 . 基于翻转课堂的混合式教学模式的构建与应用——地方高校影视评
论课程的教学改革与实践 [J]. 黄山学院学报，2016(4).

[3] 张彦琦，易东，刘岭 . 基于 SPOC 的混合式教学模式的构建与实践 [J]. 重庆医学，
2019(21).

[4] 杨梅 . 基于反馈机制的初中数学混合式教学模式的构建与实证研究 [J]. 现代中
小学教育，2023(9).

[5] 刘芳，代钦，毕静 . 网络互连技术混合式实验教学模式构建与实施 [J]. 计算机
教育，2021(3).

[6] 叶晓霞，吴民华，张标 . 混合式教学模式下立体教学资源构建及课程思政研
究——以组织胚胎学课程为例 [J]. 大学，2021(35).

[7] 张婧 . 混合式教学中教师干预英语写作同伴互评模式构建研究 [J]. 北京印刷学
院学报，2018(11).

[8] 彭丽花，肖谜 . 生理学 SPOC 混合式教学模式的构建与实践 [J]. 2021(8).

[9] 王传合，蒋平江，曹珍 . 工科高职院校"六维一体"混合式教学模式构建与实
践——以陕西铁路工程职业技术学院为例 [J]. 粘接，2019(9).

[10] 何小青 .Moodle 平台下混合式教学模式的构建——以初中物理课为例 [D]. 华
中师范大学 ,2016.

[11] 王保营，王麟，康星雅 . 书院制背景下"高分子化学与物理"课程混合式教学
改革 [J]. 印刷与数字媒体技术研究，2023(4).

[12] 端义镭 . 大学英语听说混合式教学模式构建与评估 [J]. 当代教育理论与实践，2015(8).

[13] 张洪 . 基于 BOPPPS 的混合式教学模式的设计与应用——以《社区护理学》为例 [J]. 健康必读，2020(36).

[14] 罗映红 . 高校混合式教学模式构建与实践探索 [J]. 高教探索，2019(12).

[15] 卢时光，余博 . 基于元认知理论的"立体式"混合教学模式的构建与实践——以某高校微观经济学课程为例 [J]. 湖南工程学院学报（社会科学版），2022(3).

[16] 石洁 . 理念导向与模式构建：高师院校美术学线上线下混合教学的实践探索 [J]. 渭南师范学院学报，2022(9).

[17] 郭金林，老松杨，彭娟 . 混合式教学模式下"课程思政"立体化教学资源构建 [J]. 高等教育研究学报，2023(2).

[18] 杜云明，颜兵兵，田思庆 . 基于智慧教学平台的混合式教学模式构建研究 [J]. 中国现代教育装备，2023(19).

[19] 龙晓添 . 基于 SPOC 模式的民间文学系列课程混合式教学模式的构建与实践 [J]. 教育观察，2022(29).

[20] 王玉兰 . 大学物理实验混合式教学模式的构建与实践 [J]. 科技信息，2011(33).

[21] 贺甜甜，李丹 . 以学生为中心的混合式教学模式构建与实践 [J]. 高教论坛，2022(11).

[22] 李利，韩东，徐池，贺寅 . 线上线下混合式实验教学模式构建与实践 [J]. 高教学刊，2022(30).

[23] 金鑫，疏国会 . 混合式教学模式的构建与实践 [J]. 福建电脑，2021(5).